Menschenkenntnis · Selbsterkenntnis

Dr. Friedrich W. Doucet

Menschenkenntnis Selbsterkenntnis

in Liebe, Ehe und Beruf

Mit einem kleinen Abc der Fachbegriffe

Verlag Kremayr & Scheriau

CIP-Kurztitelaufnahme der Deutschen Bibliothek
Doucet, Friedrich W.:
Menschenkenntnis – Selbsterkenntnis in Liebe, Ehe und Beruf / Friedrich W. Doucet. – Wien :
Kremayr & Scheriau, 1982.
ISBN 3-218-00366-0

Schutzumschlag: Rudolf Kasparek
unter Verwendung eines Dias von H. Mall Photodesign
Satz: RSB Fotosatz, Wien
Druck und Bindung: Wiener Verlag, Himberg bei Wien
ISBN 3 218 00366 0

Inhalt

I. Menschenkenntnis – ein zeitloses Problem

1. Wunsch und Wirklichkeit

Erfolg im Leben

Erfolg und Mißerfolg im Leben hängen weitgehend von den Beziehungen zu unseren Mitmenschen ab. Sie sind damit ein Problem der Menschenkenntnis. Diese Erfahrungsregel gilt für die Freundschaft, für die Liebe und für die Ehe. Sie gilt für die Berufstätigkeit, für das Geschäftsleben wie für alle sonstigen zwischenmenschlichen Beziehungen. Sie gilt in einem weiteren Sinne auch für die Beziehungen von Bevölkerungsgruppen, von Völkern und von Staaten zueinander – vertreten durch deren Politiker.

Der Wunsch nach Menschenkenntnis entspringt einem natürlichen *Sicherheitsbedürfnis*. Jeder Mensch hat das Bedürfnis, sein Leben sinnvoll zu gestalten – sei es bewußt oder auch nur unbewußt. Das Ziel ist stets eine positive Lebensbilanz. Dazu aber entwirft er Pläne, die mehr oder weniger weit in die Zukunft vorgreifen. Diese *Zukunftsplanung*, die für den einzelnen ebenso wichtig ist wie für die Sozialgemeinschaft im großen, soll die Gestaltung des Lebens überschaubar machen. Denn nichts verunsichert das Denken so sehr als das Gefühl, dem Unbekannten und Unberechenbaren hilflos ausgeliefert sein. Der Erfolg jeder Planung aber hängt von der Zahl wie der Zuverlässigkeit von Informationen ab, also von einer notwendigen Grundlage an Wissen. Und den höchsten Rang nimmt hier das

Pläne für die Zukunft

Wissen vom Wesen und Verhalten des Menschen ein, der Mitmenschen wie auch die Kenntnis von sich selbst.

Probleme der Massengesellschaft

Doch wie steht es damit heutzutage? Der Blick in die Zeitung informiert uns über Liebes- und Ehetragödien, über die Scheidung von Prominenten, über Betrugsmanöver aller Art. Wenn wir uns unvoreingenommen prüfen, so besitzen wir alle nicht viel Menschenkenntnis. Handelt es sich hierbei um eine unausweichliche Zeiterscheinung in der modernen Massengesellschaft? Eltern klagen darüber, daß sie ihre Kinder nicht mehr verstehen, und die Jugend beklagt sich über das Unverständnis der Eltern-Generation. Auch die Klagen über das Unverständnis von Politikern gegenüber den berechtigten Wünschen und Forderungen der Bevölkerung mehren sich, und eine allgemeine Staatsverdrossenheit ist die fatale Folge.

Alfred ADLER, einer der Mitbegründer der modernen Tiefenpsychologie, macht unser »isoliertes Leben« für den Mangel an Menschenkenntnis verantwortlich. »Die Familie isoliert uns«, sagt er. »Auch unsere ganze Art des Lebens gestattet uns keinen so intimen Kontakt mit unseren Mitmenschen, wie er zur Entfaltung einer Kunst, wie es die Menschenkenntnis ist, unumgänglich notwendig ist.«

Ein Blick zurück

Diese letztere Feststellung ist sicher zutreffend. Doch dann müßte es zu früheren Zeiten um die Menschenkenntnis besser bestellt gewesen sein. Ein Rückblick auf die Geschichte der Menschheit bestätigt das allerdings nicht. Auch hier eine endlose Kette von Irrtümern, Täuschungen, Enttäuschungen und Aggressionen. Wenn wir uns an den Geschichtsunterricht erinnern, dann zeigte sich die Geschichte im Grunde doch als eine Reihe von aufeinanderfolgenden Kriegen, Revolten und Revolutionen: Aggression und Gewalt in allen Formen standen stets obenan.

Anderseits gab es zu allen Zeiten bedeutende Männer, die über eine hervorragende Menschenkenntnis verfügten und damit auch über die Kunst der richtigen Menschenbehandlung. Was diese Personen gegenüber ihren Mitmenschen auszeichnete, war eine höhere *Bewußtheit*.

Wir müssen also bei der Bewußtseinsentwicklung ansetzen und bei der Entwicklung der individuellen Persönlichkeit. Die Fragen, die uns hier beschäftigen, gehen jeden einzelnen an, und jeder muß sich selbst um eine Lösung bemühen.

Wie wir die Welt erleben

Im Umgang mit und bei der Beurteilung unserer Mitmenschen setzen wir uns, wenn wir ehrlich sind, doch stets selbst als Maß der Betrachtung ein. Überlegen wir einmal: Wie erleben wir denn unsere Umwelt? Vereinfacht gesagt, durch die Wahrnehmung und Informationsverarbeitung unserer Sinnesorgane, also durch Sehen, Hören, Fühlen usw. Doch das ist zuwenig. Wenn wir die Welt, uns selbst und unsere Mitmenschen – wie alle Ereignisse, die damit zusammenhängen –, einzig in der Widerspiegelung unserer Sinnesorgane erleben müßten, könnten wir diese letzten Endes gar nicht verstehen. Unsere wichtigste geistige Funktion ist ja die *Deutung*, die wir allen sinnlichen – und übrigens auch übersinnlichen – Erfahrungen beizulegen vermögen.

Wir erleben die Welt so, wie wir sie deuten, läßt sich hierzu in Abwandlung eines Ausspruchs des Philosophen Ludwig WITTGENSTEIN sagen.

Das Problem der Deutung

Die Bedeutung, die wir einer Person oder Sache beimessen, ist also eine höchst persönliche Angelegenheit. Sie entspricht einer »inneren« Vorstellung, die wir dann aus uns heraus auf die Objekte der Umwelt projizieren. Das geschieht in der Regel ganz automatisch. Besser gesagt: Es geschieht in der Regel unbewußt.

Diese Sicht aus uns selbst heraus und damit die unbewußte Projektion eigener Vorstellungen auf unsere Umwelt sind es, die es uns so schwermachen, zu einer objektiven Menschenkenntnis zu gelangen. Es ist eine einfache psychologische Erfahrungsregel, daß uns an unseren Mitmenschen *die* Fehler am meisten stören, denen wir selbst unterliegen und um deren Abstellung wir uns – oft erfolglos – bemühen.

2. Von der Charakterkunde der Antike bis zur modernen Tiefenpsychologie

Die Wurzeln der Psychologie

Der Wunsch nach besserer Menschenkenntnis ist so alt wie die Menschheit selbst. Je umfassender unsere Kenntnisse vom Wesen und Verhalten der Menschen sind, von ihren Zielen, Wünschen, Ängsten und auch persönlichen Charaktereigenschaften, um so leichter wird es sein, deren Verhalten unseren eigenen Plänen anzupassen, das heißt, andere Menschen zu beeinflussen. Kurzum: Gute Menschenkenntnis ermöglicht richtige Menschenbehandlung. Beide sind voneinander nicht zu trennen. Sie sind die Wurzeln der Psychologie.

Psychologie bedeutet wörtlich verstanden *Seelenkunde.* Damit aber ist die Psychologie eine Menschenkunde im wesentlichen Sinne. Gewiß, auch körperliche Verschiedenheiten tragen zur Unterschiedlichkeit menschlichen Verhaltens bei. Doch was den Menschen von dem von seinen *Instinkten* gesteuerten Tier unterscheidet, sind seine Gefühle und Empfindungen, seine »inneren« Vorstellungen und die Art seines Denkens. Alles in allem Erscheinungen, die wir als seelische Phänomene oder auch als psychische Funktionen bezeichnen. Erscheinungen, die uns häufig mehr beeinflussen, als uns lieb ist. Sie beherrschen uns nur zu oft, ohne daß wir uns dagegen wehren können.

Die Frage nach der Seele

Die Frage nach der *Seele* zu beantworten, diesem unsichtbaren Wesen, das jeder Mensch in sich spürt, das den toten Körper »be-geistert« und belebt, dem Menschen Bewußtsein verleiht und ihn damit erst zum Menschen macht, blieb zu früheren Zeiten der Religion vorbehalten.

Seelenforschung in der Antike

Zwar war die Frage, woher die Seele stammt, wo sie im Körper ihren Sitz hat und welcher körperlichen Organe sie sich bedient, auch für die Psychologen von der Untersuchung menschlichen Verhaltens und seiner seelischen Äußerungen nicht zu trennen. Diese beiden für uns Heutige so unterschiedlichen Betrachtungsmöglichkeiten des Psychischen, einmal hinsichtlich seines Ursprungs, zum anderen hinsichtlich seiner äußeren Erscheinungsformen und seiner Verhaltenssteuerung, waren jedoch für die Psychologen und Theologen früherer Zeiten kein Problem. Denn die Seelenforscher der Antike waren Psychologen und Theologen zugleich: Sie waren Priesterärzte.

Für diese antiken Priesterärzte bildete der Mensch noch eine untrennbare Einheit von Leib und Seele. Der Mensch galt ihnen als ein Wesen, das nur im Gesamtzusammenhang mit dem Universum gesehen werden konnte. Er war ein Teil des Ganzen, des von einem göttlichen Wesen in Gang gehaltenen Kosmos und der von einer göttlich gedachten ewigen Lebenskraft durchströmten irdischen Natur.

Verhaltensgebote zum Überleben

Die von den früheren Priesterärzten, zumeist auch Priesterkönigen, vertretenen Religionen enthielten einen Kanon von Verhaltensgeboten, die keineswegs – wie fälschlicherweise noch allzuoft zu hören ist – auf die Manipulation und Ausbeutung der Massen abzielten. Sie beruhten vielmehr auf einem eingehenden Studium der irdischen wie kosmischen Natur und dienten einer zielgerichteten Zukunftsplanung. Ihr Sinn war es, das Überleben ihres Stammes oder Volkes zu garantieren.

Sicher läßt sich hier einwenden, daß diese frühen Kulte und antiken Religionen hinsichtlich des Wesens des Menschen und seiner Seele auf *magischen* Vorstellungen beruhten, die von der Warte unserer modernen Naturwissenschaften aus gesehen als primitiv und teilweise unsinnig erscheinen. Doch diese Vorstellungen gehörten nun einmal zur Weltanschauung der früheren Menschen und hatten wohl auch ihren tieferen Sinn wie ihre Berechtigung. Und abgesehen davon sind auch wir heute, wie wir noch sehen werden, von magischen Vorstellungen keineswegs frei.

Der Mensch als Teil des Ganzen

Gemäß ihrer Vorstellung vom Menschen als einem Teil des Ganzen, der kosmischen wie der irdischen Natur, unterteilten die antiken Psychologen die Menschen in vier unterschiedliche seelische Typen, die jeweils eine Entsprechung in einem Element der Natur sowie in einem bestimmten Organ des Körpers fanden. Auf dieser Typologie gründeten sie die Lehre von den *vier Temperamenten.*

Diese Lehre besagt, kurz zusammengefaßt, etwa folgendes:

Die vier Temperamente

Ein Mensch, dessen Seele vom Feuer beeinflußt wird und die ihren Sitz in der Leber hat, ist der *Sanguiniker.* Er ist der Optimist, der seine Mitmenschen leicht begeistert, der kluge Erfinder und Verkünder neuer Ideen. Er ist der feurige Liebhaber, der sich aber ebenso leicht wieder von seiner Liebesglut löst, die er entzündet. Im Sozialleben erweist er sich jedoch als verantwortungsbewußter Bürger und im Familienleben als guter Ehemann.

Sein Gegenstück, dessen Seele von dem Element der Luft geprägt wird, ist der *Choleriker.* Sein Seelen-Organ ist die Galle. »In seinen Lenden weht ein feuriger Wind«, heißt es. Als Mann ist der Choleriker der natürlichen Sinnlichkeit zugewandt. Ist sein erotisches Leben voll erfüllt, ist er gesund und fröhlich. Er schätzt eine zahlreiche Nachkommenschaft. Fehlt dem Choleriker aber die erotische Beziehung zur Frau, so vertrocknet er und wird griesgrämig.

Der *Phlegmatiker* entspricht mit seinem Temperament dem Element des Wassers. Der Sitz der Seele ist bei ihm das Gehirn. Er gilt als der kühle Intellektuelle. Er hat oft kühne Ideen, doch fehlt es ihm an Tatkraft, diese auch zu verwirk-

Der Sanguiniker

Der Choleriker

Der Phlegmatiker

Der Melancholiker

»Die vier Temperamente«, eine Typologie, die bereits von den Psychologen der Antike entwickelt wurde, hier nach einer Zeichnung von Karl Arnold.

lichen. In der Liebe ist der Phlegmatiker meist recht bequem. Er neigt angeblich sogar zur Impotenz. Anderseits – oder vielleicht gerade deshalb – werden die Phlegmatiker als besonders verläßliche und treue Partner geschildert.

Die »schwarze Galle«

Das Element schließlich, das das Temperament des *Melancholikers* bestimmt, ist die Erde. Bei ihm ist das Organ seiner Seele die Milz. Deren Lebenskraft war für die Antike die »schwarze Galle«. Dem Melancholiker gegenüber war Mißtrauen stets angezeigt. Für EMPEDOKLES, einen griechischen Arzt, der vor rund 2500 Jahren lebte, hatten Melancholiker das, was wir heute als einen Spleen bezeichnen.

Psychologie im Mittelalter

Noch abfälliger beurteilt HILDEGARD von BINGEN, eine gelehrte Klosterfrau des 12. Jahrhunderts, die Melancholiker. Sie sagt von ihnen: »Sie sind grob gebaut und haben zu niemandem rechte Liebe. Mit den Weibern sind sie wie Esel. Lassen sie aber von der Lust, so werden sie leicht wahnsinnig. In ihrer Umarmung wütet ein teuflischer Einfluß, und so erzeugen sie oft teuflische Kinder.«

Auch bei den Frauen hält HILDEGARD von BINGEN ein melancholisches Temperament für äußerst bedenklich. Melancholische Frauen seien ausschweifend, doch sie liebten die Männer nicht, sagt sie. Auch wären sie meistens unfruchtbar. »Wenn aber eine Melancholikerin einen starken, blutreichen Mann hat, dann kann es vorkommen, daß sie in ihren reifen Jahren, sogar noch mit fünfzig, ein Kind bekommt.«

Diese von den griechischen Ärzten der Antike begründete Typenlehre hat sich über die Jahrtausende hinweg bis in unsere Zeit gehalten. Die Lehre von den vier Temperamenten wurde zur Grundlage der sogenannten *Charakterkunde.* In die moderne medizinische Psychologie fand sie Eingang durch Ernst KRETSCHMER (1888–1964), der darauf seine Lehre von den *Konstitutionstypen* aufbaute. Das ist die Einteilung in Astheniker, Athleten und Pykniker, eine Typologie, die von der äußeren Gestalt ausgeht.

Die Konstitutionstypen

Der *Astheniker* oder *leptosome* Typ ist ein magerer, schmaler und aufgeschossener Mensch mit schmalen Schultern, langem, flachem Brustkorb und schmalem Kopf.

Der *athletische Typ* ist durch ausladende Schultern, einen stattlichen Brustkorb, groben Knochenbau und einen derben, hohen Kopf gekennzeichnet.

Der *Pykniker* schließlich besitzt eine mittelgroße, gedrungene Figur, gewölbten Brustkorb und meist einen stattlichen Fettbauch. Seine Gesicht ist weich und breit, und der Kopf sitzt auf kurzem Hals zwischen den Schultern.

Etwa zweihundert Jahre nach der Entstehung der Lehre

von den vier Temperamenten schrieb der griechische Philosoph ARISTOTELES (384–322 v. Chr.) ein Buch mit dem Titel »Περί ψυχή (Perí psyché) – Über die Seele«. Es ist das erste Lehrbuch der Psychologie. Die Zeit des ARISTOTELES läßt gewisse Vergleiche mit den Verhältnissen in Europa in unserem Jahrhundert zu. Die Könige von Athen und Sparta waren gestürzt. In den Kriegen gegen die östliche Macht des Perserreichs hatte sich die politische Kraft Griechenlands erschöpft. Die Tagespolitik war beherrscht von den Zwistigkeiten und Machtansprüchen zwischen den athenischen Bundesländern und der griechisch-demokratischen Republik Sparta. Die fast 2000 Jahre die Mittelmeerländer beherrschende *Dionysosreligion* mit ihren mythisch-magischen Ritualen hatte ihre Glaubenskraft verloren. Die darauf folgende »protestantische« *Zeusreligion* war auf den Stand einer äußerlich praktizierten und von der staatlichen Autorität gestützten Konfession herabgesunken. An den menschlich vorgestellten *Vatergott Zeus* glaubte niemand mehr so recht. Und ebensowenig an eine von Zeus dem Menschen verliehene unsterbliche Seele.

Das erste Lehrbuch der Psychologie

ARISTOTELES war ein Rationalist. Für ihn war die Seele weder ein geistartiger, dämonischer Hauchkörper, wie es die Naturvölker geglaubt hatten, noch eine von den Göttern verliehene übersinnliche Kraft, ein *himmlicher Eros*, wie sein Lehrer PLATO (~428–348 v. Chr.) es sich vorstellte. Für ARISTOTELES war die Seele ein untrennbar mit dem Körper verbundenes biologisches und physiologisches Antriebsprinzip. Er untersuchte sehr genau seelische Erscheinungen wie Liebe und Freundschaft, Zorn, Haß und Neid, Dankbarkeit und Mitleid, wie überhaupt das gesamte menschliche Verhalten in bezug auf die mitmenschliche Partnerschaft.

Die Seele als biologisches Antriebsprinzip

Auch die Affekte und Gefühle, die Sinneswahrnehmungen und das Gedächtnis, die Phantasievorstellungen und selbst die Träume bezog ARISTOTELES in seine naturwissenschaftlich ausgerichtete psychologische Forschung ein. Doch letztlich war für ihn alles seelische Leben nur eine Auswirkung der *Triebe*. Überträgt man die Ausführungen von ARISTOTELES über die Seele in die Fachsprache der heutigen Psychoanalyse, so muten sie fast so modern an wie die Triebtheorie von Sigmund FREUD oder die Charakteranalyse von Wilhelm REICH und dessen ökonomische Triebfunktionslehre. Nur daß ARISTOTELES den Begriff des Unbewußten noch nicht kannte.

Die Trieblehre des Aristoteles

Woher allerdings die schöpferische Phantasie, die geistigen Leistungen des Menschen und sein Sinn für die Gemeinschaft, welcher eine reibungslose und erträgliche Partnerschaftsbeziehung unter den Menschen erst ermöglicht, stammen, vermochte auch ARISTOTELES nicht aus einem biologischen Antriebsprinzip zu erklären. So sah er sich doch gezwungen, diese seelischen Erscheinungen – durch die sich auch für ihn die menschliche Seele von der Tierseele unterscheidet –, auf ein metaphysisches, ewiges, göttliches Prinzip zurückzuführen.

Auch eine psychologische Erklärung des Denkens und der Vernunft bereitete dem griechischen Philosophen erhebliche Schwierigkeiten. Zuerst hielt er das Denken für eine Art *Sonderseele.* Dann aber kam er durch »logische« Überlegungen – denn er ist auch der Begründer der *Logik* als Erkenntnislehre, die er *Analytik* nennt – zu der Ansicht, daß ja nicht nur die Begierden menschliche Triebe seien. Der *Wille* ist für ihn ebenfalls ein Trieb. Und da die Phantasie und die Vernunft sich dieses Triebes bedienen, müßten dann doch wieder auch das Denken und in einem gewissen Sinne die *höheren Seelenkräfte* des Geistigen auf den Biologismus des Körperlichen zurückgeführt werden.

Aristoteles und die Verhaltensforschung

Wenn wir an die Lehren der heutigen Biologen und Verhaltensforscher denken, dann hört sich das alles recht zeitgemäß an. Erstaunlicherweise haben sich die Seelenlehre des ARISTOTELES, seine rationalistische Logik, der von ihm begründete Dualismus zwischen Physik und Metaphysik und die von ihm eingeführten Untersuchungs- und Erkenntnismethoden auch tatsächlich im wesentlichen über 2300 Jahre hinweg bis in die Mitte des 20. Jahrhunderts hinein gehalten.

Die christliche Seelenlehre

Auch die christliche Seelenlehre, die rund 700 Jahre später mit AUGUSTINUS (354–430 n. Chr.) beginnt, nachdem die christliche Glaubenslehre zur Staatsreligion erhoben wurde, stützt sich auf ARISTOTELES. THOMAS von AQUIN (1225–1274), der als Kirchenlehrer zur christlichen Glaubensautorität avancierte, prägte dann für die unsterbliche *Geist-Seele* den Begriff *anima rationalis.* Doch eine naturwissenschaftliche Psychologie war zu seiner Zeit verpönt und galt als Ketzerei, wenn nicht gar als teuflische Zauberkunst. Auch eine Psychologie der Menschenkenntnis und damit eine Psychologie der Partnerschaftsbeziehungen wären undenkbar gewesen.

Die Seele galt zu dieser Zeit als etwas vom Körper völlig Unabhängiges. Der Mensch erhielt sie sozusagen erst mit der Taufe verliehen. Sie hieß *anima rationalis,* weil in ihr eine überirdische *Vernunft* enthalten sein sollte. Der Körper galt nur als eine Art Computergehäuse. Die Seele umfaßte Denken, Wollen und Handeln. Und dafür war die Seele im Sinne einer himmlischen Vernunft und zur Vorbereitung auf ein Leben im Jenseits vorprogrammiert.

Die Triebe und das Böse

Die Triebe und Affekte wurden aus der Menschenkunde überhaupt ausgeklammert. Diese galten dem christlichen Denken als Störversuche des großen göttlichen Gegenspielers, des Herrschers über das Böse und die höllische Finsternis. Am besten war es, den menschlichen Körper als eine Art biologischen Roboter aufzufassen und mit Arbeit auszulasten. Dann kam der Teufel nicht zum Zuge. Für die Beziehungen zu den Mitmenschen und damit auch für die Partnerschaft sollten lediglich Vernunftgründe ausschlaggebend sein. Wurden in der Ehe, der Liebe oder der freundschaftlichen Beziehung zum Mitmenschen, sofern der Partner Christ war, die Glaubensvorschriften und Moralgebote beachtet, konnte es logischerweise keine Schwierigkeiten geben.

Haben Frauen eine Seele?

Das damalige Leben unterlag einer patriarchalisch strengen Gesellschaftsordnung, die hierarchisch und autoritär gegliedert war. Ob auch Frauen eine Seele haben, wurde von den älteren Kirchenvätern, so ORIGINES (~185–253) und TERTULLIAN (~160–220), noch energisch bezweifelt. Später wurden dann Mädchen und Frauen, die triebhaft veranlagt waren und deren Verführungskünsten gegenüber die männliche Vernunft versagte, zu Hexen erklärt und kurzerhand verbrannt. Für manche Ehemänner, die mit der Wahl ihrer Ehepartnerin nachträglich nicht zufrieden waren oder die mit ihren Frauen nicht fertig wurden, mag die Anklage wegen Hexerei eine bequeme Möglichkeit für eine Scheidung auf »mittelalterliche Art« gewesen sein. Obgleich natürlich der Hexenwahn als solcher tiefere und kollektive Ursachen hatte, auf die hier nicht näher eingegangen werden kann.

Psychologisch gesehen, wurden alle Erscheinungen des Psychischen, die der damaligen rationalistischen Logik widersprachen, aus dem Bewußtsein verdrängt. Als unbewußte Funktionen und triebhafte Dunkelseiten der eigenen Persönlichkeit konnten sie nicht angenommen werden. So entstand eine *doppelte Moral.* Zwar diente die Beichte der Selbsterforschung und zur Anerkenntnis der prinzipiellen *Sündhaftigkeit* des Menschen. Doch die Sünde wurde ja wiederum der Einwirkung einer fremden teuflischen Macht, einem personifizierten Bösen, zugeschrieben. Nach Möglichkeit wurden *Sündenböcke* für sie verantwortlich gemacht, wie die Verfolgung Andersgläubiger und die mittelalterliche Strafgerichtsbarkeit beweisen.

Doppelte Moral

Doch bei allem, was gegen das »finstere Mittelalter« sonst noch vorgebracht werden kann, eines müssen wir bedenken: Ohne die mittelalterliche Askese und Introversion wäre der kollektiv-psychische Bewußtseinsfortschritt zur Zeit der Renaissance nicht erfolgt. Dem THOMAS-von-AQUINschen Begriff der *anima rationalis* verdankt letztlich die gesamte moderne Wissenschaft und Technik ihre Entstehung, die sich allein im abendländischen Kulturbereich entwickelte. Und ohne die doppelte Moral mit ihrer Verdrängungstendenz wäre vermutlich die moderne Tiefenpsychologie nicht entstanden.

Die Unvereinbarkeit zwischen den christlichen Glaubensdogmen und den Erkenntnissen der Wissenschaften führte die Psychologie in der zweiten Hälfte des vorigen Jahrhunderts dann in ein gegenteiliges Extrem. Der berühmte Arzt Rudolf VIRCHOW (1821–1902), einer der Begründer der modernen Medizin, erklärte, er habe den menschlichen Körper bis in die letzte Zelle seziert, eine Seele aber habe er nicht finden können. Daraufhin forderten namhafte Psychologen, alle Überlegungen über die Existenz und das Wesen der Seele aus der Forschung auszuklammern. Eine wissenschaftliche Psychologie könne nur eine *Psychologie ohne Seele* sein.

Psychologie ohne Seele

Diese Forderung erscheint paradox, denn das heißt ja letzten Endes, daß eine Wissenschaft ihren Namen von einem Gegenstand ableitet, den sie nicht untersucht, ja dessen Existenz sie sogar bestreitet. Halten wir es jedoch den Wissenschaftlern, die vor rund hundert Jahren die akademische Psychologie zu einer Naturwissenschaft ausbauen wollten, zugute, daß es ihnen ein Bedürfnis war, die seelischen Phänomene ungehindert von moralischen oder sonstigen Tabus zu untersuchen. So entstanden *psychotechnische* Laboratorien. Auf ihren Grundlagen und Methoden beruhen die verschiedenen *psychologischen Tests,* die inzwischen durch immer wiederkehrende Berichte in Illustrierten, Zeitschriften und Magazinen auch in breiten Kreisen der Öffentlichkeit bekannt geworden sind.

»Seelenkunde« im Labor

Der Schritt zur Verhaltensforschung

Noch einen Schritt weiter gingen dann die Psychologen in den Vereinigten Staaten. Da sich weder im Reagenzglas noch unter dem Mikroskop etwas Seelisches entdecken läßt, so folgerten sie, kann es auch nichts Psychisches geben. Erforschen läßt sich demnach nur das *Verhalten*. Konsequenterweise verzichteten die Vertreter dieser Richtung dann auch auf den Begriff Psychologie und nannten sich *Behavioristen* oder Verhaltensforscher.

Diese Verhaltensforschung erfreut sich in den USA einer ungeheuren Beliebtheit. Sie beherrscht seit dem Ende des Zweiten Weltkriegs auch das psychologische Studium an unseren Universitäten. Was die Verhaltensforschung allgemein bekannt gemacht hat, sind die vielfältigen *Tierversuche*. Wenn nämlich einerseits weder unter dem Mikroskop noch im Reagenzglas etwas Psychisches zu finden ist, anderseits Nerven- wie Hirnsubstanz bei Mensch und Tier chemisch gleich aufgebaut sind – so der Denkansatz –, ist es allemal zweckmäßiger und auch bequemer, das Verhalten, die Lernfähigkeit und die Intelligenz im Tierversuch zu erforschen. Versuchstiere stehen jederzeit zur Verfügung, und man kann sie in Käfige sperren und dazu dressieren, auf die Tasten von elektrischen Schaltern zu drücken, wenn sie Futter haben wollen.

Was besagen Tierversuche?

Für die Zoologie und die Biologie des lebenden Organismus liefert die Verhaltensforschung ungemein interessante und wichtige Beiträge. Doch die Versuche, das menschliche Verhalten aus dem tierischen zu erklären, verhelfen uns weder zu einer fundierten Menschenkenntnis noch zur Selbsterkenntnis. Es mag interessant sein, den Nahrungstrieb beziehungsweise das Sexualverhalten von Albinoratten oder von Rhesusaffen in ihren Problemkäfigen zu beobachten. Doch der Mensch ist nun einmal weder eine von Nahrungstrieb oder Brunstzwang gesteuerte Albinoratte noch ein Affe.

Derartige Vergleiche von tierischem mit dem menschlichen Verhalten sind – das sei gar nicht bezweifelt – oft treffend und amüsant zu lesen. Und sie verblüffen – besonders bei einer geschickten Illustrierung – durch die nicht bewußt wahrgenommene Zugkraft der Paradoxie. Nur bergen diese Vergleiche eine ernsthafte Gefahr: Für die Beziehungen zu unseren Mitmenschen und Partnern dienen derartige zoologische Erklärungen des Psychischen nur zu oft der Entschuldigung eigenen Fehlverhaltens. Sie unterstützen die Bequemlichkeit, die Vorgänge im Unbewußten und die dunklen, unerkannten Schattenseiten der Psyche weiterhin unbeachtet zu lassen. Damit aber verhindern sie das gegenwärtig so dringende Anliegen um Selbsterkenntnis und Bewußtwerdung.

Der entscheidende Anstoß

Der entscheidende Anstoß zu einer umfassenderen Erkenntnis des Psychischen ging von den drei Begründern der modernen Tiefenpsychologie aus. Von Sigmund FREUD (1856–1939), Alfred ADLER (1870–1937) und Carl Gustav JUNG (1875–1961). Und zwar durch ihre Erforschung des *Unbewußten*.

Diese fortschrittliche und zukunftweisende Psychologie entstand aus der ethischen Besonderheit des ärztlichen Berufes. Die Aufgabe des Arztes ist es, Krankheitszustände zu erforschen, um Leiden zu lindern und Menschen in ihrer Not zu helfen. Einem Kranken ist nicht mit der Erklärung gedient, das Phänomen *Seele* sei zu einem wissenschaftlichen Streitobjekt geworden und lasse sich objektiv nicht untersuchen. Er erwartet keine theoretischen Diskussionen oder Glaubensbekenntnisse, sondern Hilfe. Im Falle einer geistigen Erkrankung wie auch vieler sogenannter normaler körperlicher Krankheiten sind nun einmal seelische Ursachen im Spiel. So ist auch die Kenntnis der psychischen Funktionen und Wirkungen unerläßlich.

Im Vordergrund steht die Hilfe

Eine wissenschaftliche Erforschung des Unbewußten unternahm als erster der Wiener Neurologe Sigmund FREUD. Bereits zu Beginn unseres Jahrhunderts beschrieb

Der neue Forschungsweg

Freud die von ihm endeckten Möglichkeiten und Methoden, in die unbewußten Bereiche des Seelischen einzudringen. Er nannte den von ihm entwickelten Forschungsweg in die unbekannte Dunkelseiten der Seele *Psychoanalyse*.

In der Öffentlichkeit stieß diese Psychoanalyse allerdings auf heftigste Ablehnung. Denn für die damalige Gesellschaft mit ihrer Prüderie, ihrer Verlogenheit und doppelten Moral, war es äußerst peinlich, was Freud bei seinen Patienten durch seine Methode ins Bewußtsein hob. So erfuhren sie jetzt, daß die so verpönte und für schmutzig erachtete Sexualität, über die nach Möglichkeit in bürgerlichen Kreisen überhaupt nicht gesprochen wurde, die Wurzel von Neurosen, von Perversionen, vieler körperlicher Organerkrankungen und unerklärlicher Fehlleistungen war.

Das Programm des Lustprinzips

Die Freudsche Triebtheorie und seine These »Es ist das Programm des Lustprinzips, das den Lebenszweck setzt« sind inzwischen als wissenschaftlich überholt anzusehen. Auch die von ihm entwickelte Traumforschung ist revisionsbedürftig geworden. Freud sah im Taum eine *Wunscherfüllung*. Da er alle Inhalte des Unbewußten auf die Sexualität reduzierte, mußten es für ihn vorwiegend sexuelle Wünsche sein, die die Traumhandlung bestimmen. Diese rein spekulative Annahme von Freud hat sich inzwischen längst als unzutreffend herausgestellt. Das mindert aber Freuds Bedeutung für die wissenschaftliche Erforschung des Unbewußten keineswegs. Viele seiner Erkenntnisse sind für die moderne Seelenforschung vielmehr nach wie vor unentbehrlich.

Freuds für unser Thema wohl wichtigster Beitrag ist die Erforschung der sogenannten *Fehlleistungen*, die er in seinem 1901 unter dem Titel »Zur Psychopathologie des Alltagslebens« erschienenen Buch veröffentlichte. Unter Fehlleistungen sind das Vergessen, Versprechen, Verlesen, Verschreiben, Verlegen von Gegenständen und ähnliche Irrtümer infolge einer Beeinflussung des Bewußtseins durch das Unbewußte zu verstehen. Auch Symptom- und Zufallshandlungen gehören dazu. Die Aufdeckung der Zusammenhänge zwischen unbeabsichtigten Ungeschicklichkeiten, sogenannten Zufallshandlungen mit unbewußten Absichten, und Abwehr- und Ersatzbefriedigungstendenzen gehört zu den wichtigsten Entdeckungen von FREUD.

Der Wille zur Macht

Sein Schüler Alfred ADLER verfaßte eine eingehende Untersuchung mit dem Titel »Menschenkenntnis«, die 1926 erschien. Für ihn war das menschliche Leben vom *Kampf ums Dasein* und einem entsprechenden *Willen zur Macht* bestimmt. Bekannt wurde er durch die Untersuchung der sogenannten *Organneurosen.* Es war sein eigenes Jugendproblem. Infolge einer frühkindlichen Rachitis hatte er bis zu seinem vierten Lebensjahr nicht laufen können. So widmete er sich später als Arzt vor allem dem psychischen *Kompensationsstreben,* das heißt, dem Bemühen, körperliche Behinderungen – seien sie angeboren oder durch Krankheit erworben – durch Leistungen auf anderen Gebieten auszugleichen. Er entdeckte dabei die sogenannten *Minderwertigkeitskomplexe.* Ebenfalls sein Verdienst war es, als erster auf die Bedeutung der *Aggressionen* aufmerksam gemacht zu haben, die gegenwärtig zum Thema Nummer eins für Psychologen und Verhaltensforscher geworden sind.

Später widmete sich ADLER besonders der Kinder-Psychotherapie, deren Grundlagen Eingang in das Schulwesen fanden. Er regte die Einrichtung antiautoritärer Kindergärten an und führte die *Gruppentherapie* ein.

C. G. Jungs geniale Entdekkung

Die wichtigsten Beiträge zur Tiefenpsychologie aber lieferte zweifelsohne der geniale Schweizer Psychiater C. G. JUNG durch seinen Nachweis psychischer Energie und damit der Existenz der Psyche mittels naturwissenschaftlich-physikalischer Methoden im Labor. Es ist das sogenannte *Assoziationsexperiment,* mit dem JUNG der Nachweis von der »Wirklichkeit der Seele« – wie auch der Titel eines seiner Bücher lautet – gelang. Wir können dieses aufsehenerregende Experiment hier nicht im einzelnen darstellen. Festgehalten sei jedoch folgendes:

Das Assoziationsexperiment

JUNGS Anliegen war es, durch das Studium der *Wortassoziationen,* das heißt der Verknüpfung von Wörtern mit gedanklichen Vorstellungen oder inneren Bildern, herauszufinden, warum bestimmte Wörter der Alltagssprache bei den meisten Menschen Gefühlserregungen hervorrufen.

JUNG stellte eine Liste von symbolträchtigen Wörtern zusammen und forderte seine Versuchspersonen auf, auf ein *Reizwort,* das er ihnen zurief, möglichst rasch mit einem dazu passenden Wort zu antworten. Sagte er zum Beispiel »Haus«, so konnte die Versuchsperson sinngemäß mit »Hof« oder ähnlich antworten. Auf das Reizwort »Mutter« konnte die Antwort »Kind« oder auch »Vater« lauten. Im Prinzip ist dieses Experiment recht einfach. Wie JUNG feststellen mußte, gelingt es aber erstaunlicherweise vielen Personen nicht, auf bestimmte Wörter sofort eine Antwort zu finden. Oder aber das assoziierte Wort ergibt keinen sinnvollen Zusammenhang. Gleichzeitig konnte JUNG beobachten, daß die Versuchspersonen in diesen Fällen auffällig mehr Zeit für ihre Antwort benötigten. Auch kam es vor, daß sie unsinnigerweise die gleiche Antwort bei den nächsten Wörtern mit einer völlig anderen Bedeutung wiederholten. Das führte JUNG zu der Erkenntnis, daß es bestimmte Reizwörter geben müsse, die zumindest eine auffallende Störung, wenn nicht gar eine offensichtliche Blockierung der Denktätigkeit der Versuchspersonen auslösen.

Reizwort und Reaktion

Daß beleidigende Wörter oder Wörter, die gesellschaftlich mit einem Tabu belegt sind, affektive Gefühlsregungen hevorrufen, ist seit langem bekannt. Ebenso ist es bekannt, daß Affekte körperliche Begleiterscheinungen auslösen, beispielsweise Erröten, Schwitzen, Herzklopfen und anderes mehr. Doch wohlgemerkt, die Wörter, die JUNG für sein

Experiment auswählte, waren unverfängliche Wörter. Ein bewußter Anlaß für eine Gefühlserregung war für die Versuchspersonen jedenfalls nicht gegeben.

JUNG folgerte, daß diese Störungserscheinungen demnach *unbewußte* Ursachen haben müßten. Er überlegte, wie wertvoll es wäre, den Zusammenhang zwischen diesen unbewußten Gefühlsregungen und den von ihnen ausgelösten körperlichen Veränderungen exakt festzustellen und die Intensität der psychischen Erregung, welche die Assoziation bestimmter Reizwörter hervorruft, zu messen.

Gefühlserregung wird meßbar

Dabei kam JUNG auf die geniale Idee, seinen Versuchspersonen Elektroden mit Chemikalienbeutelchen in die Hand zu drücken – ähnlich wie in den bekannten Trockenbatterien – und die Elektroden an ein Galvanometer anzuschließen, das sich im Rücken der Versuchsperson befindet.

JUNG führte mit seinen Mitarbeitern Abertausende dieser Versuche durch. Immer wieder war festzustellen, daß bei

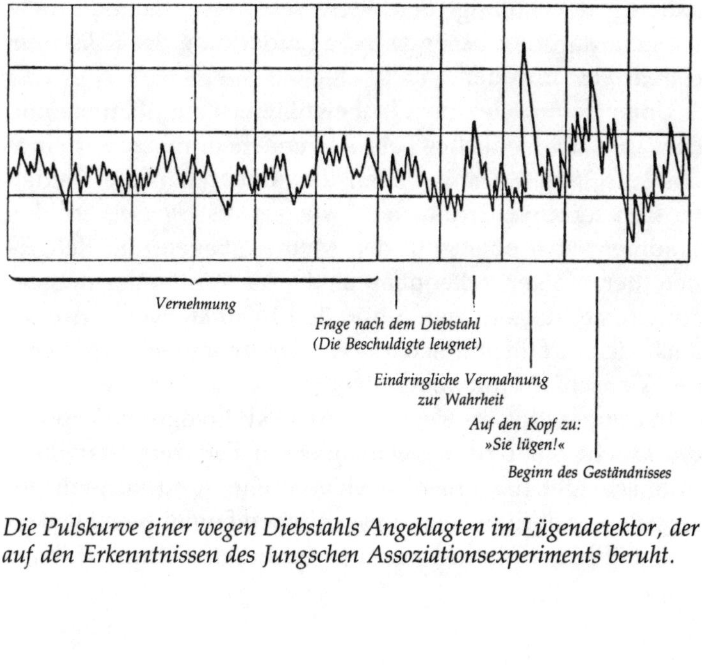

Die Pulskurve einer wegen Diebstahls Angeklagten im Lügendetektor, der auf den Erkenntnissen des Jungschen Assoziationsexperiments beruht.

bestimmten Reizwörtern, die bei den Versuchspersonen einen unbewußten Widerstand auslösten, die Galvanometernadel weit über die Norm ausschlug. Auch bei den anschließenden Reizwörtern waren die Ausschläge noch erhöht. Was JUNG so entdeckte, sind die im Unbewußten gelagerten *Assoziations-* oder *Vorstellungs-Komplexe;* gewissermaßen Zusammenballungen von psychischer Energie um einen bestimmten seelischen Bedeutungsinhalt für Gedanken.

Auf der Grundlage dieses JUNGschen Assoziationsexperiments wurde später in den USA der sogenannte Lügendetektor entwickelt, der nach demselben Prinzip funktioniert, wie die vorstehende Abbildung verdeutlicht.

Der Nachweis psychischer Energie

Mit der Endeckung der *unbewußten Komplexe* war JUNG der experimentelle Nachweis einer *psychischen Energie* gelungen, deren Intensität sich sehr genau bestimmen läßt. Das war eine sensationelle Entdeckung, über die leider in der Öffentlichkeit viel zuwenig bekannt ist. Für JUNG war das aber lediglich der Anfang für weitere sehr wesentliche Entdekkungen, darunter besonders die Entdeckung des *Kollektiven Unbewußten* und der *Archetypen.*

Unter dem Kollektiven Unbewußten ist ein überpersönliches und überzeitliches Feld zu verstehen, in der Art eines *Überbewußtseins.* Darin bilden die Archetypen die Verhaltensmuster und Strukturen, wie sie als *Symbole* in den Träumen, aber ebenso in den Mythen, Sagen und Religionen der Völker erkennbar sind. Als Motivationsmuster ähneln sie im gewissen Sinne den Instinkten, nur daß sie auch den Erfahrungsschatz der der gesamten Geschichte der Menschheit mit beinhalten.

Jungs psychologische Typen

In seinem großangelegten Werk »Psychologische Typen«, die Frucht einer rund zwanzigjähren Forschungstätigkeit, unterscheidet JUNG nicht nach Aussehen und körperlicher Gestalt, sondern nach den psychischen Funktionen Denken und Fühlen, Empfindung und Intuition. Darüber hinaus teilt JUNG diese Typen noch einmal je nach ihrer Einstellung zur Umwelt in sogenannte *Extravertierte* (Nach-außen-Gerichtete) und *Introvertierte* (Nach-innen-Gerichtete) ein.

Die vier psychischen Funktionen bestimmen den Grundtyp einer Person. Je nachdem diese extravertiert oder introvertiert ist, variiert ihr bewußtes wie unbewußtes Verhalten. Damit ergibt sich eine mindestens doppelt so große Anzahl von Persönlichkeitstypen, die sich aber nicht allzu schwer testen lassen, wie ich im einzelnen noch erläutern werde.

Durch seine Beschäftigung mit dem Assoziationsexperiment und mit den psychologischen Typen erkannte JUNG das Wesen des sogenannten *Individuationsprozesses,* dem teils bewußt, doch zumeist unbewußt, jeder Mensch im Verlauf seines Lebens unterliegt. *Individuation* bedeutet: zum Einzelwesen werden. Sofern wir unter Individualität unsere innerste, letzte und unvergleichliche Einzigartigkeit verstehen, bedeutet es zum *eigenen Selbst* werden. Es ist das, was heute zumeist mit dem Begriff *Selbstverwirklichung* bezeichnet und angestrebt wird.

Der Begriff Selbstverwirklichung

Das Bewußtwerden des Individuationsprozesses stellt eine unvergleichliche Bereicherung zur Selbsterkenntnis und damit auch zur Menschenkenntnis dar.

Wir fassen zusammen:

Menschenkenntnis und Menschenverständnis sind seit Urzeiten die Hauptziele der Seelenforschung. Sie dienen der Gestaltung der zwischenmenschlichen Beziehungen allgemein wie der persönlichen Partnerschaftsbeziehungen.

Die ersten Psychologen waren Priesterärzte. Ihr Anlaß, die seelischen Vorgänge zu erforschen, war das Bestreben, Wege für eine Vorausschau der menschlichen Reaktionen und des menschlichen Verhaltens zu finden, um eine sinnvolle Zukunftsplanung zu ermöglichen.

Die Charakterkunde und die Lehre von den vier Temperamenten der antiken griechischen Psychologen hat sich über 2500 Jahre hinweg bis in die heutige Zeit erhalten. Ebenso aber auch die materialistische und biologistische Seelen- und Trieblehre des Philosophen ARISTOTELES.

Alle psychologischen Tests, alle Erklärungen seelischer Verhaltensweisen, die sich auf diese rationalistische und materialistische Auffassung des Psychischen gründen, können jedoch allenfalls erklären, was das Denken und Handeln bestimmt. Doch das für das Zusammenleben der Menschen allgemein – wie für die Partnerschaftsbeziehungen in Liebe, Ehe und Beruf – so wichtige Wissen, was das menschliche Denken unbewußt motiviert und wie Zuneigung und Abneigung, Liebe und Haß, bedingungslose Hörigkeit oder unversöhnliche Feindschaft zustande kommen, wurde erst in der ersten Hälfte unseres Jahrhunderts entdeckt. Diese wissenschaftlichen Erkenntnisse sind der Erforschung des Unbewußten wie der unbewußten psychischen Funktionen durch die Tiefenpsychologie zu verdanken.

II. Menschenkenntnis beginnt mit Selbsterkenntnis

1. Die Lehre von Delphi

»Γνῶθι σεαυτόν (Gnooti sautón) – Erkenne dich selbst!« Diese kategorische Forderung war auf dem Giebel des berühmten Apollotempels zu Delphi zu lesen, der das Orakel der Antike barg. Hier befand sich für rund eintausendfünfhundert Jahre das Zentrum für Zukunftsforschung der damaligen Welt. Nur stand im Inneren des Tempels keine moderne Datenverarbeitungsanlage mit glatten Knöpfen und rotierenden Magnetbändern, sondern ein kegelförmiger Marmorblock, ein »Omphalos«, der als Erdnabel galt. Und dahinter amtete kein moderner Halbgott der Nachrichtentechnik, sondern die Priesterin Pythia.

Ein Zentrum für Zukunftsforschung

Sie saß auf einem Dreifuß über einem Erdspalt, aus dem heiße, betäubende Dämpfe aufstiegen, wie die antiken Autoren berichten. Ob diese Dämpfe Halluzinogene von bewußtseinssteigernder Wirkung enthielen, wissen wir nicht genau. Es ist zu vermuten. Zur Pythia nun strömten die Menschen, um in schwierigen Situationen Auskunft über den zukünftigen Verlauf ihres Lebens zu erhalten. Sie war ja die Priesterin des Lichtgottes Apoll, der mit seinem Sonnenwagen die Erde umkreist und alles sieht und alles weiß. Er war damit auch der Gott des Bewußtseins-Lichts.

Antike Futurologen

Mit ihrer Forderung nach Selbsterkenntnis gaben die antiken Futurologen zu erkennen, daß die Bedeutung aller

Wem nützt das Orakel?

Vorhersagen stets ein Problem der persönlichen Deutung durch das Bewußtsein der Fragesteller ist. Wer sich selbst nicht kennt, sich seines eigenen Wesens nicht bewußt ist, dem nutzen auch die klügsten Orakelsprüche nichts.

An dem Bemühen um Selbsterkenntnis, Selbstverständnis und auch Selbstkritik hatte es wohl auch bislang sicher nicht gefehlt. Doch wie diese zu erwerben seien, darüber findet sich bei den antiken Autoren nichts. Sich selbst begreifen, um bewußter zu werden, das läßt sich leicht sagen. Doch was ist überhaupt Bewußtsein? Darüber wird der Leser kein Lehrbuch finden. Die Psychologen haben das Bewußtsein aus ihrer Forschung ausgeklammert. So als wäre es eine Art »black box«, ein unerklärbarer Zauberkasten. Dabei trägt doch jeder von uns sein Bewußtsein mit sich herum. Sonst könnten wir weder denken noch eine Forschung betreiben.

Der Versuch, sich selbst durch Nachdenken zu erkennen und sich so der eigenen Persönlichkeit bewußt zu werden, führt allerdings kaum zu einem befriedigenden Erfolg. Sonst würden nicht so viele Menschen einen Blick auf das Tageshoroskop in der Zeitung werfen, Astrologen oder Graphologen aufsuchen oder sich gar von Wahrsagerinnen aus dem Kaffeesatz ihre Persönlichkeit deuten lassen.

Lehrbeispiel Selbstbeschreibung

Nehmen Sie einmal ein Blatt Papier und versuchen Sie, sich selbst zu beschreiben. Aber nicht in der Art von Bewerbungsschreiben, bei denen Sie ja lediglich Daten und Fakten aus Ihrer bisherigen Lebensgeschichte aneinanderreihen. Es sollte eine *Selbstbeschreibung* sein, die Ihre Charaktereigenschaften und die Art Ihres Denkens, Fühlens und Empfindens umfaßt. Sie werden bald feststellen, wie schwierig das ist und welche Zweifel Ihnen dabei kommen.

Wenn Sie eine derartige Selbstanalyse dennoch zustande gebracht haben, dann lesen Sie das Ganze Ihrem Partner oder Ihren Freunden vor. Diese werden Sie vermutlich auf eine Reihe von Verhaltensweisen und Eigenschaften aufmerksam machen, die Sie übersehen haben. Vielleicht werden sie auch vergnügt lächeln und Ihnen auf Befragen angeben, in wie vielem Sie einer Selbsttäuschung unterlegen sind. Kurzum: Selbsterkenntnis läßt sich durch Selbsteinschätzung nicht restlos gewinnen. Durch Nachgrübeln über sich selbst gelangen Sie in der Regel zu einer Selbstüberschätzung oder aber auch zu einer Unterbewertung der eigenen Persönlichkeit.

Die Gefahr der Selbsttäuschung

2. Selbsterkenntnis – aber wie?

Jede wissenschaftliche Theorie gründet sich auf ein Modell. Um seine Theorie durch Experimente zu beweisen, ersinnt der Forscher dann eine Versuchsanordnung, die dem Modell entspricht. Das ist das übliche wissenschaftliche Verfahren, um neue Erkenntnisse zu gewinnen.

Modelle des menschlichen Körpers, aus durchsichtigem Kunststoff, um die Organe und Nervenleitungen sichtbar zu machen, sind dem Leser sicherlich bekannt. Man findet sie auf Ausstellungen der Kunststoffindustrie wie in medizinischen Lehrbüchern. Wie aber steht es mit Modellen der menschlichen Persönlichkeit, die ja durch das, was wir als Seele und Geist bezeichnen, geprägt wird?

Modelle der Persönlichkeit

Nach dem vorher Gesagten müßten derartige Persönlichkeitsmodelle von der Tiefenpsychologie zu erwarten sein.

Das Modell, das Sigmund FREUD entwarf, ist noch recht einfach. Er dachte noch kausalistisch (von lateinisch *causa* = die Ursache) und mechanistisch, wie es dem biologischen Denken seiner Zeit entsprach. Seine Modellvorstellung des Seelisch-Geistigen ist noch die eines *psychischen Apparates,* der von Triebkräften in der Form psychischer Energie in Gang gehalten wird.

Es, Ich und Über-Ich

Für den Bereich des Unbewußten prägte er die Begriffe des »Es« und des »Über-Ich«. Das »Es« wird für ihn durch die Erbanlage, die Festlegung der Körperkonstitution und in erster Linie durch die Triebe gebildet. Das »Über-Ich« entsteht durch die Erziehungs- und Umwelteinflüsse während der ersten Lebensjahre. Es enthält die moralischen und ethischen Forderungen, besonders seitens der Eltern, wie sie durch die Erziehung geprägt werden. Dieses »Über-Ich« setzt FREUD mit dem *Gewissen* gleich.

Das »Ich« oder (lateinisch) »Ego« nun ist die bewußtseinsfähige Instanz des Psychischen, die bewußte Persönlichkeit.

Nach diesem Modell entstehen die menschlichen Konflikte durch ein Hin- und Hergerissensein des »Ich« zwischen den Triebforderungen des »Es« und den durch die Umwelt geprägten Moralanschauungen und Verhaltensnormen des »Über-Ich«.

Da kommt nun aber eine Patientin in die Sprechstunde des Psychoanalytikers und klagt: »Herr Doktor, was soll ich tun? Ich falle stets auf den gleichen Typ Mann herein. Anfangs erscheint er mir als das Ideal aller meiner Vorstellungen und Sehnsüchte. Doch nach mehr oder weniger kurzer Zeit endet es stets mit einer Enttäuschung.«

Freuds Modell in der Praxis

Wenn ihr der Psychoanalytiker nun sagt: »Ja, dieser Typ Mann entspricht eben den Triebwünschen Ihres ›Es‹, nur dürfte Ihr ›Über-Ich‹ zu idealistisch geprägt worden sein«, so wird sie nicht allzuviel damit anfangen können. Und wenn der Analytiker dann damit beginnt, ihre frühesten Kindheitserlebnisse aufzudecken, so wird sie gezwungen sein, anzunehmen, was er ihr sagt. Denn wer kann sich schon ernsthaft an seine Erlebnisse etwa vor dem vierten Lebensjahr erinnern?

C. G. JUNG entwirft da ein sehr viel anschaulicheres Modell. Er kannte die Tendenz des Menschen, in Bildern zu denken. So personifizierte er die Schichten der menschlichen Persönlichkeit und gab diesen einprägsame Namen. Er unterscheidet zwischen der *Persona* und ihrem unbewußten Gegenstück, dem *Schatten.* Dann folgen die gegengeschlechtlichen Persönlichkeitsanteile, die *Anima* beim Mann und der *Animus* bei der Frau. In einer nächsten – bereits in den archetypischen Bereich des Kollektiven Unbewußten hineinreichenden – Schicht folgen der *Alte Weise* und bei der Frau die *Große Mutter.* Die letzte und innerste Schicht, gewissermaßen das Zentrum der Persönlichkeit, bildet das *Selbst.*

Jungs Schichtenmodell

Diese Einteilung ist weniger kompliziert, als sie vielleicht auf den ersten Anhieb erscheinen mag. Doch da es nun einmal zum unbewußten Verhalten des Menschen gehört, das eigene Denken, Fühlen und Empfinden, wie es von diesen Persönlichkeitsseiten geprägt wird, auf unsere Mitmenschen zu *projizieren,* müssen wir uns auch ein wenig näher damit befassen. Das wird uns helfen, die Vielfalt der menschlichen Ausdrucksmöglichkeiten und Umweltreaktionen, bis hin zur Körpersprache durch Gesten und Mienenspiel, wie auch symbolische Ausdrucksformen leichter zu verstehen.

3. Das Persönlichkeitsmodell

a) Die Persona

Unter der *Persona* ist der der Außen- und Mitwelt zugewandte Anteil der Persönlichkeit zu verstehen, wie er durch die Erziehung und später durch den Beruf geprägt wird. Sie wird gewissermaßen durch die *Rolle* bestimmt, die ein Mensch im Leben wie in der Gesellschaft spielt. Die Persona bestimmt die Haltung des Menschen gegenüber seiner

Unsere Rolle im Leben

Umwelt. Denken wir an die Arztpersönlichkeit, die Persönlichkeit des Richters oder die des Beamten entsprechend seiner Stellung. Sie entsteht durch die Anpassungsleistung des Menschen an die Gesellschaft.

Zur Persona gehören typische Verhaltensweisen wie auch eine charakteristische Lebenseinstellung. Aber auch äußerliche Eigenheiten gehören dazu, wie der Gang, die Kleidung, die Frisur, ein anerzogenes Lächeln. Denken wir an das »Keep-smiling« der Amerikaner und an das Berufslächeln des Vertreters. Auch die Umgangsformen fallen darunter.

Persona und Verhaltensschablone

Je stärker die Ausbildung der Bewußtseinspersönlichkeit durch autoritäre Zwänge während der Erziehung und der Berufsausbildung beeinflußt und sozusagen für die Verkörperung einer bestimmten Rolle im späteren Leben im Sinne bestimmter Verhaltensschablonen »dressiert« wird, umso größer ist die Gefahr, daß sich das Bewußtsein aus dieser Schablone nicht mehr befreien kann. Das führt dazu, daß sich das »Ich« des Betreffenden mit der Berufs- und Lebensrolle, das heißt mit seiner Persona, *identifiziert.*

Ohne die zu seiner Rolle gehörigen äußeren Status- und Standesmerkmale wie Amt, Titel und Würden, das gewohnte Verhalten der Mitmenschen u. a. m. ist eine solche Person bei oft auch nur geringfügig veränderten Lebensumständen dann ziemlich hilflos. Sie erweist sich als unangepaßt und lebensuntüchtig.

Je stärker diese Identifikation mit der Persona ist, umso mehr wird die bewußte *Ich-Persönlichkeit* von den übrigen Persönlichkeitsseiten oder *Teilpersönlichkeiten* des Unbewußten abgeschnitten.

b) Der Schatten

Die die Persona unbewußt ergänzende Persönlichkeitsseite – gewissermaßen ihr unbewußtes Gegenstück – wird nach JUNG als der *Schatten* oder die *Schatten-Person* bezeichnet.

Die Schattenperson

Der Schatten gehört zum Menschen und wandert mit ihm mit. Er kann groß oder klein und auch verzerrt sein. Das Schattenbild eines Menschen verändert mit dem Licht seine Form. Jede Bewegung einer Person kann im Schattenbild als eine groteske Übersteigerung sichtbar werden oder auch nur als eine kaum wahrnehmbare Veränderung. Solange wir dem Licht – hier dem Bewußtseinslicht – zugewandt sind, können wir unseren Schatten nicht sehen. Nur für unsere Mitmenschen ist der Schatten erkennbar.

Der Schatten verkörpert also als tiefenpsychologischer Begriff primär die unbewußte Persönlichkeitsseite, die unbekannte, dunkle Begleitperson des Ich. Er erhält alle unbewußten Eigenschaften, verkörpert die unbewußte Seite des psychischen Funktionstypus, wie Denktyp, Gefühlstyp usw., und wird geformt und geprägt durch alle unbewußten oder aus dem Bewußtsein verdrängten seelischen Eindrücke, Erlebnisse und Erfahrungen.

Das Eigenleben des Schattens

Unsere psychische Schattenseite ist zwar wie der reale Schatten untrennbar mit uns verbunden. Im Unbewußten aber, quasi hinter unserem Rücken, agiert sie wie eine selbständige Eigen-Person.

Um weiter bei diesem Vergleich zu bleiben: Wenn das Licht direkt hinter uns ist, können wir den Schatten unseres Partners nicht sehen. Aber unser eigener Schatten verändert das Partnerbild. Er kann die Gesichtszüge unseres Gegenübers verändern, seine Gestalt heller oder dunkler erscheinen lassen, vergrößert oder verkleinert. Physikalisch gesehen, findet hier ein *optische Projektion* der eigenen Person in der Form des Schattens auf den uns gegenüberstehenden Mitmenschen statt.

Das Wesen der Projektion

So können wir uns auch das Wesen der *psychischen Projektion* anschaulich vorstellen. Unser Bild vom mitmenschlichen Partner wird durch die Projektion der eigenen Schattenperson und damit der eigenen unbewußten Schatteneigenschaften verändert, verzerrt, wenn nicht gar verfälscht. Doch diese Projektion beeinflußt eben stets unser Verhalten gegenüber unseren Mitmenschen wie auch unsere Partnerwahl.

Der Schatten ist nicht unmoralisch

Der psychologische Begriff Schatten darf jedoch nicht moralisch verstanden werden. Wenn wir zuvor von der *dunklen* Persönlichkeitsseite sprachen, dann bezieht sich das auf die Unbewußtheit unseres Schattens: Er verkörpert eben die nicht bewußt gelebte oder unausgelebte Seite der Persönlichkeit. In der Regel allerdings wird diese alle von der Gesellschaft mißbilligten *minderwertigen* und gegenüber der gültigen Moral *unmoralischen* Eigenschaften enthalten. Doch ebenso kann der Schatten positiver ausgeprägt sein als das bewußte Ich. Das wird etwa dann der Fall sein, wenn es die Lebensumstände eines Menschen mit sich bringen, daß er seine positiven Anlagen und Eigenschaften nicht bewußt entfalten kann.

Beispiel »Faust«

Die Begegnung mit einem Mitmenschen, der der eigenen Schattenpersönlichkeit entspricht, übt stets eine besondere Faszination aus. Das klassische Beispiel für die Begegnung mit dem *eigenen Schatten* und die Faszination, die diese ausübt, hat GOETHE in seinem wohl bekanntesten Werk, dem »Faust«, dargestellt. Darin verkörpert Mephisto die Schattenperson von Faust. Der Schriftsteller Hermann HESSE hat diese Problematik ebenfalls bearbeitet, und zwar in seinem »Steppenwolf«.

Die Projektion der eigenen unbewußten Persönlichkeitsseite auf einen Partner täuscht unser Bewußtsein hinsichtlich der Realität, das heißt darüber, wie der Betreffende in Wirklichkeit ist. Sie bewirkt eine *emotionale* und damit unbewußte Partnerbeziehung. So werden alle Eigenschaften eines Partners, die unser bewußtes Ich nicht akzeptiert, umso weniger verstanden, je mehr sie unserer eigenen unbewußten Persönlichkeitsseite entsprechen. Es sind in der Regel die eigenen Schattenseiten im Verhalten unserer Mitmenschen, die unsere affektiven und aggressiven Reaktionen am stärksten verursachen.

Projektion und Sündenbock

Statt uns um ein bewußtes Verstehen der Handlungsweise oder Einstellung eines Partners zu bemühen, soweit diese unseren Bewußtseinsvorstellungen widersprechen, schieben wir ihm eine »Schuld« zu. Aus der Projektion der eigenen unausgelebten verdrängten Eigenschaften, Bedürfnisse und Wünsche unserer unbewußten Schattenperson auf unsere Mitmenschen erklärt es sich auch, weshalb allgemein für eigene Fehler stets ein »Sündenbock« verantwortlich gemacht wird. Die vielen Verurteilungen Unschuldiger durch Geschworenengerichte und Vorausurteile über mutmaßliche Täter durch die Öffentlichkeit wie durch die Staatsanwälte beruhen weitgehend auf dieser »Sündenbockprojektion«. Sofern diese kollektiv erfolgt, kommt es zu Kriegen, wie das Beispiel des Zweiten Weltkrieges eindrücklich lehrte.

c) Die gegengeschlechtliche Persönlichkeitsseite der Psyche

Das Ziel heißt Vereinigung

So wie sich Mann und Frau körperlich unterscheiden, in erster Linie durch ihre geschlechtsbestimmenden Sexualorgane, so unterschiedlich sind sie auch in ihrer durch das Geschlecht bestimmten psychischen Struktur. Die Natur jedoch strebt nach Vereinigung. Nach körperlicher Vereinigung zum Zwecke der Fortpflanzung und damit der Erhaltung der Art. Doch ebenso streben Mann und Frau nach einer seelisch-geistigen Vereinigung im Sinne einer Ergänzung zu einer umfassenderen und vollständigeren Ganzheit.

Bekanntlich besitzen Frauen auch männliche Eigenschaften und bilden umgekehrt Männer ebenso weibliche Eigenschaften aus. Biologisch gesehen, stammen ja die Chromo-

Der doppelgeschlechtliche Embryo

somen der menschlichen Zellen, die die Baupläne wie das gesamte Erbgut enthalten, in ihrem paarweisen Vorkommen jeweils das eine vom Vater und das andere von der Mutter. Von der Befruchtung her und auch im Frühstadium des menschlichen Embryos ist der Mensch doppelgeschlechtlich angelegt. Das gilt im gewissen Sinne auch für die Psyche. Dieser gegengeschlechtliche Funktionsbereich der Psyche ist es, der später das Vorstellungsbild, besser gesagt: das innere *Seelenbild* mitbestimmt, das die Frau vom Mann und der Mann von der Frau in sich tragen.

C. G. JUNG hat für diese psychischen Funktionen oder Persönlichkeitsanteile die Begriffe *Anima* für den Mann und *Animus* für die Frau geprägt. Geformt werden diese psychischen Tiefenpersonen erst nach der Geburt durch alle persönlichen Eindrücke und Erlebnisse während der Kindheit und Jugend. Also durch die Mutter oder eine mütterliche Pflegeperson und später durch andere beeindruckende weibliche Erziehungspersonen beim Jungen, und durch den Vater, Vaterersatzpersonen und Lehrer beim Mädchen.

Doch da anderseits diese gegengeschlechtliche Persönlichkeitsseite der Psyche – Animus oder Anima – bereits erblich und vorgeburtlich angelegt ist, trägt sie stets auch archetypische Gestaltzüge, die dem Kollektiven Unbewußten entstammen. Die Gestaltung von Animus und Anima durch archetypische Kollektivvorstellungsbilder kann im Einzelfall sehr unterschiedlich sein. Die Anima des Mannes kann dem Vorstellungsbild des reinen Engels wie der Hexe entsprechen, der kämpferischen Amazone oder der begehrlichen Potiphar. Sie kann dem Bild der fürsorglichen Hausmutter oder der Dirne gleichen, der guten Fee, die alle Wünsche erfüllt, der wissenden, verständnisvollen reifen Frau oder der launischen Nymphe und Kindfrau. Alle diese Frauen sind als Vorstellungsbilder vom Weiblichen möglich.

Die Anima – Engel oder Hexe

Das gleiche gilt für die archetypische Gestaltung des

Animus bei der Frau. Der Held in jeder Gestalt, Heldenfiguren der Antike wie Herakles oder Odysseus, der Sage wie Siegfried, der Held des Märchens, der die gefangene Jungfrau aus der Gewalt des Drachen befreit oder Aschenputtel zur Prinzessin erhebt, aber auch religiöse und politisch überragende Persönlichkeiten können zum beherrschenden Animus der Frau in ihrem Unbewußten werden. Der mächtige Zauberer, der bedrohliche Blaubart, der verspottete Heilige, das verkannte Genie können Animusmuster sein. Sogar Tierfiguren können hier eine Rolle spielen, wie der verzauberte Prinz als häßlicher Frosch, das Untier aus der Geschichte von »La Belle et la Bête«, King-Kong als Filmfigur und alle Tiergötter der Mythologie, soweit sie männliche Eigenschaften personifizieren.

Der Animus – Heiliger oder Held

Der Animus der Frau kann ebenso dem Bild eines Romanhelden wie dem eines zeitgenössischen Massenidols entsprechen, vom Filmstar, Schlagerstar, Fußballkönig, dem überragenden Wissenschaftler, berühmten Arzt und Chirurgen bis hin zum Politiker. Kurzum, die Animusperson der Frau ist – ebenso wie die Anima des Mannes – unterschiedlich und vielgestaltig. Wenn wir statt der Personifizierung dieser gegengeschlechtlichen Teilpersönlichkeit der Psyche den Begriff steuernder Programmierungsmuster verwenden, dann trägt jeder von uns quasi eine Auswahlkartei vorgeprägter Programmkärtchen in sich, wie sie für die Steuerungsautomatik von Computern verwendet werden.

Tiefenperson und Massenidol

Bei Anima oder Animus verhält es sich ebenso wie bei der Schattenprojektion. Bei der Begegnung mit einem Partner des anderen Geschlechts werden diese Funktionen oder Persönlichkeitsseiten, die ja doch zur eigenen Persönlichkeit gehören, anfangs stets auf den Partner projiziert. Sie verändern oder verfälschen damit das Bild des Partners und verhindern eine klare Erkenntnis des Mitmenschen in seiner tatsächlichen Lebensrealität. Die Projektion von Anima oder Animus beeinflußt so auch die Partnerwahl, sei es für ein Liebesverhältnis oder für die Ehe.

Projektion und Partnerwahl

Anders ausgedrückt, wir wählen einen Partner und gehen eine Freundschaft, eine Liebesbeziehung oder Ehe mit ihm ein, um an ihm und durch ihn die unbewußten Persönlichkeitsseiten unserer eigenen Psyche zu erleben. Die Vielfalt der archetypischen Muster ermöglicht einen Austausch.

Das Psychische unterliegt ja im Verlauf des Lebens einem Veränderungs- und Wandlungsprozeß, so wie der Körper einem naturbedingten Reifungs- und Alterungsprozeß unterliegt. Je nach Alter und Reife wechseln auch im Unbewußten der Psyche die Musterbilder, die auf den Partner projiziert werden. Das erklärt, warum beispielsweise langdauernde Jugendfreundschaften eines Tages aufgegeben werden und die Stärke ihrer Bindung später unverständlich wird. So erklärt sich auch die Vergänglichkeit einer anfänglich für lebensentscheidend und dauerhaft gehaltenen »großen Liebe«. Ebenso findet häufig so das Scheitern von Liebesheiraten seine Erklärung.

Die Vergänglichkeit der »großen Liebe«

Auf die noch tiefer liegenden archetypischen und wiederum gleichgeschlechtlichen Persönlichkeitsanteile der Psyche, für die JUNG die Begriffe des »Alten Weisen« beim Mann und der »Großen Mutter« bei der Frau prägte, wollen wir hier nicht näher eingehen. Eine Bedeutung kommt ihnen letztlich erst bei einer eingehenden Psychoanalyse und der damit verbundenen tiefenpsychologischen Deutung der Träume zu.

Wir fassen zusammen:

Menschenkenntnis bedarf der Selbsterkenntnis. Durch Nachgrübeln über die eigene Person und den Versuch von

Selbstbeschreibungen ist diese jedoch schwerlich zu erlangen. Obwohl ein jeder glaubt, sich selbst am besten zu kennen, fehlt uns doch die nötige Distanz zur eigenen Person. So bleibt es uns auch zumeist verborgen, wie sehr wir einem psychischen Projektionsmechanismus unterliegen, indem wir eigene Eigenschaften, Verhaltensweisen, Wunschvorstellungen, aber auch Fehler, beständig auf unsere Mitmenschen projizieren.

Zum besseren Verständnis verhilft uns ein Persönlichkeitsmodell, wie es die moderne Tiefenpsychologie schuf. Darin werden die psychischen Persönlichkeitsseiten personifiziert.

Das *Ego,* die bewußte Ich-Person, wird durch Erziehung und die Umwelt geformt. Doch das Ich strebt in äußerer Erscheinung und Lebenshaltung nach Anpassung an gesellschaftliche Normen und Verhaltensweisen. Entsprechend der Rolle, die eine Person im Leben einnimmt, bildet sie eine charakteristische *Persona* aus. Diese verkörpert das, als was jemand nach außen erscheint.

Je stärker die gesellschaftlichen Zwänge hierbei, umso größer die Gefahr, daß sich das Ich mit seiner Rolle im Beruf, im Amt oder in seiner Familiensituation identifiziert. Eine Starrheit der Persönlichkeit und Begrenztheit des Bewußtseins auf die vorgeschriebenen Denk- und Verhaltensschemata der Rolle werden die Folgen sein.

Die unbewußte Seite der Ich-Person, ihre Ergänzung im Unbewußten, wird als *Schatten* bezeichnet. Die Schatteneigenschaften werden stets auf unsere Mitmenschen projiziert. Da uns der Projektionsvorgang nicht bewußt ist, führt das zu emotionalen und affektiven Reaktionen. Die Projektion der von der Persona abgewehrten und vom Ich als minderwertig oder unmoralisch verdrängten Schattenseiten führt zu der bekannten Abreaktion an einem »Sündenbock«.

Auf Persona und Schatten folgt dann die – noch tiefer im

Unbewußten angelegte – gegengeschlechtliche Persönlichkeitsseite der Psyche. Die *Anima* beim Mann und der *Animus* bei der Frau. Diese werden durch die persönlichen Eindrücke während der Kindheit und Jugend, primär durch die Beziehung zu Mutter und Vater oder elterlichen Ersatzpersonen, geprägt, doch ebenso durch archetypische Musterbilder. Diese archetypischen Muster stellen in etwa die psychischen Erbanlagen dar, die sich aus der Familiengeschichte und aus Volks-, Rassen- und Kulturkreiszugehörigkeit ergeben.

Anima und Animus werden stets auf den Partner projiziert und entscheiden zumeist die Partnerwahl in der Liebe und zur Ehe. Oft genug allerdings erscheint diese Projektion rätselhaft, da die inneren »Seelenbilder« vom anderen Geschlecht nicht nur modernen Massenidolen ähneln, sondern ebenso den Feen, Nymphen oder Heldenfiguren aus Mythen und Märchen.

Das Erlebnis der eigenen unbewußten Persönlichkeitsseiten am Partner und das Verständnis der Projektion ermöglichen die Selbsterkenntnis und dienen der Entfaltung der Persönlichkeit zu größerer Bewußtheit. Voraussetzung dafür ist eine bewußte Hinwendung zum Du.

III. Der Mitmensch – Wissen durch Erlebnis und Erfahrung

1. Der Weg vom Ich zum Du

Das im vorigen Abschnitt beschriebene Persönlichkeitsmodell und die Erklärung der psychischen Projektion mögen uns zu einer Orientierung darüber verhelfen, was wir an eigenen Persönlichkeitsseiten, Eigenschaften und Charakterzügen auf unsere Mitmenschen übertragen. Diese Widerspiegelung an der Person unserer Partner mag uns zugleich auch zu einer Selbsterkenntnis dienen. Doch das ist zuwenig. Wir wollen uns ja darüber hinaus ein objektives, von unserer eigenen Person unabhängiges Wissen über unsere Mitmenschen verschaffen.

Menschenkenntnis und Objektivität

Eine vollständige Objektivität allerdings ist unmöglich. Durch jede Hinwendung zum Du und jede noch so unauffällige Beobachtung entsteht ein zwischenmenschliches Beziehungs- oder Kommunikationsfeld. Wir empfangen durch aufmerksame Beobachtung Eindrücke und Informationen über das Äußere unseres Mitmenschen, über Gesicht, Gestalt, Haltung, Kleidung, Verhaltens- und Reaktionsweisen. Doch dieser Vorgang unterliegt einer Wechselwirkung, vergleichbar einem Funk-Sprechverkehr. Jeder ist gleichzeitig auf Empfang und Sendung geschaltet. Trotzdem gibt es genügend Möglichkeiten, um diese wechselseitige Beeinflussung auf ein Mindestmaß zu reduzieren, so daß wir sie im folgenden vernachlässigen können.

Sender und Empfänger

Wissen und Gefühl

Wissen entsteht durch Erlebnis und Erfahrung. Das Erlebnis einer Person – aber auch von Gegenständen wie Umwelterscheinungen allgemein – zielt auf unsere Gefühlsseite. Das erklärt spontane Sympathien und Abneigungen. Doch Gefühle sind allzu unterschiedlich und lassen sich nur schwer auf einen gemeinsamen Nenner bringen. So wichtig unsere Gefühlseindrücke für uns persönlich auch sein mögen und wie sehr sie auch die Gestaltung unserer Beziehung zum Mitmenschen beeinflussen, zu einem exakten Persönlichkeits- oder Charakterbild verhelfen sie uns nicht. Es ist ja bekannt, wie unterschiedlich eine Person oft beurteilt wird und wie sehr diese Bewertung unserer eigenen Auffassung widerspricht. Was die Erfahrung angeht, so ist – wissenschaftlich gesehen – darunter der Komplex von Informationen zu verstehen, die auf einer gezielten und soweit als möglich vorurteilsfreien Beobachtung beruhen.

Was ein Test vermag

Diese Informationen beurteilen und analysieren wir mit unserem Verstand und fügen sie dem Erfahrungsschatz in unserem Gedächtnis zu. Nach dieser Methode gehen die vielfältigen psychologischen Tests und Persönlichkeitsdiagnosen, wie sie von der sogenannten Experimentalpsychologie entwickelt wurden, vor. Wir werden auf die bekanntesten und gebräuchlichsten davon näher eingehen. Doch zuvor noch etwas anders.

2. Menschenkenntnis auf den »ersten Blick«

Menschenkenntnis auf den »ersten Blick«, vergleichbar der »Liebe auf den ersten Blick«, gibt es das? Ja! Das ist möglich, und zwar auf dem Wege der Intuition.

Erinnern wir uns an die Ausführungen in Abschnitt I, Kapitel 2, über die »Psychologischen Typen« nach C. G.

JUNG. Er unterscheidet je nach der im Bewußtsein vorherrschenden psychischen Funktion in Denk- und Gefühls-, in Empfindungs- und Intuitionstypen. Darüber hinaus noch in Extravertierte und Introvertierte, je nach der Art ihrer Einstellung zur Umwelt.

Die *Intuition* (von lateinisch *intuitus* = der Anblick), das ist vereinfacht gesagt eine Information über eine Person, einen Gegenstand oder auch zu einem zu lösenden Problem, die uns von *innen* her zufließt. Diese Information erfolgt in der Regel spontan und bedarf keines angestrengten Nachdenkens. Es ist das, was auch als *Ahnung,* als *Gespür* oder als *Aha-Erlebnis* bezeichnet wird. Es ist das mit dem Verstand kaum erklärbare Erlebnis des plötzlichen *Gewußt wie, was* oder *warum.* Die Intuition ist die Grundlage der schöpferischen Einfälle und damit die Wurzel der Kreativität.

Information von innen her

Die Intuition vermittelt uns ein ganzheitliches Erfassen einer anderen Person, ohne die zergliedernde Analyse einzelner Merkmale durch unseren Verstand. Wir erfassen intuitiv einen Mitmenschen sozusagen auf »einen Blick«, wobei wir durchaus auch einzelne hervortretende Merkmale registrieren. Doch diese Kennzeichen, wie Geschlecht, Gesichtszüge, Haarfarbe, Körpergröße, Haltung u. a. m., ergeben sich für uns aus der Gesamtschau als zugehörige Teile der Ganzheit einer Person.

Das intuitive Erfassen einer anderen Person beschränkt sich nicht nur auf die äußere Erscheinung. Es vermittelt uns auch das Erlebnis eines Verständnisses ihrer Charakterzüge – ihrer Eigenschaften wie ihrer Lebenseinstellung. So gesehen, ist die Intuition eine besondere Gabe. Doch sie ist eine Gabe, die als psychologische Funktion jeder Mensch besitzt.

Intuition als besondere Gabe

Zugegeben, das Erfassen auf den »ersten Blick« kann auch trügen. Irren ist menschlich, heißt es. Doch in diesem Falle dürfte der Grund darin zu suchen sein, daß die meisten Menschen viel zuwenig über die Intuition wissen und besonders ausgesprochene Denk- oder Gefühlstypen ihre Intuition vernachlässigen und nicht pflegen. Dieser Mangel läßt sich beheben.

Intuitions-Training

In einem meiner Bücher, mit dem Titel »Intuitions-Training – Der erfolgreiche Weg zum schöpferischen Denken« (siehe Literaturverzeichnis), habe ich den Versuch unternommen, alle jene Möglichkeiten und Methoden aufzuzeigen, über die wir verfügen, um die Intuition zu entfalten und die Kreativität zu wecken. Durch ein einfaches Experiment können Sie selbst leicht feststellen, wie es um Ihre intuitive Fähigkeiten steht:

Wer ruft an?

Das Telefon läutet. Warten Sie einen Moment, bevor Sie den Hörer abnehmen. Schließen Sie die Augen und fragen Sie sich: Wer ruft an? Halten Sie nur den ersten spontanen Einfall fest, wer oder was Ihnen als Ursache des Anrufes einfällt. Nun heben Sie ab!

Sie können dieses Experiment auch durchführen, wenn es an Ihrer Haustür läutet. Sie können es ebenso auf Ihre Post ausdehnen, sofern Briefe nicht bereits auf der Vorderseite des Umschlages den Absender erkennen lassen. Auf Briefe also, bei denen Sie nicht sofort wissen, von wem das Schreiben ist und worum es inhaltlich geht.

Kontrollieren Sie jeweils die »Treffer« Ihres *Ahnungsvermögens* und notieren Sie sich diese auf einem besonderen Notizblock. Dann haben Sie bereits die erste und einfachste Übung für ein Intuitionstraining. Wenn Sie diese Übungen regelmäßig und über einen längeren Zeitraum durchführen, werden Sie feststellen, daß die Trefferzahl steigt und sich ihr Ahnungs- oder Einfühlungsvermögen zunehmend verfeinert.

Doch um die Fähigkeit zur Intuition, die Fähigkeit für schöpferische Einfälle und ein kreatives Denken und Handeln zu entfalten, bedarf es natürlich mehr als nur einer Erziehung zum Erahnen. Doch hierfür muß ich Sie auf das zuvor erwähnte Buch verweisen.

3. Die Unterschiedlichkeit von Mann und Frau

Geschlechtsunterschiede

Die körperliche Verschiedenheit von Mann und Frau ist naturgegeben und augenscheinlich. Normalerweise erfassen Sie auf den »ersten Blick«, ob Sie eine männliche oder eine weibliche Person vor sich haben. Gewiß können Modeerscheinungen die Geschlechtsunterschiede verwischen, wie beispielsweise die gegenwärtige uniforme Kleidung, Pullis und Jeans, und gleiche Haartracht. Doch bleiben die primären geschlechtstypischen Merkmale wie Stimme, Körperhaltung und Bewegung u. a. erhalten.

Der Weg zur Gleichberechtigung

Eine gewisse Tendenz zur Vermännlichung der Frau, im Äußeren, im Streben nach männlichen Berufen, männlicher Lebenshaltung – worunter selbständige Lebensführung und sexuelle Freiheit verstanden werden – und sonstigen früher typisch männlichen Verhaltensweisen ist unverkennbar. Gesetzlich ist die erstrebte Gleichberechtigung mit dem Mann ja bereits in den Jahren nach dem letzten Krieg weitgehend verwirklicht worden. Kurzum, die über zweieinhalb Jahrtausende durch Religion, Kultur und Gesellschaftsstruktur festgelegte Rolle der Frau in Liebe, Ehe und Beruf ist ziemlich massiv in Frage gestellt.

Wir wollen hier nicht auf die kulturelle Entwicklung vom anfänglichen Matriarchat zum Patriarchat, also der im wesentlichen vom Mann bestimmten und beherrschten Gesellschaftsstruktur, eingehen. Die Vorrangstellung des Mannes ergab sich hier aus seiner Rolle als Ernährer und Beschützer der durch Schwangerschaft und als Mutter hilfsbedürftigeren Frau. Dieses Abhängigkeitsverhältnis ist heute keinesfalls mehr in diesem Ausmaß gegeben, nicht zuletzt durch die Entwicklung der modernen Verhütungsmittel.

Die Forderung nach Gleichberechtigung beruht übrigens psychologisch gesehen auf einer irrtümlichen Vorstellung: Eine Gleichheit von Mann und Frau kann gar nicht existieren, weder körperlich noch in der Struktur ihrer Psyche. Das verbindende Element bleibt nach wie vor die Liebe.

Die moderne Frau ist selbständig und vom Mann unabhängig geworden, wie nie zuvor in der Geschichte der Menschheit. Das ist eine unumstößliche Tatsache. Damit aber kann die Beziehung zwischen Mann und Frau erstmals zu einer echten Partnerschaft führen.

Echte Partnerschaft

Partnerschaft zielt nun aber stets auf Ergänzung und nicht auf die Forderung nach gleichen Rechten. Sie beruht auf der Gleichwertigkeit der Partner. Das ist es, worum es geht!

Die Beziehung zwischen den Geschlechtern, die Liebe und die Ehe, sind in eine allgemeine Krisensituation geraten. Das Ansteigen der Ehescheidungen, die allgemeine Unzufriedenheit, die Zunahme von Aggressionen und Depressionen beweisen es. Eine Neugestaltung der Liebe und eine bewußte Gestaltung der Ehe sind ein dringendes Zeitanliegen geworden. Doch beides bedarf der Erkenntnis der *Gleichwertigkeit* der Geschlechter.

Gleichwertig, aber verschieden

Dieser Grundsatz der Gleichwertigkeit schließt – wie gesagt – eine Andersartigkeit nicht aus. So besteht auch hinsichtlich der Psyche von Mann und Frau eine geschlechtstypische Unterschiedlichkeit. Unser Persönlichkeitsmodell über den Aufbau oder die Struktur der Psyche können wir beibehalten. Daß sich die inneren Seelenbilder von Mann und Frau durch ihre gegengeschlechtliche Ausrichtung in Anima und Animus unterscheiden lassen, wissen wir bereits. Doch auch in der Ausprägung von Persona und Schatten besteht eine Andersartigkeit. Wir wollen uns auch darüber informieren. Denn diese Andersartigkeit trägt ebenfalls bei zur Problematik der Partnerwahl.

4. Zur Problematik der Partnerwahl

Die *Persona* bildet sich zusammen mit der psychischen Ausreifung des Ich in der Art einer Anpassung an die Umwelt aus. Sie umfaßt die körperliche Konstitution und alles Äußere, wie Kleidung, Haltung, Gang und Bewegung. Sie ist berufsgeprägt durch Studium, Titel, Ämter, Würden. Sie ergibt das Bild, wie eine Person für ihre Mitmenschen erscheint. Insofern entspricht die Persona auch einem *Ich-Ideal*, dem, was man gern sein und wie man gern auf seine Mitmenschen wirken möchte. Insoweit die Persona umweltorientiert ist, wird sich der Mensch in der Regel auch bemühen, seine Persona den Idealvorstellungen seiner Umwelt anzupassen.

Persona und Ich-Ideal

Damit sind natürlich auch psychische Komponenten, wie Vorstellungen, Wünsche, Bedürfnisse, mitbestimmend für die Ausbildung der Persona. Und ebenso richtet sich die Persona auch nach dem psychologischen Typus, zu dem ein Mensch gehört. Sie wird also stets auch die Züge der im Bewußtsein vorherrschenden Funktion, Denken, Fühlen, Empfinden und Intuition, tragen und ebenso den Charakter der Extravertiertheit oder Introvertiertheit.

Ein letzter Punkt: Da die Persona die Rolle verbildlicht, die ein Mensch im Leben einnimmt oder spielt, so kann sie – wenn wir an die Rollen der Schauspieler in Theaterstükken denken – auch den Charakter einer Maske annehmen, einer *Seelenmaske*. Sie erfüllt damit eine Schutzfunktion für das Ich, um die eigene Persönlichkeit gegenüber der Umwelt zu bewahren und abzusichern. Diese Tarnung bewahrt davor, zum Massenmenschen zu werden und die persönliche Individualität zu verlieren.

Die Seelenmaske als Schutz

Die Maskierung ist es, die es so schwierig macht, die Persona eines Menschen richtig zu beurteilen und zu durchschauen.

Da berichtet beispielsweise ein erfolgreicher Geschäftsmann in der Analyse, er habe eine reizvolle Akademikerin kennengelernt, eine Juristin mit Doktortitel. Äußerlich habe sie mit kurzgeschnittenem Haar, einer kleidsamen Brille und in ihrem streng geschnittenen Kostüm den Eindruck einer vorwiegend geistig interessierten Frau gemacht. Er umwarb sie, weil er sich eine gute Partnerschaft versprach, nicht zuletzt auch in beruflicher Hinsicht. In ihrem Doktortitel sah er die Möglichkeit eines Ausgleichs für die Tatsache, daß er sein eigenes begonnenes Studium aus Zeitmangel nicht hatte abschließen können.

Wenn die Seelenmaske fällt

Doch als er ihr nach einem längeren Flirt einen Antrag machte, mußte er feststellen, daß sich hinter ihrem Äußeren eine – wie er es ausdrückte – mädchenhaft kindliche Seele mit altmodischen Wunschvorstellungen verbarg. Sie sah in ihm den erfolgreichen, starken Mann, der es ihr ermöglichen würde, ihre Berufstätigkeit aufzugeben, ein gesichertes Heim zu finden und eine Familie mit wenigstens zwei Kindern zu gründen. So weit hatte der Mann nicht gedacht und war nun einigermaßen verblüfft.

Unsere Umwelt hat sich durch die Eskalation von Naturwissenschaften und Technik zweifellos verändert. Durch die Politik der in den sechziger und siebziger Jahren regierenden Parteien wurde – nach dem Grundsatz »Gleiche Ausbildung für alle« – der Drang zur höheren Schulbildung und zum Hochschulstudium gefördert. Doch ist all das ja nur das Ergebnis der letzten zwei oder allenfalls drei Jahrzehnte. Die Menschen aber haben vielfach noch die alten Ideale. Wenn die Persona als Seelenmaske abgelegt wird, was beim Verliebtsein nur zu oft der Fall ist, dann kommen eben die unausgelebten und verdrängten Schatteneigenschaften zum Vorschein. Ein durchaus positiver Schatten, wie dieses Beispiel zeigt. Die Reaktion beim Partner ist dann immer ein verblüfftes Erstaunen: »Daß sie – oder auch er – so anders sein kann, hätte ich nicht gedacht!«

Der Schatten kommt zum Vorschein

Vergessen wir dabei nie, daß der Anziehung zwischen

Mann und Frau, psychologisch gesehen, stets eine psychische Projektion zugrunde liegt. Das ist ein wechselseitiger Prozeß, bei dem jeder der Partner Informationen empfängt und gleichzeitig aussendet. Die Projektion allerdings wird nicht gemacht. Sie geschieht uns. Das heißt, sie erfolgt unbewußt.

Projektion braucht einen »Haken«

Anderseits erfolgt eine wirkungsvolle, das Interesse des Partners erregende Projektion nicht beliebig. Der Gegenstand unserer Projektion muß schon einen gewissen Anlaß dafür bieten. In der tiefenpsychologischen Umgangssprache bezeichnen wir diesen Umstand als den »Haken« beim Projektionsträger, an dem wir unser Projektionsbild sozusagen aufhängen können.

Wenn wir uns dessen bewußt sind, haben wir die Möglichkeit, festzustellen, wieweit auch dieser Projektionsaufhänger durch eigene Vorstellungen und Eigenschaften gebildet wird. Das Projektionsbild allerdings wird bei der Partnerwahl zwischen Mann und Frau, wie bereits ausgeführt, vom eigenen inneren Seelenbild, von Animus und Anima, geprägt.

Projektionsaufhänger und inneres Seelenbild

Um bei dem Beispiel von unserem Geschäftsmann und der Juristin zu bleiben. Der Projektionsaufhänger waren für ihn die akademische Ausbildung und der Doktortitel, die seinem unerfüllten Wunsch nach einem abgeschlossenen Studium und Titel entsprachen. Sein Projektionsbild aber muß unbewußt seiner eigenen Anima entsprochen haben. Sein Wunsch nach einer geistigen und beruflichen Partnerschaft, als Ergänzung und zur Abrundung seiner beruflichen Stellung nach außen, entspricht einem rationalen, vernunftbetonten Denken. Nur war er sich kaum darüber im klaren, wie sehr es ihn auf Dauer in einer Ehe gelangweilt hätte, sich mit seiner Frau ausschließlich über berufliche und geistige Interessen zu unterhalten.

Das Bild der *Anima* des Mannes wird vorwiegend durch das Vorbild der eigenen Mutter und das Verhältnis zwi-

Was das Seelenbild prägt

schen ihr und dem Sohn geprägt. Sofern ein Mann nicht als Kind einer berufstätigen Frau, eventuell sogar ohne Vater, aufgewachsen ist – was hier beides nicht der Fall war –, wird sein inneres Seelenbild vom Weiblichen trotz aller Zeitveränderungen die Züge einer liebenden, mütterlichen Frau tragen, die ihren Mann bewundert und umsorgt. So wie es in den von unserem Geschäftsmann als mädchenhaft und altmodisch abgetanen Vorstellungen der von ihm umworbenen Partnerin zutage trat.

Es wurde ihm aufgetragen, darüber nachzudenken und zu überlegen, ob diese Seite ihrer Persönlichkeit nicht eine weitaus positivere Ergänzung für ihn darstellen würde. Ob er den Rat befolgt hat, läßt sich leider nicht sagen, da der Patient zu keiner weiteren Besprechung erschien.

Noch ein weiteres Beispiel für die Problematik der Partnerwahl möchte ich erwähnen. Es geht hierbei nicht so sehr um die Projektion, sondern um die Unterschiedlichkeit in der Lebenseinstellung, also um *Extravertiertheit* und *Introversion* und eine Andersartigkeit im *psychologischen Typus*.

Probleme einer Ausländerehe

Es handelt sich bei unserem Beispiel um eine Ausländerehe. Daß sich dabei besondere Probleme ergeben, vor allem wenn die Partner verschiedenen Kulturkreisen und Weltanschauungen entstammen, so bei Ehen mit Orientalen und Farbigen, ist bekannt. Doch hier geht es um die Ehe zwischen einer Deutschen und einem Amerikaner, woraus sich eigentlich keine besonders schwerwiegende Problematik ergeben sollte. Trotzdem bestehen auch hier kultur- und zivilisationsbedingte Unterschiede, die zu Verwicklungen führen können. Doch hören wir:

Eva und Jack sind Studenten. Er aus Kansas City, USA, und sie aus München-Bogenhausen. Und sie studieren beide in Frankfurt am Main Soziologie. Sprachschwierigkeiten gibt es keine. Eva war für zwei Semester als Austauschstudentin in den Vereinigten Staaten. Sie passen, wie man sagt, rein äußerlich bestens zusammen. Die Sitten und

Gebräuche beider Nationen sind ihnen beiden geläufig. Ihre Interessen im Hörsaal sind die gleichen. Auch im Hinblick auf ihre private und intime Partnerschaft bestehen keinerlei Schwierigkeiten. Sie sind verliebt und heiraten. Finanzielle Sorgen haben sie nicht.

Das Beispiel Eva und Jack

Jacks Wechsel reicht bereits zum Leben für beide aus. Sein Vater ist ein wohlhabender Versicherungsmakler. Auch Eva erhält eine ausreichende Unterstützung von zu Hause. Ihr Vater ist Arzt und unterhält eine einträgliche Praxis. Ihre Mutter stammt aus einer alten Kaufmannsfamilie mit beträchtlichem Vermögen. Eva und Jack beziehen ein modernes Appartement und essen in der Mensa. Lästige Alltagssorgen in materieller Hinsicht gibt es also nicht. Kinder sind in ihrer Familienplanung vorerst nicht vorgesehen.

Ein Nervenzusammenbruch aus heiterem Himmel

Nach einem Jahr jedoch sieht sich Eva außerstande, ihre Ehe fortzusetzen. Eva liebt ihren Mann noch immer, und er liebt sie. Doch leben kann sie mit ihm nicht, wie sie verzweifelt berichtet. Es muß demnach ein gewichtiger Grund dafür vorhanden sein. Denn Eva ist eine gesunde und seelisch völlig normale junge Frau. Dennoch erlitt sie ohne erkennbaren Anlaß einen Nervenzusammenbruch. Sie hatte sich auf ihr Examen vorbereiten wollen. Doch war es ihr in den letzten Monaten nicht gelungen, sich auf ihr Studium zu konzentrieren. Bei einer nicht sonderlich schwierigen Klausurarbeit hatte sie völlig versagt.

Was Eva an Gründen vorbringt, erscheint unbedeutend. Es sind lauter Kleinigkeiten. Doch für sie waren diese ausschlaggebend, um einen völligen Zusammenbruch ihres psychischen und physiologischen Denkfunktionssystems herbeizuführen.

Es begann damit, daß es Eva viel Mühe kostete, Jack beizubringen, daß man beim Essen nicht unbedingt den linken Arm unter dem Tisch hält, wie bei Amerikanern so oft zu beobachten, mit der anderen Hand ständig im Teller rührt und das Essen wortlos und hastig in sich hineinschlingt. Auch mochte er nicht einsehen, daß es seine Frau störte, wenn er behaglich aus der Tasse schlürfte. Ebenso war ihm schwer begreiflich zu machen, daß eine Serviette kein Taschentuch ist.

Jacks Vater stammte aus einer kinderreichen Farmersfamilie. Seine Mutter kam aus ähnlichen Lebensverhältnissen. Da war es wichtiger, daß die tägliche Nahrung erarbeitet wurde, als sich um besondere Tischsitten zu kümmern. So war auch Jack in seinem Bewußtsein von einem pragmatischen, zweckgerichteten Denken geprägt.

Wer bestimmt den Lebensstil?

Es sollen hier nicht alle fest eingefahrenen Lebensangewohnheiten von Jack aufgezählt werden, die das ästhetische Empfinden von Eva, die von ihrem Elternhaus her an eine kultivierte Umgebung gewöhnt war, immer wieder verletzten. Sie ersann ständig kleine Tricks und Listen, um ihm den für sie gewohnten Lebensstil beizubringen.

Und Jack gab sich Mühe. So war Eva von Haus aus auf eine bestimmte Ordnung und Harmonie in ihrer unmittelbaren Umgebung angewiesen, wenn sie studierte. Jack aber brachte ständig alles durcheinander. Er hatte keinen Sinn dafür. Auch Eva gab sich Mühe, ihr kleinliches Denken, wie Jack es nannte, zu überwinden.

Als zeitangepaßte Soziologiestudentin hatte sie beispielsweise der Kulturrevolution in China unter MAO TSE-TUNG theoretisch zugestimmt. Doch wenn Jack im Eifer einer Diskussion die kostbare Chinaschale – Ming-Dynastie, 15. Jahrhundert, das Hochzeitsgeschenk eines Onkels, der vor dem Krieg als Diplomat in China tätig gewesen war – als Aschenbecher für seine Pfeife benutzte, zuckte Eva zusammen. Nicht weil sie viele Kindheitserinnerungen, zauberhafte Geschichten, die der Onkel erzählte, und Phantasievorstellungen, die sie sich dazu ausgemalt hatte, mit dem kostbaren Stück chinesischer Töpferkunst verband, sondern weil dieses besonders schöne Stück handwerklicher Kunst in der Ausgewogenheit seiner Form und der Harmonie seiner Farben und Muster für sie zu einem Symbol der Ordnung und Konzentration geworden war.

Auslöser Plastikblumen

Doch erst als Jack sie zum Geburtstag mit einem imposanten Strauß von Plastikblumen überraschte und diesen zu allem Überfluß auch noch in Großmutters echter Bleikristallvase, einer ebenfalls geliebten Kostbarkeit aus Kinderzeiten, präsentierte, reagierte sie hysterisch und brach in einen Weinkrampf aus. Denn sie erfaßte, daß es ihrem Mann völlig ernst war, wenn er annahm, daß Plastikblumen zweckmäßiger und bequemer seien und insofern bedeutender als ein schlichter Feldblumenstrauß auf ihrem Schreibtisch.

Die Plastikblumen waren nur der äußere Anlaß für Evas Reaktion. Bei jeder Durchschnittsfrau in den Vereinigten Staaten sind sie hochgeschätzt. Die Frage der Zweckmäßigkeit von Kunststoff als haltbarer und pflegeleichter Ersatz für Blumen als lebendige Kunstwerke der Natur, ist eine Frage des *Empfindens* und *Erlebens.* Eva war ein ausgesprochener Empfindungstyp. Darüber hinaus neigte sie zur Introversion. In diesem Sinne empfand Eva das Präsent der Plastikrosen von Jack als eine entscheidungsträchtige Information. Und zwar als ein Stoppsignal.

Überlastung der Denkfunktion

In ihrer Denkfunktion war Eva total überlastet. Einerseits bereitete sie sich auf ihr Examen vor. Anderseits war sie ständig gezwungen, die unendlich vielen Erfahrungsmuster des Empfindens und Erlebens, die sich bei ihr im Feld der sozialen Schicht und der geistigen Atmosphäre ihres Elternhauses gebildet hatten, in der Partnerschaft mit Jack zu revidieren. Materielle Probleme, beispielsweise finanzieller Art, auch grundsätzliche Probleme, die sich in der Ehe aus der Unterschiedlichkeit der Geschlechter ergeben, hätten Eva nicht so sehr belastet. Aber das ständige Vergleichen, Abwägen, Auswählen und immer wieder denkende Bearbeiten der unzähligen kleinen, eingefahrenen Gewohnheiten ihres Mannes – wie ihrer eigenen – störten die Konzentration auf das erforderliche Lernen für ihr Examen.

Lehren für die Partnerwahl

Der Fall von Eva und Jack mag dem Leser ein wenig extrem erscheinen. Er hat sich nichtsdestoweniger genauso zugetragen. Nur Namen und Orte sind aus Gründen der psychotherapeutischen Schweigepflicht verändert. Dieser Fall soll zeigen, wie wichtig eine Einschätzung der psychologischen Typenkonstellation, aber auch wie angebracht die Berücksichtigung der gesellschaftlichen Herkunft wie der Gesamtverhältnisse der gewohnten Lebensweise für eine Partnerwahl ist.

Zwar gehört es zum Grundprinzip echter Liebe, den Partner anzunehmen, wie er ist, und nicht zu versuchen, ihn zu verändern oder gar psychisch umzuformen. Doch wenn die Gegensätzlichkeit von Denken und Empfinden zu kraß ist, dann vermag auch ein noch so starkes Gefühl diese Kluft nicht auf Dauer zu überbrücken.

Wir fassen zusammen:

Der Weg vom Ich zum Du führt über das Erlebnis des Mitmenschen und die daraus gewonnene Erfahrung. Erlebnisse jedoch sind gefühlsbedingt. Zu einem exakten Persönlichkeits- oder Charakterbild verhelfen sie uns nicht. Sie unterliegen vielmehr der eigenen psychologischen Typenkonstellation. Menschenkenntnis auf den ersten Blick ist möglich auf dem Wege der Intuition. Doch bewahrt diese nicht vor Irrtümern, es sei denn, das Intuitionsvermögen wird systematisch trainiert.

Die Unterschiedlichkeit von Mann und Frau, nicht nur in körperlicher, sondern auch in seelischer Hinsicht, sollten wir stets berücksichtigen, wenn wir uns um bessere Menschenkenntnis bemühen. Doch die Vorstellung von der

Gleichberechtigung ist in diesem Fall verfehlt: Der einzig sinnvolle Grundsatz ist vielmehr die Gleichwertigkeit von Mann und Frau.

Die Problematik der Partnerwahl beruht auf der Widersprüchlichkeit von Bewußtsein und Unbewußtem. Das Bewußtsein, die bewußte *Ich*-Person, wird durch Umwelt und Erziehung geformt. Die Ich-Person strebt nach Anpassung durch Verkörperung der Lebenshaltung und äußeren Erscheinung nach Kollektivmustern. Das Ich kann dabei auch in die Verkörperung einer bestimmten Lebensrolle hineingezwängt werden, was eine Starrheit der Persönlichkeit und Begrenztheit des Bewußtseins auf die vorgeschriebenen Denk- und Verhaltensschemata der Rolle zur Folge hat.

Die unbewußten und unausgelebten Ergänzungen der Ich-Person – die wir als Schatten bezeichnen – werden auf den Partner projiziert. Sie steuern die Partnerwahl emotional, weil unbewußt. Eine zweite unbewußtere Tiefenperson wird durch die archetypischen Muster geformt. Diese stellen in etwa die psychischen Erbanlagen dar, die sich aus der gesellschaftlichen Herkunft sowie der Volks-, Rassen- und Kulturkreiszugehörigkeit ergeben. Es sind das die unbewußten Seelenbilder vom Gegengeschlecht: die *Anima* im Mann und der *Animus* bei der Frau. Sie werden sowohl durch die persönlichen Eindrücke während der Kindheit und Jugend in der Beziehung zu Vater und Mutter oder zu Ersatzpersonen des anderen Geschlechts gebildet wie durch archetypische Musterbilder. Diese rätselhafte Sphinx im Mann oder der unbekannte Held in der Frau werden stets auf den Partner projiziert und entscheiden zumeist die Partnerwahl.

Das Erlebnis der eigenen unbewußten Persönlichkeitsseiten am Partner und die Kenntnis der Projektionsvorgänge ermöglichen das Partnerverständnis und dienen der Entfaltung der Persönlichkeit zu größerer Bewußtheit. Voraussetzung ist eine bewußte Hinwendung zum Du. Auch hier gilt die Regel des Erfolgs durch Lernen. Die erste Lektion des Lernens und auch der Bewußtseinserweiterung ist der Mißerfolg. Die Hinnahme von Enttäuschungen gehört dazu.

IV. Der Typen-Kompaß

Den anderen richtig einschätzen

Die zutreffende Einschätzung des psychologischen Typus einer Person ist eine überaus nützliche Hilfe für den Umgang mit unseren Mitmenschen. Das gilt nicht nur für die Partnerwahl zwischen Mann und Frau, sondern ebenso für die zwischenmenschlichen Beziehungen im Beruf und im Geschäftsleben. Doch es gehört eine beträchtliche Menschenkenntnis dazu, sich rasch ein brauchbares Bild über die persönlichkeitstypischen Eigenschaften eines Mitmenschen zu verschaffen.

Hilfsmittel Typen-Kompaß

Als Hilfsmittel hierfür habe ich vor einiger Zeit einen *Typen-Kompaß* entwickelt, aus dem sich auch zweckentsprechende und sinnvolle Verhaltensregeln ableiten lassen. So kann er auch als ein Verhandlungs-Kompaß benutzt werden, wie ich ihn in meinem bereits erwähnten Buch »Intuitions-Training« beschrieben habe.

Die wissenschaftliche Grundlage für den Typen-Kompaß bilden die Erkenntnisse der modernen Tiefenpsychologie hinsichtlich der Einflüsse des Unbewußten auf Motivation und Verhalten der Persönlichkeit. Dabei wurden besonders die »Psychologischen Typen« nach C. G. JUNG berücksichtigt, des wohl bedeutendsten Forschers auf dem Gebiet des Unbewußten.

So wie bei einem normalen Kompaß die gegensätzlichen Himmelsrichtungen, stehen einander auf dem Typen-Kompaß gegensätzliche Persönlichkeitstypen gegenüber. Da aber für eine exakte Navigation vier Richtungen zuwenig sind, beschränkt sich auch der Typen-Kompaß nicht auf die vier psychologischen Grundfunktionen von Denken, Fühlen, Empfinden und Intuition. Sie finden daher zusätzlich noch jeweils drei Mischtypen, insgesamt also 16 Persönlichkeitstypen auf der Kompaß-Skala. Diese Mischtypen ergeben sich aus dem Einfluß von Extraversion und Introversion auf die genannten psychologischen Grundfunktionen. Denn bewußtes wie unbewußtes Verhalten variieren, je nachdem eine Person die Umwelt mehr im Außen oder vornehmlich im eigenen Innen erlebt. Eine weitere Variation ergibt die anlagebedingte Art zu handeln und zu reagieren, ob impulsiv-dynamisch oder zögernd-bedächtig.

Die 16 Persönlichkeitstypen

Ein brauchbares Typenschema

Damit haben Sie die Einteilung der 16 Persönlichkeitstypen des Typen-Kompaß, wie sie die nachstehende Tabelle zeigt. Natürlich lassen sich nicht alle individuellen Feinheiten einer Persönlichkeit mit diesem Schema erfassen. Es können sich in vielen Fällen Persönlichkeitszüge überschneiden oder auch gegensätzliche Eigenschaften zu einem Dritten vereinen. Doch bietet Ihnen diese über das übliche Typen-Schema hinausreichende breite Auffächerung eine erfolgversprechende Hilfe, Ihren Partner bei einer persönlichen Auseinandersetzung oder beruflich-geschäftlichen Verhandlung besser zu beurteilen und sich auf ihn einstimmen zu können.

Machen Sie sich also zunächst mit der Beschreibung der nachstehenden 16 Persönlichkeitstypen vertraut. Dann stellen Sie sich eine Ihnen bekannte Person vor. Überlegen Sie nun, unter welche Rubrik Sie diese Person sinnvoll einordnen müßten. Unter der Beschreibung finden Sie jeweils drei Zahlen. Diese Zahlen beziehen sich auf die anschließend folgenden Verhaltensrichtlinien. Auch diese Richtlinien sind in 16 Rubriken aufgeteilt. Die drei Zahlen geben Ihnen an, welche dieser Verhaltensrichtlinien Sie zusammenfassen und kombinieren müssen.

1. Die psychologischen Typen

Der kühle Rechner

Er ist der Typ des ehrgeizigen und erfolgsgewohnten Managers. Mit klaren, logischen Argumenten kommen Sie ihm bei. Fassen Sie sich dabei jedoch kurz! Seine Zeit ist meist knapp bemessen, oder er steht jedenfalls selbst beständig unter diesem Eindruck. Es sei denn, Sie entdekken seine oder gar eine gemeinsame geheime Liebhaberei. Es handelt sich bei ihm um einen ausgesprochen vernunftbetonten Denktyp, und dessen »Schwäche« liegt in einer ihm unbewußten Sentimentalität. ❶ ❹ ❻

Der Egozentriker

Er will stets im Mittelpunkt der Beachtung seiner Mitmenschen stehen. Menschen und Dinge mißt er vor allem anderen nach dem Nutzen, den er sich von ihnen verspricht. Das kann ein realer, ebensosehr aber auch ein bloß eingebildeter Nutzen sein. Der Egozentriker redet viel, und meist redet er über sich selbst. ❷ ❹ ⓯

Der Prinzipienreiter

Bei Gesprächen und Verhandlungen mit seinen Mitmenschen geht es ihm mehr um die Auseinandersetzung als um die Sache selbst. Mit dem Beharren auf Prinzipien verdeckt er seinen Mangel an Kreativität. Seine Hartnäckigkeit kann erstaunlich sein. Fühlt er sich einem Partner unterlegen, verdeckt er das durch Ironie. Im Extremfall ist er streitsüchtig, wobei er seine persönliche Nichtbetroffenheit betont, was aber nicht zutrifft. ❸ ❶ ❼

Der Ungesellige

Er ist oder gibt sich zumindest stets überbeschäftigt. Durch betonte Unaufmerksamkeit drückt er seine Abwehrhaltung aus. In Wirklichkeit beobachtet er seinen Gesprächspartner sehr genau. Und er ist neugierig, auch wenn er es nicht zeigt. – Als Vertragspartner einmal gewonnen, ist dieser Typ verläßlich und treu. Und überdies ist er großzügiger, als sich vermuten läßt. ❹ ❺ ❾

Der Interessierte

Allem Neuen gegenüber aufgeschlossen, versprüht er selbst eine Fülle von neuen Ideen und kreativen Einfällen. Er ist vielseitig gebildet und weiß über jedes Gebiet Bescheid. Wenn ihn eine Sache interessiert, handelt er rasch und spontan. Das Problem bei diesem Typ allerdings ist, daß er stets auf einer Sonderbehandlung oder auf Sonderlösungen besteht. ❺ ❶ ❾

Der Schweiger

Sein Schweigen ist seine Stärke bei persönlichen Auseinandersetzungen wie bei geschäftlichen Verhandlungen. Damit provoziert er seine Partner erfolgreich zu unbedachten Äußerungen und unbeabsichtigten Zugeständnissen. Sein stets wacher Geist und sein konstruktives Denken werden oft unterschätzt. Um so mehr verblüfft dann sein zutreffendes Urteil. ❻ ❶ ❼

Der Zauderer

Er kann sich nicht entscheiden. Was dieser Typ mit seinen ständigen Entschuldigungen verdeckt, ist seine Unsicherheit. Das liebste Ergebnis einer Verhandlung ist für ihn die Vertagung. Nur bei maximalen Sicherheitsgarantien ringt er sich zu einer Entscheidung durch. ⓯ ❺ ❼

Der Unberechenbare

In seinem Denken und Empfinden sprunghaft, ändert er seine Ansichten täglich. Doch er trägt diese mit Überzeugung vor. Wechselhaft in seinen Gefühlen, ist er zu unberechenbaren Reaktionen fähig. Was für ihn gilt, sind meist nur »Augenblickswahrheiten«. ❽ ❷ ⓬

Der Herzliche

Dieser Typ ist herzlich, entgegenkommend und gemütvoll. Doch ebenso ist er empfänglich für Anerkennung und Lob. Bei Neuigkeiten interessiert ihn mehr die Auswirkung einer Sache als die zugrunde liegende Idee. ❾ ❻ ❼

Der Aggressive

Beruf und Privatleben stellen für ihn eine Art Wettkampf dar. Durch Verunsicherung seiner Partner versucht er aber im Grunde bloß, seine eigene Unsicherheit zu verdecken. Hat er jedoch das Gefühl der Überlegenheit, ist er zu großzügigen Konzessionen bereit. ❿ ❹ ❸

Der Redselige

Er redet gern über alles und jedes, nur selten allerdings zur Sache. Seine liebenswürdige Unterhaltsamkeit macht diesen Typ zu einem angenehmen Gesprächspartner. Was jedoch eine ernsthafte Auseinandersetzung mit ihm oftmals ganz außerordentlich erschwert, sind seine Weitschweifigkeit und ebenso auch seine Unverbindlichkeit. Das erfordert viel Geduld. ⓫ ❷ ❺

Der Fröhlich-Heitere

Stets guter Laune und zu Scherzen aufgelegt, ist dieser Typ ein angenehmer Partner im täglichen Umgang wie bei geschäftlichen Verhandlungen. Nimmt er eine leitende Position ein, zeigt er sich in der Regel wohlwollend und aufgeschlossen. Doch so heiter und unbekümmert er sich gibt, so unverbindlich ist er auch. Bei ihm gilt nur, was man schwarz auf weiß besitzt. ⓬ ❺ ⓫

Der Empfindliche

Es ist der Zartbesaitete oder auch Nervöse. Bei Frauen dieses Typus heißt es, sie sei eine Mimose. Er ist sehr verletzlich und leicht beleidigt. Er legt viel Wert auf Höflichkeit und äußere Umgangsformen. Sein Urteil beruht selten auf sachlichen Argumenten, sondern hauptsächlich auf seinen Empfindungen. ⓭ ❾ ⓯

Der Kritikaster

Er hat grundsätzlich an allem und jedem etwas auszusetzen. Dabei ist seine Kritik meist extrem unsachlich. Sein Urteil beruht auf oft vorurteilsbeladenen Meinungen, die er jedoch mit Hartnäckigkeit verficht. Mit Logik ist diesem Typ kaum beizukommen. ⓮ ❽ ❺

Der Vorsichtskandidat

Seine Kritik ist in der Regel gut begründet und stützt sich auf Erfahrungen. Doch oft erscheinen uns seine Beispiele weit hergeholt. Das hat seinen Grund darin, daß sein Sicherheitsbedürfnis übertrieben ausgebildet ist. So strebt er bei Auseinandersetzungen und Verhandlungen stets nach Garantien und Sicherheitsklauseln. ⓯ ❾ ❺

Der stille Grübler

Klug und vielseitig gebildet, analysiert dieser Typ sachlich-nüchtern die Vorteile und Nachteile einer Sache. Doch er liebt die Arbeit in der Stille. Ihn befriedigt im Grunde bereits die gedankliche Lösung eines Problems. Zur Durchsetzung einer Idee fehlt es ihm meist an Vitalität. Entscheidungen überläßt er daher auch lieber dem anderen. Seine offen zur Schau getragene Schüchternheit ist sein ihm selbst unentbehrlicher Schutz. ⓰ ⓯ ❶

2. Die Verhaltensrichtlinien

❶ Vermeiden Sie Allgemeinsprüche! Ihr Partner ist intelligent. Halten Sie für Ihre Behauptungen Beweismaterial bereit! Dieses Material sollte übersichtlich zusammengestellt sein und bei Bedarf auf Anhieb präsentiert werden können. *Sachlich kurz fassen!*

❷ Lassen Sie Ihren Partner reden. Wer ihn reden läßt – meist redet er über sich selbst – findet seine Zustimmung. Knüpfen Sie im geeigneten Moment an seine Ausführungen an, so daß er Ihre Idee für seine eigene hält. Was immer Sie auch anbieten, kehren Sie den Nutzen für Ihren Partner heraus! *Nutzen betonen!*

❸ Hüten Sie sich vor Übertreibungen und Unwahrheiten! Falls Ihr Partner Sie aber dennoch einmal bei einem derartigen Versuch ertappt, so geben Sie es lieber sofort offen zu! Bleiben Sie tolerant, auch wenn Ihr Partner Sie provoziert! Wenn Sie Offenheit und Fairneß zeigen, wird er schließlich zu Konzessionen bereit sein. *Klar und wahr sein!*

❹ Interessieren Sie sich für die Hobbys und Liebhabereien Ihres Partners und suchen Sie nach gemeinsamen Interessen. Verblüffen Sie ihn durch direkte und ungewöhnliche Fragen! Ist er intelligent, so läßt sich seine Aufmerksamkeit durch eine verblüffende oder ungewöhnliche Bemerkung gewinnen. *Hobbys ergründen!*

❺ Stellen Sie an der Meinung bzw. Sache, die Sie vertreten, die Neuigkeiten heraus! Falls Sie etwas vorzuführen haben, beteiligen Sie Ihren Verhandlungspartner daran. Versuchen Sie zu erreichen, daß Ihr Partner Ihre Sache zu seiner eigenen macht. Bei geschäftlichen Verhandlungen sind in diesem Falle verblüffende und trickreiche Verkaufshilfen besonders nützlich. *Neuheit herausstellen!*

❻ Setzen Sie sich für Ihre Meinungen oder die Sache, die Sie vertreten, mit Begeisterung ein! Ihr Partner wird von Ihrer Person auf die Sache schließen, die Sie vertreten. Fassen Sie Ihre Argumente zusammen, und steigern Sie deren Wirkung durch Kunstpausen! Durch sachlich begründete und direkte Fragen läßt sich Ihr Partner aus seiner Reserve hervorlocken! *Fragen stellen!*

❼ Zeigen Sie vor allem stets Ihr persönliches Verständnis für die Tätigkeit Ihres Partners! Ihre Anerkennung sollte in erster Linie gefühlsbetont sein. Benutzen Sie witzige Beispiele und Geschichten, um die Aufmerksamkeit Ihres Partners zu fesseln. Entscheidend bei diesem Partner ist der persönliche Kontakt. *Persönlichen Kontakt suchen!*

❽ Bleiben Sie freundlich, gehen Sie auf die Stimmungen Ihres Partners ein! Arbeiten Sie zielbewußt auf eine Entscheidung hin! Bei einem erneuten Gespräch hat es sich Ihr Partner unter Umständen anders überlegt. Wenden Sie »sanften« Druck an! *Zielstrebig vorgehen!*

❾ Zeigen Sie persönliches Interesse für alle Angelegenheiten Ihres Partners. Geizen Sie nicht mit Anerkennung und Lob! Setzen Sie sich mit Begeisterung und Gefühl für Ihre Sache ein. *Gefühl entscheidet!*

❿ Lassen Sie sich nicht verunsichern! Bleiben Sie Provokationen gegenüber gelassen! Wenn Ihr Partner Ihr Anerbieten benötigt, wird er auch mit Ihnen einig werden. Ihr Partner will Punkte sammeln. Mit Zugeständnissen können Sie ihn gewinnen. *Geduld und Ruhe bewahren!*

⓫ Nehmen Sie sich vor allem einmal viel Zeit für Gespräche und Verhandlungen mit diesem Partner! Falls mehrere Gespräche erforderlich sind, um eine Sache zu einem Ende zu bringen, sollten diese kurz aufeinander folgen. Durch geschickte Einwürfe und herzliche Bestimmtheit läßt sich dieser Typ auf ein Thema festlegen. *Zeit nehmen!*

⓬ Zeigen Sie Ihrem Partner, wie angenehm Ihnen seine Gesellschaft ist. Doch wenn es um geschäftliche Verhandlungen geht, dann lassen Sie ihn in aller Freundlichkeit wissen, daß Sie konkrete Erfolge brauchen, um im Beruf zu bestehen. *Bei der Sache bleiben!*

⓭ Ihr Partner legt ganz besonders großen Wert auf äußere Formen. Zeigen Sie sich also betont höflich! Geben Sie sich Frauen gegenüber galant! Sie dürfen ruhig auch etwas schmeicheln. Vermeiden Sie es möglichst lange, über Geld oder Preise zu sprechen! *Höflichkeit betonen!*

⓮ Dieser Partner ist in jedem Falle ein ausgesprochen schwieriger Typ. Durch Übertrumpfen seiner negativistischen Einstellung läßt sich jedoch sein Sicherheitsbedürfnis aktivieren. Betonen Sie daher die Erprobtheit und Sicherheit dessen, was Sie vertreten! *Sicherheit bieten!*

⓯ Hier dürfen Sie Vorteile und Nutzen Ihrer Sache ruhig etwas übertreiben. Gehen Sie auf die Einwendungen Ihres Partners ein, und bieten Sie ihm Sicherheitsgarantien! Entscheidend für eine Verhandlung mit diesem Typ ist es, daß er Vertrauen zu Ihnen gewinnt. *Vertrauen gewinnen!*

⓰ Gehen Sie behutsam vor und vermeiden Sie jede Art von Aufdringlichkeit! Zeigen Sie Ihrem Partner, wie sehr Sie es schätzen, daß er Ihnen seine Zeit widmet! Vermeiden Sie vor allem Schmeichelei und stützen Sie sich vielmehr auf sachlich begründete Anerkennung! Faszinieren Sie Ihren Partner durch Hervorkehren von Einmaligkeiten und Besonderheiten. *Auf Partner eingehen!*

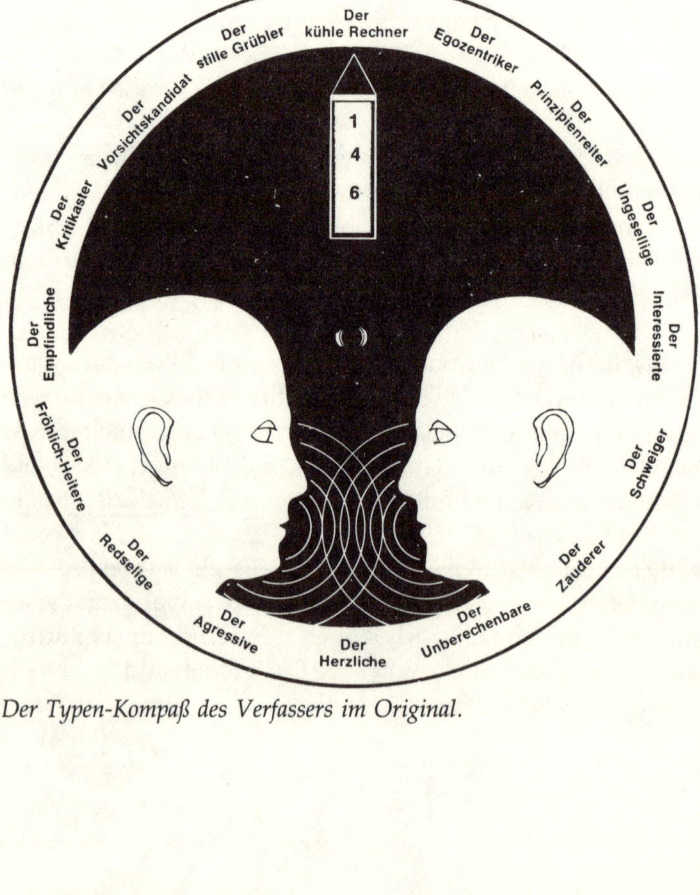

Der Typen-Kompaß des Verfassers im Original.

Der Handlichkeit halber haben wir den Typen-Kompaß in der Form konstruiert, wie sie die vorstehende Abbildung zeigt: Er besteht aus zwei Pappscheiben. Auf der unteren sind am Rand die psychologischen Typen angeordnet. Darunter die jeweils zugeordneten drei Zahlen. Die obere, etwas kleinere Scheibe, enthält einen Ausschnitt mit einem Pfeil. Sie ist drehbar, so daß in dem Pfeilabschnitt die Ziffern sichtbar werden, die Sie bei den psychologischen Typen finden. So ergibt sich ein eindeutiger Hinweis auf die Verhaltens- bzw. Verhandlungsrichtlinien. Diese Konstruktion ist praktisch und läßt sich leicht nachbauen.

Konstruktion des Typen-Kompasses

Wir fassen zusammen:

Der hier vorgestellte Typen-Kompaß beruht auf der wissenschaftlichen Grundlage der »Psychologischen Typen« nach C. G. Jung, des wohl bedeutendsten Forschers auf dem Gebiet des Unbewußten. Die vier Grundfunktionen der Psyche sind Denken, Fühlen, Empfinden und Intuition.

Das Vorherrschen einer dieser Funktionen bestimmt den Grundtyp. Bewußtes wie unbewußtes Verhalten variieren jedoch, je nachdem eine Person extravertiert oder introvertiert ist, das heißt, ob sie die Welt mehr im Außen oder vornehmlich im eigenen Innen erlebt. Eine weitere Variation verursacht die anlagebedingte Art zu agieren und zu reagieren, ob impulsiv-dynamisch oder zögernd-bedächtig.

So ergeben sich 16 Persönlichkeitstypen, wie sie auf der Kompaßscheibe des Typen-Kompasses zu finden sind. Natürlich lassen sich nicht alle individuellen Feinheiten der Persönlichkeit mit diesem Schema erfassen, weil sich in vielen Fällen Persönlichkeitszüge überschneiden oder sogar gegensätzliche Züge vereinen können. Doch bietet diese über das übliche Typenschema hinausgehende breite Auffächerung eine gute Hilfe, einen Verhandlungspartner oder zukünftigen Ehepartner zu beurteilen und sich auf ihn einzustimmen. Es empfiehlt sich, Modellfälle durchzuspielen. Wird der Typen-Kompaß vor wichtigen Gesprächen zu Rate gezogen und anschließend das Gesprächsergebnis kontrolliert, läßt sich feststellen, wieweit er zu einem Verhandlungserfolg beigetragen hat.

V. Körper und Körpersprache

1. Verbundsystem: Körper, Seele, Geist

Modethema Körpersprache

Im Zusammenhang mit dem Bemühen um Menschenkenntnis ist in jüngster Zeit viel von der *Körpersprache* die Rede. Diese ist fast zu einem Modethema der Psychologie – genauer gesagt: der psychologischen Persönlichkeitsforschung – geworden. Ihre Grundlage ist die sogenannte Ausdruckspsychologie, also jene Anschauungsweise, die von der äußeren Erscheinung auf den Charakter schließt. Solche Versuche reichen allerdings schon bis in das klassische Altertum zurück.

Körperbau und Charakter

In neuerer Zeit hat – wie schon in Abschnitt I, Kapitel 2, kurz ausgeführt – der Tübinger Nervenarzt Ernst KRETSCHMER in seinem erstmals 1921 erschienenen Buch »Körperbau und Charakter« die Menschen von der Körpersituation her in drei unterschiedliche Typen eingeteilt und diesen entsprechende Charaktereigenschaften zugeordnet. Diese Lehre wurde seinerzeit rasch populär, weil sie der damaligen Vorstellung entsprach, daß auch die Gesamtheit aller persönlichen Eigenschaften eines Menschen anlagebedingt, das heißt erblich seien. Zum anderen bot die Typologie von KRETSCHMER die verlockende Möglichkeit, bereits von der körperlichen Gestalt auf bestimmte seelische Eigenschaften und entsprechende Verhaltensweisen zu schließen.

Was läßt sich demnach von der Körpererscheinung her über eine Person sagen?

Der gemütliche Dicke

Der *Pykniker* ist ein rundwüchsiger Typ, mit breitem Gesicht, hoher gewölbter Stirn, Neigung zu Glatze und Doppelkinn. Er besitzt einen kurzen, dicken Hals, eine gedrungene Figur, doch zarte Glieder. Meist neigt er zu Fettansatz und ist durch einen dicken Bauch erkennbar. Ihm werden folgende Eigenschaften zugeschrieben: Gutmütig, warmherzig, einfühlungsfähig. Er ist impulsiv und kann sich nur schwer selbst beherrschen. Sein Denken ist vielseitig und praktisch orientiert, doch allzusehr auf sich selbst bezogen. Er ist leicht beeinflußbar und besitzt wenig Ausdauer. Im Umgang mit seinen Mitmenschen ist er anpassungsfähig, zugänglich und mitteilungsbedürftig. Er ist gern in Gesellschaft und erweist sich als humorvoller Unterhalter.

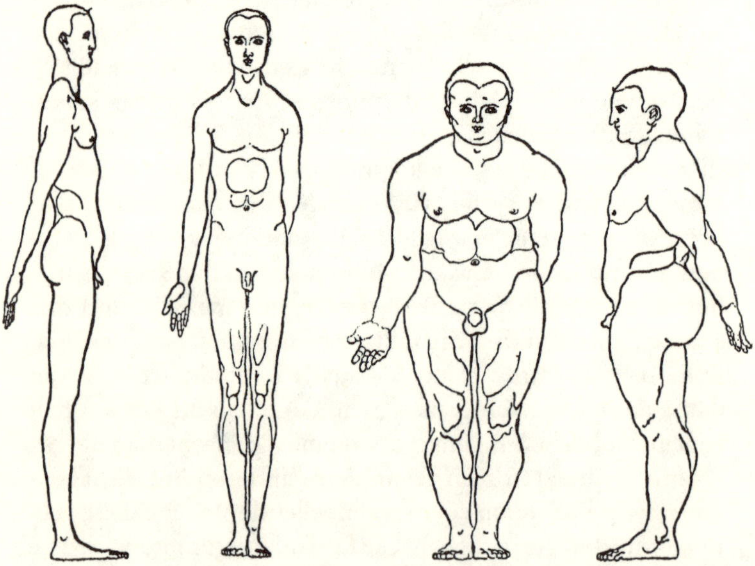

Körperbautypen von Ernst Kretschmer; links der Astheniker oder Leptosome, rechts der Pykniker. Nach Zeichnungen von Albrecht Dürer.

Der *Schlanke* (Leptosome) oder schizothyme Typ ist schmal bis hager, oft von hochaufgeschossener Gestalt, besitzt ein eiförmiges Gesicht mit einer meist vorspringenden Nase und einem scharfen Profil. Er gilt als sensibel, nervös und wenig einfühlungsfähig. Er ist zielstrebig und konsequent, besitzt eine gute Selbstbeherrschung. In seinem Denken ist er nüchtern, doch oft allzu einseitig und theoretisch. Seinen Mitmenschen gegenüber zeigt er sich korrekt, doch steif und förmlich. Er ist zurückhaltend und verschlossen.

Der nüchterne Hagestolz

Der kräftige *Sportstyp* (der Athletiker) ist von massiver, robuster Gestalt, mit breiten Schultern, doch schmalen Hüften. In seinem Gesicht sind auffällig die wulstigen Augenbrauenbögen, eine stumpfe, breite Nase und ein starkes, oft vorspringendes Kinn. Die Brust ist kräftig entwickelt, die Hände sind groß und meist derb. Er ist recht unempfindlich und wirkt gleichmütig, gelassen bis dickfellig. Doch ist er zäh, ausdauernd und widerstandsfähig. Sein Denken ist schlicht und einfach und oft recht pedantisch. Im Umgang mit seinen Mitmenschen ist er wortkarg, unbeweglich, ungewandt. Er verhält sich passiv und duldsam, ist aber trotzdem gesellig.

Der kräftige Athlet

Der Nachteil dieser Typologie nach KRETSCHMER ist, daß sich nur selten die Menschen so eindeutig bestimmen lassen und auch hier die Mischtypen überwiegen. Darüber hinaus treffen eben auf einen Freund von rundlicher Figur und einem Bäuchlein nicht unbedingt die dem Pykniker zugeschriebenen Charaktereigenschaften zu. Er muß nicht impulsiv und unbeherrscht sein. Auch kann er sich in entscheidenden Fragen als unbeeinflußbar erweisen.

Mischtypen überwiegen

Jede Typeneinteilung beruht auf Modellvorstellungen, die der Wirklichkeit nur in groben Zügen entsprechen. Körper, Seele und Geist bilden ein *erbundsystem,* deren einzelne Bereiche wir nur gedanklich voneinander trennen. Den Geist lokalisieren wir im Gehirn. Das ist insoweit

Der Sitz der Seele

richtig, als ein Mensch ohne funktionsfähiges Gehirn weder ein Bewußtsein besitzt noch zu denken vermag. Doch ist das Gehirn letztlich nur die Apparatur, deren der Mensch bedarf, um sich geistig zu betätigen und zu äußern. Der Sitz der Seele aber läßt sich örtlich nicht bestimmen.

Gewiß empfinden wir bei bestimmten Gemütsbewegungen, bei Erwartungen, Ängsten und beim Verliebtsein, Herzklopfen. Eine Veränderung des Herzschlages, durch Messen der Pulsfrequenz leicht feststellbar, bewirkt Erröten oder Erblassen. Insofern galt früher das Herz als Sitz der Seele. Für den Volksmund ist das sprichwörtlich geworden, wie aus Liedern, Gedichten und Reimen hervorgeht. Doch ist es zutreffender zu sagen, der gesamte Körper ist *beseelt*, und zwar bis in die letzte Fingerspitze.

So fordert auch der ehemalige Ordinarius für Psychologie an der Münchner Universität, Philipp LERSCH, für die Persönlichkeitsforschung ein ganzheitliches Erfassen der menschlichen Person. LERSCH begann seine wissenschaftliche Tätigkeit mit der Untersuchung des mimischen Ausdrucks von Versuchspersonen. Anhand von Foto- und Filmstudien beschrieb er bereits 1932 die Zusammenhänge zwischen »Gesicht und Seele«. Er könnte als der Erfinder der Psychologie der Körpersprache gelten. Jedenfalls war er der erste, der der *Ausdruckspsychologie* durch seine zeitgemäßen Methoden neue Wege der Beobachtung erschloß.

Ausdruckspsychologie – ein neuer Weg

2. Die Urgesten der Körpersprache

Unter den Begriff der Körpersprache fallen strenggenommen alle körperlichen Ausdrucksweisen, die wir an unseren Mitmenschen wie an uns selbst beobachten können. Also nicht nur eine willkürliche Mimik im Gesichtsausdruck und bewußte Hand- und Körperbewegungen, die einem wortlosen Informationsaustausch dienen. Alle unwillkürlichen und unbewußten Gesten und Bewegungen gehören dazu, sei es beim Gehen, Stehen, Sitzen, Liegen oder beim Tanz. Der Klang und Ausdruck der Stimme, die Art des Sprechens, die Wahl der Worte einschließlich der ihnen unterlegten Bedeutung. Natürlich zählen auch alle Ausdrucksformen von Freude und Trauer, Lachen und Weinen, zur Körpersprache. Doch ebenso die Handschrift und nicht zuletzt auch die Form und Gestaltung der Hände wie charakteristische Handlinien.

Körpersprache und Persona

Vieles davon ist durch die persönliche Lebensrolle, die *Persona,* geprägt. Doch ebenso gibt es eine Reihe von allgemeingültigen Formen von Mimik und Gesten, durch die Gefühle und Empfindungen, seelische Stimmungslagen, ihren Ausdruck finden. Sie beruhen auf der Funktion des menschlichen Nervensystems und der körperlichen Motorik oder dem, was wir als körperlich-seelisches Verbundsystem bezeichneten. Es handelt sich dabei ihrer Allgemeingültigkeit halber um die *Urgesten* des Ausdrucks.

Die Urgesten des Ausdrucks

Dazu gehören die gegenläufigen Bewegungsrichtungen des *Herauf* und *Herab* bei Freude oder Trauer. Wer Kinder bei einem freudigen Erlebnis beobachtet, kann feststellen, daß sie vor Freude hüpfen, ja sogar in die Luft springen. Begegnet uns ein lieber Verwandter oder ein guter Freund, heben wir zum Empfang die Arme. Oder denken Sie an das Victory-Zeichen als freudigen Ausdruck über einen erhofften oder erlangten Sieg. Es ist das durch Zeige- und Mittelfinger gebildete »V« bei erhobener Hand. Wir heben unseren Kopf, wenn wir uns freuen, unsere Brust dehnt sich und unsere Haltung strafft sich. Kurzum, *Freude, Begeisterung und Stolz* unterliegen der Urgeste des *Herauf* oder Empor.

Umgekehrt verhält es sich bei *Trauer,* unerfreulichen Erlebnissen oder depressiven Stimmungen. Sie sind gekennzeichnet durch die Urgeste des *Herab,* der Richtung

»Der Kuno pumpt ihn freudig an.«
Die Urgeste des »Heran« nach Wilhelm Busch, »Maler Klecksel«.

nach unten. Fühlen wir uns herabgesetzt, niedergeschlagen, unterdrückt, dann zeigen wir das auch im körperlichen Ausdruck. Wir senken den Kopf, beugen den Rücken, lassen die Arme hängen. Wir senken auch den Blick und

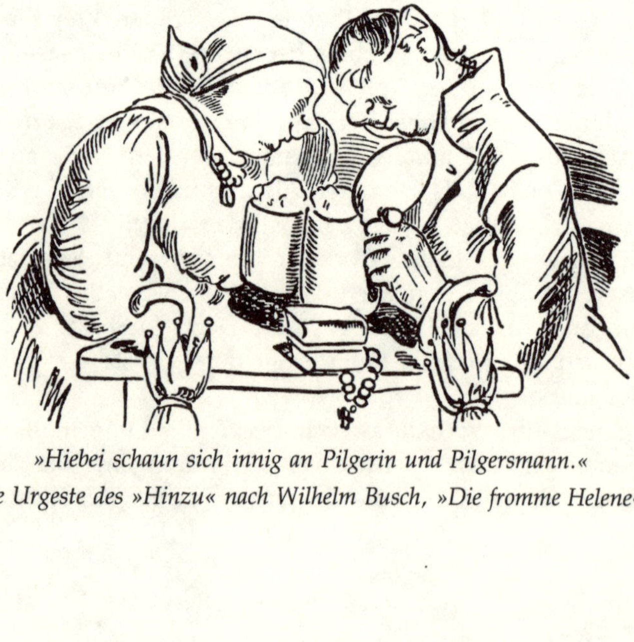

»Hiebei schaun sich innig an Pilgerin und Pilgersmann.«
Die Urgeste des »Hinzu« nach Wilhelm Busch, »Die fromme Helene«.

»Ätsch! – Die Sache ist zu heiß!«
Die Urgeste des »Zurück« nach Wilhelm Busch, »Fipps der Affe«.

schlagen die Augen nieder. Dieses Herab äußert sich ebenso in den Worten, die wir für diese Gefühlsstimmungen wählen. Wir sagen ja auch, daß wir einem anderen *unterlegen* sind und uns ihm gegenüber *klein* fühlen.

Zorn, Wut, *Aggressionen,* Haß und feindliche Gefühle gegenüber anderen Personen lassen die Urgeste des *Hinweg, Zurück, Dagegen* erkennen. Unsere Abneigung drückt

»Drauf so schaun sich fröhlich an Pilgerin und Pilgersmann.«
Die Urgeste des »Hinauf« nach Wilhelm Busch, »Die fromme Helene«.

»Pfui, mein Sohn, entferne dich!«

Die Urgeste des »Hinweg« nach Wilhelm Busch, »Abenteuer eines Junggesellen«.

sich auch in einer körperlichen Abwehrhaltung aus. Wir heben abwehrend die Hände, ballen vielleicht die Fäuste, Frauen halten die Arme schützend vor die Brust. Wir treten

»Flugs dient der Tisch als eine Schanze.«

Die Urgeste des »Gegen« nach Wilhelm Busch, »Maler Klecksel«.

oft auch einen Schritt zurück, um zu zeigen, daß wir uns distanzieren und auf Abstand bedacht sind.

Demgegenüber steht die Urgeste des *Hinzu* und *Heran* als Ausdruck der Zuneigung, des Mitgefühls und der Liebe. Wir umarmen einen geliebten Menschen und ziehen ihn nah an uns heran.

Doch Zuneigung muß bekanntlich auf Gegenliebe stoßen. Auch die Körpersprache löst einen wechselseitigen Verständigungsprozeß aus. In der Geste des Hinzu kommt ja auch ein Besitzenwollen zum Ausdruck, das auf eine Abwehrhaltung stoßen kann. Anderseits muß die Geste des Zurück für eine Frau bei der Liebe keineswegs eine Abneigung ausdrücken, sondern wird häufig auf dem gegensätzlichen Wunsch beruhen, der Geliebte möge sich umso stärker um ein Zusammenkommen und Einswerden bemühen. Doch hierfür lassen sich nur schwerlich Ratschläge erteilen. Gesten wollen sorgsam beobachtet sein. Das erfordert nicht so sehr Wissen und Denken, sondern vor allem ein natürliches Empfinden.

Der Psychologe Wilhelm Busch

Die wohl trefflichsten Darstellungen der Urgesten finden sich in den bekannten humorvollen Bildgeschichten des Malers und Humoristen Wilhelm BUSCH. Seine Zeichnungen zu den Streichen und Abenteuern von »Max und Moritz«, zu »Die fromme Helene«, dem »Maler Klecksel«, dem »Abenteuer eines Junggesellen« und aller anderen Geschichten sind Musterbeispiele für Gesten und Mimik der Körpersprache.

Urgesten sind Grundtöne

Die hier angeführten Urgesten bilden nur die Grundlage einer nonverbalen (nicht-sprachlichen) Ausdrucks- oder auch Gefühls- und Empfindungssprache, vergleichbar den Grundtönen in der Musik. Sie erlauben unzählige Variationen und Kombinationen und ständig kommen neue hinzu. Andere wieder kommen außer Gebrauch und geraten in Vergessenheit. Gesten sind zivilisationsgebunden und ebenso kulturkreisbedingt.

Gesten der Höflichkeit (Varianten des Grüßens) nach Holzschnitten von Bertall aus dem Jahre 1874.

Die Länder des Fernen Ostens, Indien, Tibet, China und Japan, die durch den Einfluß der buddhistischen Lehre verbunden sind, haben den Gesten stets auch eine *rituelle* Bedeutung beigemessen und sie zu *kultischen Symbolen* erhoben. Das zeigen besonders die Buddhafiguren mit ihren vielfachen Sitzhaltungen, Arm- und Handhaltungen, wie sie jedem Besucher von Völkerkundemuseen und Ostasienausstellungen ins Auge fallen. Hierauf beruht auch der Reiz, den diese Kult- und Kunstgegenstände auf uns ausüben.

Gestik und Ritual im Fernen Osten

Für viele Betrachter geht von diesen ostasiatischen Skulpturen mit ihrer seltsamen Gestik eine fast magische Wirkung aus. Das liegt an ihrer Zeitlosigkeit und Symbolik. Es findet hier ein jahrtausendealtes psychologisches Erfahrungswissen seinen Ausdruck.

Diese Buddhafiguren und Bodhisattvas sind keine religiösen Anbetungsgegenstände, sondern *Meditationshilfen.* Das religiöse Erlebnis eines Buddhisten ist ein anderes als das unsere. Er sucht nicht eine überirdische Vaterfigur im Sinne des FREUDschen Über-Ich, sondern das göttliche Prinzip im Kosmos. Wir können auch sagen, er sucht den Geist in der Natur, doch das in sich selbst.

Der Buddhist versenkt sich also meditativ in die Buddhafigur, doch nur als ein Anschauungsbild, um das Buddhahafte in sich selbst zu finden und zu erkennen. Die tibetischen Bodhisattvas werden oft mit vier und noch mehr Armen, teilweise auch mit mehreren Köpfen dargestellt. Es sind Symbolfiguren einer vervielfachten meditativen Konzentration. Mit der Vielfalt der Arme mag die Steigerung der Handlungsfähigkeit durch Konzentration angedeutet sein.

Gesten und Meditation

Doch es würde zu weit führen, hier näher auf die Gestik fremder Kulturen und Völker einzugehen. Sie ist zu andersartig. So bedeutet zum Beispiel eine erhobene und nach außen gekehrte rechte Hand im Fernen Osten keine

Abwehrhaltung. Es ist eine rituell festgelegte Geste der *Schutzgewährung*. Und noch etwas sollten wir bedenken, wenn wir fernöstliche Länder aufsuchen oder bei uns mit Japanern oder Chinesen zusammenkommen: Für die Angehörigen dieser Völker gilt ein spontaner Gefühlsausdruck als unstatthaft. Ihr Ideal ist es, Gefühlsregungen und Empfindungen hinter einem lächelnden Gesicht und einer stets korrekten Haltung zu verbergen.

Das Lächeln der Asiaten

3. Was Sie Ihren Mitmenschen vom Gesicht ablesen können

Vor einiger Zeit suchte mich ein 45jähriger Diplomingenieur auf. Ein kultivierter Mann, überdurchschnittlich gebildet und von vielseitigen geistigen Interessen. Er legte mir ein großes Foto auf den Schreibtisch und sagte: »Das ist der Anlaß für meinen Besuch. Ist sie nicht schön wie ein Engel?«

Ein Puppengesicht

Das Foto zeigte das Gesicht einer 20- bis 25jährigen jungen Frau mit ebenmäßigen, harmonischen Gesichtszügen, gepflegt, doch ohne erkennbares Make-up, und strahlenden Augen. Ein Typ, wie er den heutigen Vorstellungen von Mannequins und Schönheitsköniginnen entspricht. Auf mich allerdings wirkte dieses Gesicht zu glatt, zu unpersönlich, wenn nicht gar etwas puppenhaft.

Doch nach einem Foto läßt sich ein Gesicht nicht umfassend beurteilen, besonders wenn es von einem Berufsfotografen stammt. Unebenmäßigkeiten und Falten werden retuschiert, durch eine geschickte Beleuchtung wird vieles geschönt, und auch ein strahlender Blick kann das Ergebnis gut gesetzter Glanzlichter sein. Darüber hinaus erfaßt ein Foto immer nur eine Augenblickssituation. Inserenten von

Was sagt ein Foto?

Heiratsanzeigen machen nur zu oft die enttäuschende Erfahrung, daß die eingesandten Fotos über das tatsächliche Aussehen einer Person hinwegtäuschen.

»Ein reizvolles Bild«, sagte ich zu meinem Besucher, »doch wie ist die junge Dame nun wirklich?«

»Das ist es ja, sie sieht auch in Wirklichkeit so aus. Alle meine Freunde und Bekannten beneiden mich. Sie hat auch diesen strahlenden Blick, doch für alle und jeden. Ich weiß bei ihr nie, woran ich bin. Ich habe mich in ihr Gesicht verliebt, und sie hat mich so weit gebracht, ihr einen Heiratsantrag zu machen. Doch ich fürchte, daß sie nicht treu sein kann und mich ständig betrügen wird, wenn wir erst einmal verheiratet sind. Das ist mein Problem.«

Meine Bitte, die junge Dame zur nächsten Sitzung bei mir mitzubringen, wurde von ihr abgelehnt. Doch hatte ich kurz darauf Gelegenheit, sie in einem Restaurant zu sehen und vom Nachbartisch aus unauffällig ein wenig beobachten zu können. Dabei bestärkte sich der Eindruck einer schönen und recht attraktiven jungen Frau. Sie zog die Blicke aller Besucher des Restaurants auf sich. Doch das war sie wohl gewohnt. Eine besondere Reaktion war ihr nicht anzusehen.

Bedenkliche Merkmale

Plötzlich aber fiel mir noch etwas auf, außer ihrem allzu ebenmäßigen, schön geformten, doch glatten Gesicht. Ihr Hinterkopf war flach, was sie allerdings durch einen attraktiv geschlungenen Haarknoten verdeckte. Das läßt auf eine Willensschwäche schließen. Außerdem hatte sie schöne, volle Lippen, die mit dem Lippenstift über die Mundwinkel hinaus ausgezogen waren. Doch im Verhältnis zu den großen Augen und der schön geformten, etwas gebogenen Nase, war der Mund – die Lippenstiftausmalung weggedacht – ein wenig zu klein. Große Augen, große Nase, aber kleiner Mund! Rechthaberisch ist sie also auch, sagte ich mir.

Mit seinen Befürchtungen sollte mein Patient übrigens

recht behalten. Er heiratete die junge Dame, doch die Ehe wurde eine Katastrophe. Das lag allerdings weniger an der vermeintlichen oder tatsächlichen Untreue seiner Gattin, sondern daran, daß er beständig seine Vorstellung von der Engelhaftigkeit auf sie projizierte. Anderseits vermochte er es nicht, ihr zu einer stärkeren Erlebnisfähigkeit zu verhelfen. Denn das ist es, was dieser jungen Frau sozusagen vom Gesicht abzulesen war und was ein glattes, unpersönliches Gesicht kennzeichnet: der Mangel, persönliche Erlebnisse zu empfinden und intensiv zu verarbeiten. Das hätte dann auch ihrem Gesicht charakteristische Spuren aufgeprägt.

Ein Gesicht ohne Spuren

Die Ursache dafür ergab ihre Vorgeschichte. Sie war vaterlos und als Schlüsselkind aufgewachsen. Ihre vielfachen Liebschaften vor der Ehe und auch ihr Hang zu flirten beruhten nicht auf einem sexuellen Bedürfnis, sondern auf einer Sehnsucht nach Augenblicksgeborgenheit. Ihre psychische Entwicklung war durch ein negatives Vaterbild geprägt. Es war ihr verwehrt, die Liebe am elterlichen Vorbild zu erlernen. Derartige Frauen sind in der Regel frigid. Was ihnen an seelischer Gefühlsfähigkeit fehlt, versuchen sie durch häufigen Partnerwechsel auszugleichen, in der Hoffnung, doch noch den Richtigen zu finden, der sie erlöst.

Betonung der Weiblichkeit

Solche Frauen gleichen ihr Gesicht durch Make-up und Frisur gern den Massenidolen unter den Filmstars an, wie Brigitte Bardot, Marylin Monroe und deren Nachahmerinnen. Das verleiht ihrem Gesicht oft einen künstlich zurechtgemachten Ausdruck. Doch auch in der Stimme, in der Kleidung und im Gang betonen sie häufig provozierend die geschlechtliche Seite ihrer Weiblichkeit.

Es sind dies die Typen der Kindlich-Naiven, der jugendlichen »Lolita«, die Typen des Vamps der zwanziger Jahre und der Femme fatale. Ihre aufreizende Sinnlichkeit, die sie zur Schau stellen, macht sie für die meisten Männer besonders anziehend. Sie sind keineswegs nur berechnend. Sie sind sprunghaft und launisch, können aber auch großzügig sein und sich einem Mann hingeben, der ihnen keinerlei Vorteil verspricht. Liebe aber können sie nicht geben, weil sie selbst keine Liebe empfinden können.

Der Spiegel der Seele

Das Gesicht gilt als *Spiegel der Seele,* weil normalerweise Gefühle und Empfindungen und damit verbundene Erlebnisse, vereinfacht gesagt, das Leben selbst, im Gesicht eines Menschen ihre Spuren hinterlassen und ihm einen charakteristischen Ausdruck verleihen.

Glück, Begeisterung

Gram, Kummer

Güte

Haß

Gier, Habsucht

Gefühlsausdrücke im Gesicht, Zeichnungen nach Albert Borée, in »Physiognomische Studien« aus dem Jahre 1899.

Anderseits wissen wir, daß die meisten Menschen, besonders in jungen Jahren, wenn sie sich selbst in einem Spiegel betrachten, mit ihrem Gesicht, das ihnen als Spiegelbild entgegenblickt, nicht völlig zufrieden sind. Nicht alle Menschen wollen so aussehen, wie sie sind. Sei es, daß sie schöner und bedeutender, jünger oder bereits älter und gereifter erscheinen möchten. Das führt zu dem Wunsch nach einer Veränderung und Korrektur des Gesichts. Der Spiegel war ja bei allen Völkern bereits vor Urzeiten in Gebrauch und ist vermutlich auf die Spiegelung frühester Menschen im Wasser zurückzuführen. Mit dem Spiegel kam auch die Kosmetik auf, wie wir aus den Bilderschriften der ägyptischen Pyramidengrabkammern wissen. Die Gesichter der Pharaonen und ihrer Frauen, aber auch die ihrer Dienerinnen und Diener, fallen durch ein besonders gepflegtes Aussehen auf.

Korrekturen des Gesichts

Zurechtgemacht heißt nicht gepflegt

Wenn wir zuvor den »künstlich zurechtgemachten« Ausdruck eines bestimmten Frauentypus durch Make-up und Frisur kritisierten, so richtet sich das keineswegs gegen eine sorgfältige Pflege des Gesichts und ebensowenig gegen die Anwendung von Kosmetika. Im Gegenteil! Ein ungepflegtes Gesicht wird eine Mißachtung der Umwelt und der Mitmenschen verraten. Wir wollten lediglich zeigen, daß auch die Art des Zurechtmachens und die Angleichung an bestimmte Vorbilder Rückschlüsse auf den Charakter einer Person erlauben.

Aus der Erfahrung, daß sich seelische Erlebnisse dem Gesicht eines Menschen aufprägen, entstand die *Physiognomik*. Das ist die Lehre vom Gesicht, das durch den Charakter des Menschen gestaltet ist, so daß seine Charaktereigenschaften vom Gesicht ablesbar sind. Diese Auffassung findet sich bereits bei den griechischen Philosophen der Antike. Zu einer wissenschaftlichen Lehre ausgebaut wurde sie dann erst durch den italienischen Gelehrten Giambattista Della PORTA (1535–1615). Dieser gründete 1560 in

Neapel die »Akademie zur Erforschung der Geheimnisse der Natur«.

Della Porta zählte zu den Mitgliedern eines geheimen Wissenschaftsordens, der auf den griechischen Philosophen und Mathematiker Pythagoras zurückgeht und der sich über die Jahrtausende hinweg erhalten hat. Diesem Orden gehörten auch die mittelalterlichen Alchimisten an. Die Weltanschauung dieser Wissenschaftler gründete sich – vereinfacht ausgedrückt – auf folgendes Denkmodell:

Die Welt ist eine Einheit, eine Ganzheit des Lebendigen, die Kosmos, Mensch und irdische Natur umfaßt. Das Psychische ist eine Art Energiefeld, das alles durchdringt und belebt, die tote Materie ebenso wie Pflanze, Tier und Mensch. Demnach bilden auch Körper und Seele des Menschen eine Einheit, die mit dem Ganzen verbunden ist. Gestaltet, geformt und gesteuert wird dieses Ganze, die Welt, von einer kosmischen Allbewußtheit, die alles verbindet und an der alles Anteil hat.

Die himmlische Physiognomik

Auf diese Allverbundenheit stützt sich Della Porta in seinem Buch »Die himmlische Physiognomik«, in dem er auf die gestaltmäßige Ähnlichkeit von Menschengesichtern mit Tiergesichtern und -köpfen eingeht. Er schließt von dieser Ähnlichkeit auf entsprechende Charaktereigenschaften.

Menschengesichter und Tiergesichter

Menschen, deren Kopf und Gesicht einem Löwen ähneln, sind kräftig, großmütig und mutig, folgert er. Wer den Kopf erhoben trägt wie ein Pferd, ist von edler Gesinnung. Denn das Pferd ist ein edles Tier. Menschen mit einem Eselsgesicht sind auch wie dieses Tier. Sie sind schüchtern, dumm und erregbar. Personen mit Schweinsgesicht sind auch Schweine. Sie sind gierig, roh, unsauber, von mangelnder Zucht und unbescheiden.

Wie fast alle Gelehrten seiner Zeit war Della Porta auch Arzt. Er beobachtete seine Patienten sehr genau und hatte so die Möglichkeit, ihren Gesichtsausdruck und ihren Cha-

Giraffe

Pferd

Dogge

Reh

Widder

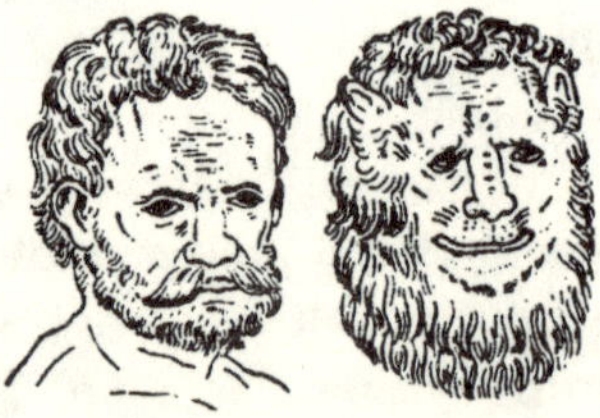

Löwe

Der italienische Gelehrte Della Porta verfaßte ein umfangreiches Werk über die menschliche Physiognomie, in dem er lehrte, daß »fast allwegen eines Menschen Angesicht gegen eines Thieres gesetzt und mit demselbigen verglichen wird«. Oben Abbildungen aus der »Physiognomik« von Della Porta.

rakter zu studieren. Doch es würde zu weit führen, hier alle seine Vergleiche aufzuzählen, auch wenn sie – wie man sich denken kann – eine amüsante Lektüre ergäben.

Goethe als Physiognom

Später begründete dann Johann Kaspar LAVATER (1741–1801) seine eigene *Physiognomik,* an der auch sein Freund Johann Wolfgang von GOETHE mitarbeitete. In seiner Schrift »Physiognomische Fragmente zur Beförderung der Menschenkenntnis und Menschenliebe« vertrat er mit einem gewissen Fanatismus die These, daß aus der Wirkung von Gemütsanlagen und Temperament auf Ausdruck, körperliche Haltung und Erscheinungsform eines Menschen, aber auch umgekehrt von der leiblichen Gestalt auf die seelischen Anlagen und den Charakter geschlossen werden könne. Ja, er ging sogar so weit, die Leib-Seele-Wechselwirkung in mathematische Gesetzmäßigkeiten fassen zu wollen.

Gibt es die Verbrecherstirn?

Der deutsche Arzt Franz Joseph GALL (1758–1828), ein Zeitgenosse von LAVATER, entwickelte dann die sogenannte *Phrenologie* oder Schädellehre, wonach zwischen der Schädelform und den Charaktereigenschaften ein Zusammenhang bestehen soll. Durch Abtasten des Schädels wollte GALL sogar auf die Ausbildung und Stärke psychischer Eigenschaften schließen können. Auf ihn geht die inzwischen längst als unrichtig bewiesene Vorstellung von der niedrigen Verbrecherstirn und den Verbrecherohren zurück.

Zu unserer Zeit wurde die Lehre der *Physiognomik,* abgesehen von den bereits erwähnten mimischen Ausdrucksstudien des Münchner Psychologieprofessors LERSCH, von dem amerikanischen Psychologen Leo HERLAND erneut aufgegriffen und in seinem Buch »Gesicht und Charakter« ausführlich dargestellt. Dieses Werk ist reich illustriert und enthält eine Fülle von Tabellen zu einer praktischen Ausdrucksanalyse des Gesichts, so daß es dem interessierten Leser durchaus empfohlen werden kann.

Wichtig ist der Gesamteindruck

Zu einer ersten Orientierung folgt eine Aufstellung von physiognomischen Gesichtsmerkmalen mit dem Hinweis auf die entsprechenden Charaktereigenschaften. Doch berücksichtigen Sie bitte dabei, daß Ihre Beobachtung stets subjektiv gefärbt und von persönlichen Motiven mitbeeinflußt sein wird. Auch das bloße Herausgreifen einzelner Merkmale kann häufig zu Fehlbeurteilungen führen.

Gesichtsmerkmale:

Stirn hoch und breit	Denker, Forscher, Künstler
Stirn hoch und schmal	Konstruktiv und willensbetont, technische Begabung
Augenbrauen stark gewölbt	Gute Beobachtungsgabe
Augenbrauen schwach gewölbt	Mangelhafte Beobachtung
Augen sehr groß	Selbstsicherheit, herrisch
Augen klein	Kleine Persönlichkeit
Augen groß, Mund und Nase klein	Geistiges Streben überbetont
Augen und Nase groß, Mund klein	Rechthaberei
Augen und Mund klein, Nase groß	Auf Selbstdarstellung bedacht
Nase groß und breit	Männlich betonte, gute Darstellungskraft

Nasenrücken klein und schmal	Schwache, weiblich geartete Darstellung
Ebenmäßiges Profil	Geist und Körper (Sinnlichkeit) in Harmonie
Verschwommenes Profil	Unausgeprägte Persönlichkeit
Hinterkopf kräftig entwickelt	Ausdauer, Willensstärke, Fleiß
Hinterkopf flach	Willensschwäche

4. Die Stimme und ihr Klang

Bereits die Beobachtung des Gesichts unserer Mitmenschen lehrt uns diese besser kennen und erkennen. Doch vervollständigt werden unsere Eindrücke, wenn wir sie sprechen hören. Sei es, daß wir selbst zu einer Unterhaltung gelangen, sei es, daß wir nur einem Gespräch zuhören. Unser Gehör ist ein ebenso wichtiges Wahrnehmungsorgan wie unsere Augen.

Sprache, Geist und Seele

Was uns zuerst auffallen wird, wenn wir einer anderen Person zuhören, sind die Art des Sprechens und der Klang der Stimme. In der Sprache des Menschen finden sowohl seine Seele wie sein Geist ihren Ausdruck.

Das, was ein Mensch sagt, der Bedeutungsinhalt seiner Worte, unterliegt vielfachen vom Verstand und der Vernunft gesetzten Einschränkungen. Doch die Art des Sprechens beruht weitgehend auf unbewußten Einflüssen. Hier gilt das, was wir bereits in Abschnitt II, Kapitel 3, zu unserem Persönlichkeitsmodell über die *Persona* ausführten. Die Berufsrolle beeinflußt häufig die Art und Weise des Sprechens. Doch die meisten Menschen sind sich dessen nicht bewußt und achten auch kaum darauf, was sich aus ihrer Stimme heraushören läßt.

Beobachten Sie Lautstärke, Tonhöhe, Tempo und Rhythmus sowie die Klangfärbung der Stimme Ihrer Gesprächspartner. So können Sie sich ein zusätzliches Wissen über deren Eigenheiten verschaffen.

Die laute Stimme

Was die *Lautstärke* der Stimme angeht, so hängt diese weitgehend von der Körperstatur einer Person und von ihrer Vitalität ab. Ein kräftiger Mann wird in der Regel lauter sprechen als eine zierlich gebaute Frau. Opernsänger und Schauspieler zeichnen sich durch eine weittragende Stimme und eine besondere Stimmfülle aus. Auch Politiker reden oft überlaut. Das sind berufsbedingte Erscheinungen. Eine kräftige und volle Stimme ist allgemein ein Merkmal für Durchsetzungsvermögen und Willensstärke. Eine besondere Lautstärke kann aber auch auf einen körperlichen Mangel hindeuten, beispielsweise auf Schwerhörigkeit.

Die schwache Stimme

Demgegenüber zeigt eine schwache Stimme eine zu geringe Vitalität an und läßt auf mangelnde Energie und körperliche Schwächen schließen. Das gilt auch für ein unregelmäßiges Schwanken der Lautstärke. Ein starker Wechsel der Lautstärke dagegen ist ein Hinweis auf eine gefühlsbetonte Lebenseinstellung, auch auf eine gewisse Neigung zu Affekten. Eine gleichmäßige oder gleichförmige Lautstärke deutet auf ein unterentwickeltes Gefühlsleben. Es sei denn, die betreffende Person hat sich eine gleichmäßige Lautstärke anerzogen. Doch damit beweist sie ja eine Vorherrschaft des Denkens über ihre Gefühlsfunktion.

Die *Tonhöhe* der Stimme ist einmal geschlechtsbedingt. Männer haben in der Regel eine tiefere Stimme als Frauen. Doch sind hohe Töne auch ein Zeichen für Aufgeregtheit und Angst. Eine schrille Stimme, die besonders bei Frauen so unangenehm wirkt, findet sich häufig bei Neurotikern, die ständig erregt sind, weil sie mit ihren Problemen nicht fertig werden.

Personen von Würde, Ruhe und Gelassenheit zeichnen sich durch eine dunkle, volle Stimme von tiefer bis mittlerer Tonlage aus.

Sprechtempo und Muttersprache

Das *Tempo* der Stimme, besser das Sprechtempo eines Menschen, hängt einmal von seiner Volkszugehörigkeit und seiner Muttersprache ab. Südländer sprechen schneller als Nordländer. Darüber hinaus aber charakterisiert sich das Sprechtempo selbst. Je nachdem, ob eine Person schnell oder langsam, hastig oder zögernd, wechselhaft oder gleichmäßig spricht, kennzeichnen diese Merkmale auch ihre Eigenschaften und ihren Charakter.

Rhythmus und musikalischer Sinn

Im *Rhythmus* des Sprechens findet ein musikalischer Sinn für die Sprache seinen Ausdruck. Der rhythmisch leichte Wechsel von Tempo und Tonlage beim Sprechen verleiht der Stimme den Ausdruck von Bewegtheit und Lebendigkeit. Wird der Rhythmus allerdings zu sehr betont, so bekommt die Stimme den Ausdruck von etwas Mechanischem und von Härte. Ein gleichmäßiger und angenehmer Rhythmus beim Sprechen deutet auf Ausgeglichenheit und Ausgewogenheit der Persönlichkeit hin. Ein ungleichmäßiger Rhythmus kann die Folge einer besonderen Lebhaftigkeit des Sprechers sein, doch ebenso auf eine Sprunghaftigkeit und Unberechenbarkeit in Gefühlsdingen hindeuten. Doch allgemeingültige Regeln lassen sich hierfür kaum aufstellen. Der Gesamteindruck ist entscheidend, und wir müssen uns dabei auch auf unsere Intuition verlassen.

Klang und Gefühle

Am bemerkenswertesten ist für uns der *Klang* einer Stimme. In der Klangfärbung findet das Psychische einer Person, finden ihre Gefühle und Empfindungen am stärksten ihren Ausdruck. Am Klang erkennen wir auch am leichtesten die herzliche Zuwendung eines Partners oder seine Abwehr. Auch die Urgesten des Herauf und Herab wie Hinzu und Hinweg kommen in der Tonhöhe wie in der Klangfärbung der Stimme von Hell zu Dunkel zum Ausdruck.

Vorsicht bei der Telefonstimme

Überraschungen können wir erleben, wenn wir eine Person am Telefon kennengelernt haben, bevor wir sie zu Gesicht bekommen. Unsere Vorstellungen allein von der Stimme her decken sich nicht immer mit der Wirklichkeit. Es gibt sympathische und unsympathische Telefonstimmen. Das letztere liegt zum Teil an dem begrenzten Frequenzbereich der telefonischen Übertragung. So wunderte sich einmal ein Kollege, als ihn eine meiner Patientinnen anrief: »Wie können Sie nur diese Stimme ertragen?« Dabei hatte diese eine durchaus normale Stimme. Sie sprach allerdings etwas affektiert. Am Telefon wirkte das besonders unangenehm und verlieh ihrer Stimme einen häßlichen Klang.

Auch das »Was« ist wichtig

So bedeutungsvoll die Art des Sprechens und der Klang der Stimme auch sind, das »Was« und »worüber« Mitmenschen und Partner sprechen, ist natürlich ebenso aufschlußreich und trägt zur Kenntnis einer Person bei. Der Inhalt von Gesprächen läßt geistige, berufliche und Alltagsinteressen erkennen und gibt Aufschluß über das Bildungsniveau eines Menschen. Es treten Meinungen zutage, die dem Trend des allgemeinen oder gesellschaftlichen Kollektivbewußtseins folgen, die aber auch durch die Vorstellungen des Unbewußten geprägt werden und häufig über unbewußte Komplexe informieren.

Die Dinge, um die sich ein Gespräch dreht, haben in etwa den gleichen Testwert wie die Gegenstände selbst, die eine Person bevorzugt, für die Kleidung, die Einrichtung der Wohnung, für Hobbys oder sonst in ihrer Umgebung. Doch darauf werden wir noch ausführlicher eingehen.

5. Die Sprache der Hände

Früher galt es als unfein, mit den »Händen zu reden«. Gemeint war damit die bewegungsreiche Beteiligung der Hände an einem Gespräch. Wir wurden dazu erzogen, die Hände ruhig herabhängen zu lassen, in den Schoß zu legen oder notfalls hinter dem Rücken zu verkreuzen. Durch die Ausweitung des Reiseverkehrs und die zunehmende Begegnung mit Ausländern ist es üblich geworden, Sprachschwierigkeiten durch Gesten und zeichenreiche Bewegungen der Hände zu überbrücken. Doch – was läßt sich, abgesehen von dieser sprachlichen Ergänzungshilfe – allgemein aus den Bewegungen der Hände erschließen?

Beseelte Fingerspitzen

Wir erwähnten bereits, daß Körper, Geist und Seele des Menschen ein Verbundsystem darstellen und der Leib bis in die letzte Fingerspitze *beseelt* ist. Für den Tiefenpsychologen – bei der Deutung von Träumen, Malereien und sonstigem unbewußten Material – gilt die Hand als *Symbol* des *Handelns,* der Aktivität eines Menschen. Die bewußte Zeichengebung ist allgemein bekannt und als Sprachhilfe international verständlich. Von Interesse für uns sind die unbewußten und unwillkürlichen Handhaltungen und Handbewegungen. Diese sind es, in denen sich seelische Stimmungen und Erlebnisreaktionen ausdrücken.

Die Faust auf dem Tisch

Befehlsgewohnte Personen unterstreichen ihre Anweisungen durch energische Handbewegungen. Der ehemalige sowjetische Parteichef CHRUSCHTSCHOW schlug bei einer Rede vor den Vereinten Nationen mit der Faust auf den Tisch, um seinen Worten Nachdruck zu verleihen. Das *Ballen* der Hand *zur Faust* ist ein Zeichen der Ablehnung, von Ärger und von Wut. Mit erhobenem Arm ist die geballte Faust eine Drohgebärde. Abgesehen davon, daß sie auch zu einem ideologisch-politischen Kennzeichen geworden ist.

In der unbewußten *Verkrampfung* der Hände drücken sich

Furcht und Ängste aus. Bei Überraschungen werden die Hände über dem Kopf zusammengeschlagen. Das Zusammenschlagen der Hände ist aber auch ein Ausdruck der Freude. Das Legen der Hände in den Schoß ist ein Zeichen der Entspannung und des Abwartens. Das ist auch der Fall, wenn jemand die Hände lässig in die Taschen steckt. Doch sollten es nicht die Hosentaschen sein; das gilt als Kennzeichen schlechter Sitten, der Unhöflichkeit und Gleichgültigkeit gegenüber dem Gesprächspartner.

Was Gesten verraten

Bekannt ist die Handhaltung Napoleons I., die rechte Hand in der Mitte der Brust in die Uniform geschoben und mit der linken Befehle erteilend. Ein Zeichen der Selbstsicherheit. Was die Bedeutung von *rechts* und *links* bei der Sprache der Hände angeht, so finden in der rechten Hand mehr die erworbenen Eigenschaften ihren Ausdruck, während in der linken Hand eher angelegte und ererbte Eigenschaften hervortreten.

Rechts und links

Das Halten der Hände auf dem Rücken, das ja ein Nichthandeln anzeigt, verweist auf Gelassenheit und Empfänglichkeit. Diese Haltung wurde früher jungen Menschen teilweise anerzogen. Sie sollte aber auch zu einer geraden und aufrechten Haltung beitragen.

In dem Hinstrecken der geöffneten Hände, besonders in Verbindung mit der Urgeste des Nach-oben-gerichtet-Seins, findet eine Bittgeste ihren Ausdruck. Die Abwärtsbewegung bei geöffneten Händen symbolisiert ein Gebenwollen und Schenken. Durch das Vorwärtsstrecken der Hand, besonders mit erhobenem Zeigefinger, signalisieren wir unseren Wunsch nach Aufmerksamkeit und verweisen so auch auf einen Gegenstand von besonderem Interesse. Das Zeigen auf eine andere Person jedoch ist ein Akt der Unhöflichkeit und deutet auf eine mangelhafte Erziehung oder auf Egozentrik.

Das Anlegen des Zeigefingers an den Mund als Ausdruck oder Befehl des Schweigens ist nur zu bekannt. Das Anlegen an die Stirn oder den Augenbrauenbogen unterstreicht das Nachdenken. Das Zupfen am Ohrläppchen allerdings deutet nicht auf ein Unterstreichen des Zuhörens hin. Es zeigt eine Gefühlsbetätigung an und kann – ich betone kann! – das unbewußte Signal für den Wunsch nach erotischer Kontaktaufnahme sein.

Ein Abwehrzauber

Das Abwärtszeigen mit dem Zeigefinger bei der auf dem Rücken gehaltenen Hand ist ein magisches Zeichen, das bei südländischen Völkern in Gebrauch ist. Diese Geste gilt als Abwehrzauber gegen die sogenannten *Jettatore,* das sind Personen mit dem bösen Blick, und soll dessen Wirkung zur Erde oder zur Hölle ableiten.

Die Sprache der Hände beschränkt sich jedoch nicht auf die Handbewegungen und Gesten. Die Form und Gestaltung der Hände, der Finger einschließlich des Daumens und auch die Handlinien zählen dazu. Das gilt in einem erweiterten Sinne ebenso für die Handschrift. Auf diese gehen wir gesondert im nächsten Kapitel ein.

Wahrsagen

Aus der Symbolbedeutung der Hand als Organ des Handelns in Verbindung mit dem ganzheitlichen Denkmodell, wonach alles miteinander in Verbindung steht, so daß gewissermaßen auch ein Teil für das Ganze steht, hat sich bereits frühzeitig eine besondere wissenschaftliche Lehre entwickelt, die *Chiroskopie* oder *Chiromantie.* χείϱ (cheir) ist das griechische Wort für Hand, σκοπεῖν bedeutet Sehen, Beobachten, und μαντεία ist die Wahrsagekunst. Der Chiromantie schenkten bereits die Alchimisten ihre besondere Beachtung. Sie wurde noch bis zum 18. Jahrhundert an den Universitäten gelehrt. In jüngster Zeit hat der französische Wissenschaftler Henri MANGIN die Chiromantie sogar zu einer »Medizinischen Hand-Diagnostik« ausgebaut.

Eine feste Hand mit gespannten Muskeln deutet auf Kraft und Energie, auch auf Erregbarkeit. Eine schlaffe Hand dagegen ist ein Zeichen für Schlaffheit und Energiemangel.

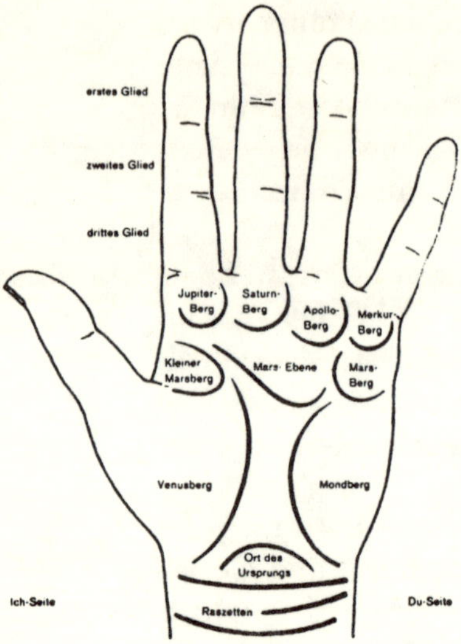

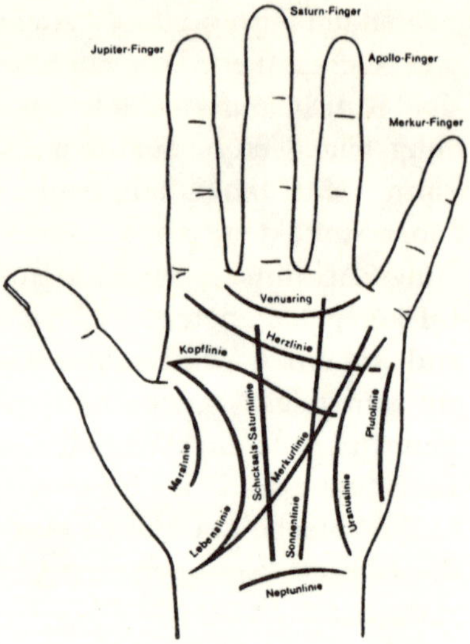

Handformen und Handlinien, wie sie in der Chiromantie gesehen und gedeutet werden.

Form und Gestaltung der Hände

Eine magere Hand läßt auf Zartheit und Zurückhaltung schließen. Volle, aber ausgeglichene Formen der Hand bedeuten körperliche und seelische Ausgeglichenheit. Unausgeprägte und weiche Formen lassen auf Antriebsmangel und ein gewisses Sichgehenlassen schließen. Eine große, kräftige bis grobe Hand bildet sich in der Regel durch schwere Handarbeit. Doch müssen wir auch die Körperbautypen berücksichtigen. Der Athletiker und Sportstyp wird natürlicherweise eine kräftigere und größere Hand haben als der schlankwüchsige Schizothyme. Beachtenswert ist das Mißverhältnis von Körperstatur und Handform. Dieses wird fast immer von einer seelischen Disharmonie begleitet sein.

Die Finger der Hand sollten wohlproportioniert sein, weder zu dick noch zu dünn, gelenkig und in ihrer Länge etwa achtzig Prozent der Handfläche betragen. Glatte und gelenkige Finger deuten auf Anpassungsfähigkeit. Knotige und starre Finger drücken Zurückhaltung bis Egozentrik aus. Kurze Finger deuten auf ein nicht sonderlich beziehungsreiches Leben bei eventuell geringen geistigen Interessen. Mittellange Finger zeugen für Ausgeglichenheit. Lange und schmale Finger verraten Geistigkeit, Beziehungsreichtum und vielseitige Interessen.

Handlinien-deutung

Die *Handliniendeutung* ist ein umfangreiches Spezialgebiet und wissenschaftlich nach wie vor umstritten. Sie ist stark mit astrologischen Vorstellungen verknüpft, wenn auch in einem ursprünglich symbolischen Sinne. Der Leser, der sich dafür interessiert, sei auf die Bücher des bereits erwähnten Autors Henri MANGIN verwiesen, sowie auf das Buch »Zeichen des Schicksals im Bild der Hand« von Ursula von MANGOLDT.

6. Handschrift und Charakter

Die Handschrift ist die wohl am meisten beachtete Ausdruckweise oder »Sprache« der Hand, die für Aussagen über Persönlichkeitsmerkmale und Charaktereigenschaften herangezogen wird. Die *Deutung* von Handschriften ist das Anliegen der *Graphologie.* Hier wird neben dem griechischen γραφή (graphé) für Schrift nicht der Begriff μαντεία (manteía) für Deutungskunst verwendet, sondern das Wort λόγος (lógos), womit angedeutet wird, daß es sich bei der Graphologie um eine exakte Wissenschaft handelt.

Der Begründer der Graphologie

Der Begründer der modernen Graphologie ist der Persönlichkeits- und Charakterforscher Ludwig KLAGES (1872–1956), der auch eine eigene Charaktertypologie entworfen hat. Als Beitrag zur psychologischen Diagnostik untersuchte er systematisch Abertausende von Handschriften, um allgemeingültige Gesetzmäßigkeiten im Schreibausdruck herauszufinden, die einen begründeten Vergleich und somit eine zutreffende Deutung von Handschriften erlauben.

Die Fülle von Schriftmerkmalen, die KLAGES untersuchte und die seither zur Deutung herangezogen werden, ist beachtlich. Stärke und Dichte der Schrift, ihre Richtungen, Gestaltung der Buchstaben, Ober- und Unterlängen, Endungen, Zeichensetzung usw. Alle Graphologen fußen letztlich auf dem von KLAGES geschaffenen Untersuchungsmaterial.

Graphologie ist nicht unfehlbar

Inzwischen ist die Graphologie bekanntlich zu einem allgemein üblichen Testverfahren für die berufliche Beurteilung und Eignung von Personen geworden. Größere Firmen beschäftigen ihre eigenen Graphologen als Gutachter für die Personalabteilung. Das zeigt eine gewisse Überbewertung der Graphologie. Gewiß ist die Handschrift eine höchst persönliche Dokumentation des Schreibers. Die Vielfältigkeit der von KLAGES zusammengetragenen Deutungsmerkmale und ihre Begründung sind bestechend. Doch unfehlbar ist die Graphologie leider nicht.

Ein Brief oder eine Bewerbung sind wie ein Foto das Ergebnis einer Augenblickssituation. So können momentane Gefühlsstimmungen die Handschrift beeinflussen. Um auf eindeutige Eigenschaften und Charakterzüge zu schließen, müßte der Graphologe mehrere Briefe oder Schriftsätze aus unterschiedlichen Zeiten auswerten. Es ist auch ein erheblicher Unterschied, ob jemand viel oder wenig schreibt. Des Schreibens ungewohnte Personen verwenden häufig Schönschriftvorbilder. Bei Bewerbungsschreiben geben sich die meisten Menschen besondere Mühe. So ist eine achtlos hingeworfene Notiz meist wesentlich aufschlußreicher.

Ein Unternehmer beklagte sich einmal über die Unzulänglichkeit der graphologischen Gutachten, die er für die Einstellung von Personal erhielt. Er stützte sich dabei auf die Beurteilung seiner eigenen Handschrift, die er mit einer Chiffre versehen den übrigen Bewerbungsschriften beigefügt hatte. Infolge kritischer Bemerkungen änderte der Betreffende sozusagen von einer Stunde zur anderen sowohl die Richtung seiner Schrift als auch die Schreibweise der Buchstaben. Er plante zur gleichen Zeit allerdings auch eine Veränderung seines Lebens durch eine erneute Heirat. Doch weder auf die eine noch die andere Veränderung fanden sich Hinweise in der Begutachtung seiner Handschrift.

Keine Graphologie ohne Intuition

Ein Nachteil der Graphologie besteht darin, daß der Graphologe nur selten den Schreiber persönlich zu Gesicht bekommt. So ist er gezwungen, gestützt allein auf gewisse Symptome der Schrift, sozusagen eine Blind-Diagnose zu der zu beurteilenden Person zu stellen. Das erfordert ein hohes Maß von Einfühlungsvermögen und Intuition. Wie alle Deutungen ist eben auch die Handschriftendeutung eine Kunst.

Der Brief als Bild

Anderseits wollen wir die Möglichkeiten, die der Ausdruck der Handschrift über eine Person auszusagen vermag, nicht unterschätzen. Auch für den Nicht-Graphologen besteht die Möglichkeit, aus einem Brief oder aus einer sonstigen handschriftlichen Unterlage einiges über den Schreiber herauszufinden. Lassen Sie den Brief oder die Schriftvorlage, die Ihnen zur Verfügung stehen, als Ganzes auf sich wirken und betrachten Sie sie wie ein Bild.

Bereits der Schriftrand wird Ihnen verraten, ob der Schreiber eine normale Anpassungsfähigkeit gegenüber seiner Umwelt besitzt, worauf eine mittlere Randbreite und übliche Abstände nach oben und unten schließen lassen. Ein breiter Rand deutet auf Großzügigkeit. In der Übertreibung, verbunden auch mit übergroßen Zeilenabständen, drückt sich bereits Verschwendungssucht aus. Ein enger

Schriftmerkmale und Charakter

Rand dagegen zeigt Engherzigkeit an, sogar Geiz. Das ist der Fall, wenn das Papier zudem sorgfältig bis an den untersten Rand vollgeschrieben ist und die Zeilenenden fast über den rechten Rand hinausreichen, wobei Wortendungen unterhalb ergänzt werden.

Die Rechtsläufigkeit der Schrift ist das Übliche. Sie zeigt Offenheit und Zuwendung des Schreibers an. Die Linksläufigkeit der Schrift deutet auf Zurückhaltung, Vorsicht und in der Übertreibung auf eine Tendenz zur Verstellung. In einer übertrieben nach links gestellten Schrift kommt auch eine gewisse Unaufrichtigkeit zum Ausdruck. In der Aufwärts- oder Abwärtsgerichtetheit der Handschrift findet sich eine ähnliche Tendenz wie bei den Urgesten. Laufen die Zeilen von links nach rechts aufwärts, drücken sich darin Lebensfreude und Optimismus aus. Hinter der Abwärtsgerichtetheit stehen Pessimismus, Depression, zumindest aber eine momentane, situationsbedingte Niedergeschlagenheit.

Aussagekräftig sind auch die Größe der Buchstaben und die Dynamik der Schrift. Diese können den Eindruck von Kraft und geistiger Energie vermitteln. Doch ist es ein Unterschied, ob es sich um eine flüssige, ausgeschriebene oder um eine unausgeschriebene Handschrift handelt.

»Markenzeichen« Unterschrift

Besonders interessant sind die *Unterschriften* und ihre Merkmale im Verhältnis oder Mißverhältnis zum Bild der sonstigen Wörter. In der Verschnörkelung der Anfangsbuchstaben oder der Namensendungen zeigt sich Eitelkeit. In der Unterstreichung des Namens finden Selbstsicherheit und Selbstbewußtsein ihren Ausdruck. Die Verlängerung des oberen Strichs von Anfangsbuchstaben wie beispielsweise »F« oder »T« über alle anderen Buchstaben des Namens läßt auf die Neigung zum Beschützen von Angehörigen und Freunden schließen. Doch vom Beschützerinstinkt bis zum Hang des Beherrschenwollens ist es oft nur ein kleiner Schritt.

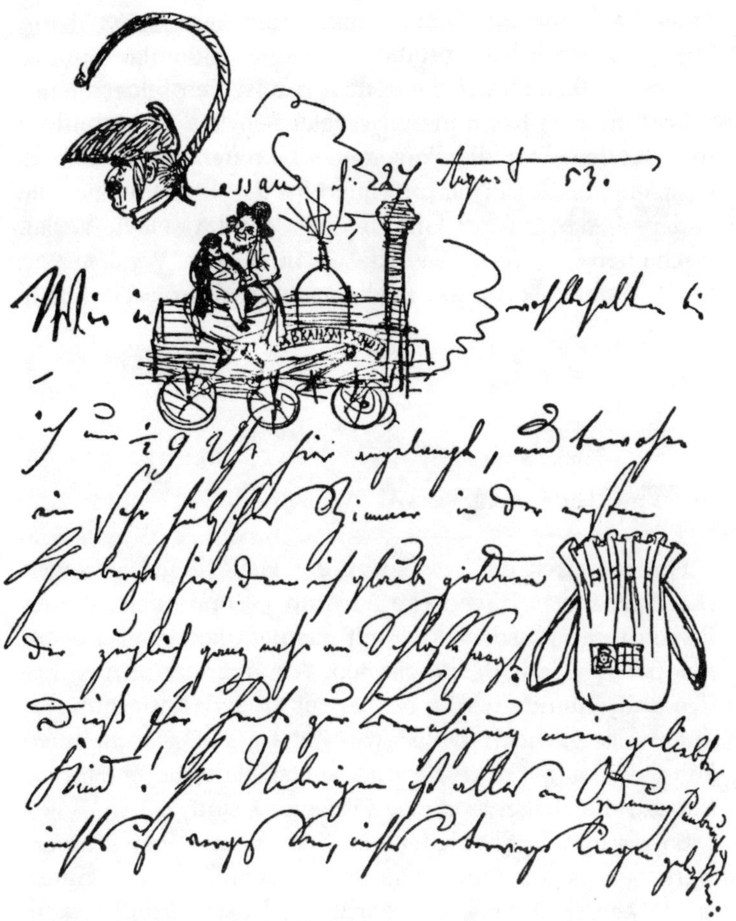

Die Handschrift des Malers Adolf Menzel aus dem Jahre 1853, ein eindrucksvolles Beispiel für die Bildgestaltung in der Schrift.

Bildzeichen

Aufschlußreich ist es auch, einen Brief von allen Seiten zu betrachten, ihn zu drehen und auf den Kopf zu stellen. Sie können dabei allerlei Bildzeichen entdecken, Herzen, Hände oder die Andeutung von sonstigen Gegenständen. Doch allgemein gültige Regeln lassen sich für eine derartige

Bildbetrachtung der Schrift kaum aufstellen. Helfen kann Ihnen dabei nur Ihre Intuition und eine beständige Übung, indem Sie Ihre Eindrücke vom Bild oder den Bildern einer Schrift mit den Kenntnissen vergleichen, die Sie aus anderen Quellen über die Person des betreffenden Schreibers besitzen. Ausführlicher informiert Sie darüber, wie über alle anderen Aspekte der Graphologie, das im selben Verlag erschienene Buch »Was die Handschrift verrät« von W. R. MUCKENSCHNABEL (siehe auch Literaturverzeichnis).

7. Was der Gang verrät

Wenn wir jemanden am Gang erkennen

Finden durch die Bewegung der Hand beim Schreiben charakteristische Eigenschaften und Besonderheiten einer Person ihren Ausdruck, so gilt das natürlicherweise ebenfalls für den Gang des Menschen. Wir erkennen ja Angehörige und Freunde häufig bereits auf größere Entfernung an ihrem Gang, noch bevor wir ihr Gesicht wahrnehmen können. Das gilt auch für unsere Haustiere, besonders für Katzen, die ausgesprochene Ohrentiere sind.

So raste mein Siamkater Mau-Mau vom obersten Stockwerk bereits die Treppe herunter, wenn ich nach Hause zurückkehrte und noch bevor ich die Haustür erreicht hatte. Auch meine derzeitige Siamkatze erwartet mich stets an der Wohnungstür. Von anderen Personen läßt sie sich in ihrer Ruhe nicht stören. Stehen Fremde vor der Tür, kann es allerdings vorkommen, daß sie vorsorglich ihren Schlupfwinkel aufsucht. Das ist ein oft nicht uninteressanter Test für mich.

Der Gang eines Menschen zeigt vielfache Variationen. Er kann rasch und elastisch oder langsam und schleppend

Was der Gang verrät – Gangarten nach Rudolf Spieth, »Erfolg durch Menschenkenntnis«. Oben: Junger und alter Mann – elastisch, frisch beziehungsweise müde und schleppend. Mitte: Zwei junge Damen – trippelnd, maniriert beziehungsweise sportlich, fast männlich ausschreitend. Unten: Älterer Herr und junger Mann – würdig einherschreitend beziehungsweise lässig schlendernd.

sein. Manche Menschen gehen mit besonders großen Schritten, nicht nur Männer. Auch Frauen können einen weitausgreifenden Schritt an sich haben, der dann jedoch oft männlich wirkt. Andere wiederum gehen mit kurzen Schritten, wobei Frauen mit hohen Stöckelabsätzen durch ihren Trippelschritt auffallen. Militärangehörige in Zivil sind oft am Marschrhythmus ihrer Schritte erkennbar.

Variationen der Gangart

In einem gemäßigten Gang bei aufrechter Körperhaltung kommt eine gewisse Würde zum Ausdruck. Das kann bei älteren Personen der Fall sein. Es kann auch ein Ausfluß der Persona und berufsbedingt sein, beispielsweise beim Beruf des Geistlichen.

Unangenehm wirkt ein gezierter und affektierter Gang. Das ist der Fall, wenn Personen von normaler Körpergröße zu kleine und zu rasche Schritte machen. Geziertheit und Affektiertheit sind dann auch als charakterliche Eigenschaften zu vermuten. Ebenso unnatürlich wirken zu große Schritte bei einer Person von kleiner Statur. Damit soll der Mangel an Körpergröße ausgeglichen und der Eindruck von Energie und Kraft erweckt werden.

Ein steifer Gang bei Einschränkung der normalen Körperbewegung verrät seelische Hemmungen. Er kann auch auf einen Mangel an Lebensvitalität deuten und auf eine Pedanterie hinweisen. In einem rhythmisch betonten und zackigen Gang äußert sich das Bemühen um Selbstdisziplin und der Wunsch, mit seinen Mitmenschen in jeder Hinsicht Schritt zu halten.

Das Schritt-Tempo

Im Schritt-*Tempo* kommt das Temperament einer Person zum Vorschein. Abgesehen von einer situationsbedingten Eile wird der optimistische Sanguiniker stets rascher gehen als ein Phlegmatiker oder Melancholiker. In einer raschen Gangart drückt sich Aktivität, Unternehmungslust und auch ein sicheres Selbstbewußtsein aus. Der langsame Gang läßt auf die Trägheit des Phlegmatikers schließen. Doch ein bedachtsamer Gang ist auch ein Zeichen für Gelassenheit,

Umsicht und nicht zuletzt für Verläßlichkeit und Treue. Ein schleppender Gang kennzeichnet zumeist einen melancholischen Charakter. Hat der Gang einer Person sogar die Art eines Dahinschleichens, so charakterisiert das den Depressiven.

Gangart und seelische Stimmung

In Gangart und Schrittempo drücken sich aber auch situationsgebundene und zeitweilige seelische Stimmungen aus. Das darf nicht außer acht gelassen werden. Das Schrittempo ist kein festgelegtes, stets gleichbleibendes Merkmal. Jeder Mensch vermag das Tempo beim Gehen zu steigern oder zu vermindern, je nachdem in welcher Stimmung er sich befindet.

Ein hart aufgesetzter Gang verrät das Streben nach Beachtung und Anerkennung. Er ist kein Zeichen für Kraft und Energie, sondern mehr das Bemühen, diese vorzutäuschen. Bei Frauen wirkt ein hartes Aufsetzen der Füße, besonders des Absatzes, nur zu oft unangenehm.

Stakkato-Gang als Trennungsgrund

So fragte mich einmal ein Junggeselle um Rat, was er gegen den Stakkato-Gang seiner Freundin unternehmen könne. Sie trug stets hohe Schuhe mit bleistiftdünnen Absätzen, und wenn sie so auf den Fliesen in Küche und Bad herumstolzierte, war das im gesamten Haus zu hören. Die Mitbewohner hatten ihm bereits angedroht, auf die Kündigung seiner Wohnung hinzuwirken.

»Ziehen Sie Ihrer Freundin die Schuhe aus!« riet ich ihm. Das sei nicht zu machen, erklärte er. Seine Freundin sei klein mit gut ausgeprägten weiblichen Rundungen. Ohne ihre hohen Schuhe fürchte sie, nicht genügend schlank zu erscheinen.

»Dann trennen Sie sich lieber von Ihrer Freundin und behalten Ihre Wohnung«, sagte ich ihm daraufhin. Denn abgesehen von der Rücksichtslosigkeit den Hausbewohnern gegenüber, verriet die Dame durch das harte Aufsetzen der Absätze ein überzogenes Eigeninteresse und starke Geltungssucht, verbunden mit einem mangelnden Mitgefühl für die Belange ihres Partners. Er befolgte diesen Rat und war recht froh darüber. Denn im nachhinein stellt er fest, daß diese Freundschaft ziemlich kostspielig für ihn gewesen war.

Die Stellung der Fußspitzen

Schließlich sei noch die Stellung der Fußspitzen erwähnt, die beim Gehen wie auch beim Sitzen beobachtet werden kann. Sind die Fußspitzen zu stark einwärts gerichtet, so erhält der Gang etwas Stolperndes, Primitives. Eine derartige Stellung im Sitzen verrät eine gewisse Antriebsschwäche und geringe geistige Interessen. Sind die Fußspitzen zu stark nach außen gekehrt, so drücken sich darin Unbekümmertheit und unter Umständen eine gewisse Naivität aus. Zu stark nach außen gekehrte Fußspitzen beim Sitzen lassen auf Selbstüberschätzung und Anmaßung schließen.

Zu berücksichtigen sind bei all diesen Hinweisen stets die gegebene Situation und der Gesamteindruck einer Person. Wir sollten uns davor hüten, von Einzelmerkmalen auf das Wesen und die Eigenschaften unserer Mitmenschen zu schließen.

Wir fassen zusammen:

Die Körpersprache durch Gesten, Mimik des Gesichts und sonstige Körperbewegungen ist wissenschaftlicher Gegenstand der Ausdruckspsychologie. Ihre Beobachtung trägt wesentlich zur Erweiterung der Menschenkenntnis bei. Bereits in bezug auf den Körperbau – eingeteilt in Schlanke oder Schizothyme, Rundwüchsige oder Pykniker und Athletiker – besteht nach KRETSCHMER ein Zusammenhang mit dem Charakter.

In den Urgesten des Herauf und Herab, Hinzu und Hinweg finden seelische Stimmungen ihren Ausdruck. Umfassende Beispiele für die Gebärdensprache bietet die fernöstliche Kunst. Ein besonderes Kapitel bildet das Gesicht als Spiegel der Seele. Ausgehend von der Ganzheit des Lebendigen schuf der mittelalterliche Gelehrte Della Porta die Physiognomik, wobei er sich auf die Ähnlichkeit von Menschengesichtern mit Tiergesichtern stützte. Weiterentwickelt wurde die Physiognomik von Lavater unter Mitarbeit von Goethe. Von ihrem Zeitgenossen Gall stammt die Phrenologie, die Schädellehre. Deren Rückschlüsse auf Charaktereigenschaften haben sich jedoch inzwischen als unrichtig erwiesen.

Aufschlußreich sind auch die Stimme und ihr Klang, Lautstärke, Tonhöhe, Tempo und Rhythmus beim Sprechen. Der Inhalt von Gesprächen besitzt Testwert für das Bildungsniveau und die Interessen einer Person. In der Sprache der Hände finden Gemütsbewegungen, aber auch Charaktereigenschaften ihren Ausdruck. Die Hand gilt als Symbol des Handelns. So entstanden die Chiroskopie und die Chiromantie, die Untersuchung der Handformen und die Deutung der Handlinien. Die Chiromantie ist wissenschaftlich umstritten, weil stark mit der Astrologie verknüpft.

Die gegenwärtig für die Personalbeurteilung allgemein übliche Graphologie, die Handschriftendeutung, geht auf den Charakterforscher Ludwig Klages zurück. Sie ist nicht unfehlbar und wird teilweise überbewertet. Auch sie ist eine Deutungskunst, die vom Einfühlungsvermögen und der Intuition des Gutachters abhängt. Durch Visualisierung, die Betrachtung eines Schriftdokuments wie ein Bild, kann auch ein Nicht-Graphologe manches über den Schreiber herauslesen.

Beachtenswert für die Kenntnis vom Wesen und gewissen Eigenschaften einer Person ist auch, was ihr Gang verrät. Im Gang drücken sich ebenfalls die Urgesten aus, und im Schrittempo das Temperament. Aus der Gangart, der Körperhaltung beim Gehen und der Stellung der Füße lassen sich weitere Persönlichkeitsmerkmale und Eigenschaften erschließen.

Die Grundlage aller dieser Beobachtungsmöglichkeiten des Körperausdrucks und der Körpersprache ist die Beseeltheit des Körpers bis ins letzte Glied und bis in die letzte Zelle hinein.

VI. Der Witz und seine Bedeutung

1. Die Reaktion auf den Witz als Testmethode

Der Witz als Test

Besonders charakteristisch für das Wesen des Menschen ist das Lachen. Einem unbekannten Partner einen Witz zu erzählen ist ein guter Test, um rasch einen vielsagenden Eindruck von dessen Persönlichkeit zu gewinnen. Ob er übermütig lacht oder schadenfroh, ob er versteckt lacht oder sich nur ein herablassendes Lächeln abringt, ein natürliches oder geziertes Lachen zeigt, ist rasch herauszufinden. Ebenso typisch ist, worüber jemand lacht, ob über einen feinen Witz, einen frivolen oder eine Zote.

Bei einem Witz mit einer geistreichen Pointe lassen sich gute Rückschlüsse auf die Intelligenz des anderen gewinnen. Voraussetzung ist, daß der Witz dem Betreffenden nicht schon bekannt ist. Die Zeit, die vergeht, bis der Gesprächspartner lacht, ist aufschlußreich. Ein begriffsstutziger Mensch wird in der Regel Verblüffung zeigen, bis er den Witz versteht. Ein dummer Mensch lacht erfahrungsgemäß in einem solchen Fall dreimal: Das erste Mal, wenn ihm der Witz erzählt wird, das zweite Mal, wenn ihm die Pointe erklärt wird, und das dritte Mal, wenn und sofern er den Witz verstanden hat.

Ein einfacher Verkaufstrick

Ein sehr erfolgreicher Kaufmann und Topmanager der Verkaufsabteilung einer bekannten Autofirma, die Wagen einer hohen Preisklasse vertreibt, gestand mir, daß er sich auf diese Art eine wirkungsvolle und sehr zuverlässige eigene Testmethode ausgearbeitet habe. Er verfügte über ein gut gewähltes Repertoire unbekannter Witze, die er jeweils bei wichtigen Verkaufsverhandlungen unauffällig ins Gespräch einflocht. Aus der Art der Reaktion seiner Partner gewann er bessere Hinweise auf die Vorstellungen seiner Interessenten als aus deren Angaben und Wünschen. Je nach dem Ergebnis dieses Tests und seiner Erfahrung stellte er sich auf seine Partner ein und richtete die Taktik seiner weiteren Verkaufsverhandlungen danach aus. Naturgemäß bedarf es für eine derartige Witz-Testmethode eines guten Einfühlungsvermögens und besonderen Taktgefühls. Bei frivolen Witzen können leicht ideologische oder moralische Grundsätze des Zuhörers verletzt werden, ohne daß das für den Erzähler sofort erkennbar wird. Weiterhin besteht die Gefahr, daß der Witzerzähler besondere Lieblingswitze in sein Repertoire aufnimmt, die, weil sie der Symptomatik eines eigenen unbewußten Komplexes entsprechen, beim Partner völlig andere Reaktionen auslösen können, als es der Erzähler vermutet.

Der Witz und sein Erzähler

Abgesehen von diesen Einschränkungen, stellt aber der Witz sicher eine einfache Schnelltestmethode dar, um Aufschlüsse über Persönlichkeitseigenschaften und Charakterzüge eines Menschen zu erhalten, von dem man sonst nicht viel weiß.

2. Der Witz als Symbol

Befreiende Wirkung

Über einen guten Witz lacht man. Das Lachen übt bekanntlich eine befreiende Wirkung auf seelische Spannungszustände aus. So sah auch Sigmund Freud im Witz ein solches Ventil. Doch da er seiner Theorie das »Lustprinzip, das den Lebenszweck setzt« zugrunde legte, so glaubte er, daß auch die »Witzarbeit« dem unbewußten Motiv entspringt, Lust zu gewinnen. Besonders der *obszöne* Witz überwindet nach FREUD »die Hemmungen der Scham und der Wohlanständigkeit durch die *Lustprämie,* die er bietet«. FREUD schloß weiterhin, »daß der durch den Witz angeregte psychische Vorgang beim Hörer den beim Schöpfer des Witzes in den meisten Fällen nachbildet. Dem äußerlichen Hindernis, welches beim Hörer überwunden werden soll, entspricht eine innere Hemmung beim Witzigen«. So nachzulesen in seiner Schrift »Der Witz und seine Beziehung zum Unbewußten« (1905).

Freuds Lustprämie

Diese innere Hemmung war es, die FREUD besonders interessierte. Denn damit wurde der Witz zu einem Symptom – wir sagen zu einer Information – für seelische Inhalte, die nach der Theorie FREUDS irgendwann ins Unbewußte verdrängt worden waren.

Witz und Verdrängung

Ein harmloses Beispiel für eine verdrängte Tendenz zum Exhibitionismus ist folgender Witz, den FREUD zitiert:

Ein Mädchen, im Begriff sich anzukleiden, erfährt von ihrer Mutter, daß soeben einer ihrer Verehrer zu Besuch gekommen ist. Klagt sie: »Ach, wie schade, gerade wenn man am *anziehendsten* ist, darf man sich nicht sehen lassen.«

Bei einem jungen Mädchen unserer Zeit werden wir aus einer derartigen Bemerkung allerdings kaum auf eine unbewußte Tendenz zum Exhibitionismus schließen. Bei Berücksichtigung der heutigen Moralbegriffe wird die witzige Bemerkung des Mädchens lediglich ein Beweis für ihre Freude am Wortspiel sein. Es ist eine bekannte Erfahrung, daß eine Frau erotisch um so *anziehender* auf einen Mann wirkt, je *ausgezogener* sie ist. Doch diese Tatsache so sehr zu unterdrücken, daß sie aus dem Bewußtsein ins Unbewußte verdrängt wird, hat ein junges Mädchen der Gegenwart kaum nötig. Die Mode unserer Zeit trägt allen exhibitionistischen Bedürfnissen Rechnung.

Wir könnten allenfalls aus der witzigen Bemerkung des Mädchens entnehmen, daß sie es bedauerlich findet, auf eine intimere Kontaktaufnahme mit dem betreffenden Verehrer durch die störende Anwesenheit der Mutter verzichten zu müsen.

Der Witz und das Unbewußte

Den psychischen Mechanismus der Verdrängung ins Unbewußte jedoch zeigt ein anderer Witz, sozusagen ein modernes Gegenstück zu dem Witz, den FREUD zitiert:

In einem Straßencafé in Schwabing sitzt ein Ehepaar, so um die Mitte Dreißig. Es ist ein warmer Tag, und die Ehefrau hat ihre überaus füllige untere Körperhälfte in modisch kurze Höschen, sogenannte Hot pants, gezwängt. Er liest zum Kaffee die Tageszeitung. Sie löst das Kreuzworträtsel in einem Lesezirkelheft.

Plötzlich fragt sie ihn: »Du, was ist das, fremdsprachliche Bezeichnung für Heiße Höschen?«

Er schaut unwillig von seiner Zeitung auf: »Wie? Ach so, das ist englisch: Not pants.« Sie blickt ihn verwundert an. Er bemerkt seinen Versprecher. Schüttelt den Kopf: »Hot pants, meine ich natürlich!«

Für das Ehepaar ist das strenggenommen kein Witz. Aber der Nachbar am Nebentisch, der das Gespräch mit angehört hat, beginnt vergnüglich zu schmunzeln, wobei er einen vielsagenden Blick auf die aus den zu knappen Hosen überquellenden Schenkel der Frau wirft. Es ist ein unfreiwilliger, doch gleichzeitig ein aufschlußreicher Witz. *Not* heißt bekanntlich im Englischen *nicht.* Statt *Heiße Höschen* lautet also die spontane Übersetzung des Ehemannes: *nicht Höschen.*

Ein typischer Versprecher

Sein Versprecher deutet darauf hin, daß er seiner Frau unbewußt zu verstehen geben wollte, daß man nicht sehen lassen sollte, was ausgezogen so wenig anziehend ist. Wenn es dem Ehemann *bewußt* gewesen wäre, daß seine Frau bei ihrer Figur in den knappen Höschen äußerst unvorteilhaft aussieht, dann hätte er es ihr vermutlich direkt gesagt, wenn auch vielleicht mit schonenden Worten. Ob sie sich danach gerichtet hätte, ist eine andere Frage. Aber sicher wäre in diesem Falle dem Ehemann sein Versprecher nicht unterlaufen.

Symbolisch gesehen, drückt sich in diesem Witz auch eine männliche Ablehnung gegenüber der Entblößungstendenz der weiblichen Mode aus. Diese hat ihren Ursprung in der sogenannten Sexuellen Revolution der sechziger Jahre und steht im Zusammenhang mit dem Erstarken der Frauen-Emanzipation. Das heißt, der Ehemann drückt unbewußt, doch völlig richtig, eine kollektiv-psychische Tatsache aus. Nämlich den Zusammenhang zwischen der zeittypischen Müdigkeit der heutigen Männer einerseits und der weiblichen Emanzipation mit ihrer Forderung nach sexueller Freiheit anderseits.

Rückschlüsse auf den Erzähler

Beachtlich für die Untersuchung des Witzes ist die Tendenz, die dahintersteht und die Rückschlüsse auf die Einstellung des Erzählers von Witzen gegenüber seinen Mitmenschen erlaubt. Unter diesem Gesichtspunkt teilte bereits FREUD in seiner Untersuchung über die Beziehung zwischen dem Witz und dem Unbewußten in folgende Kategorien ein:

- der entblößende oder obszöne Witz,
- der aggressive (feindselige) Witz,
- der zynische (kritische, blasphemische) Witz und
- der skeptische Witz.

Die Abwehrtendenz

Anfänglich glaubte FREUD, daß jeder Witz, der eine Tendenz erkennen läßt, entweder nur ein *obszöner* Witz oder ein *feindseliger* Witz sein kann. Wobei von FREUD auch die Entblößung durch den obszönen Witz wiederum als ein feindseliger Akt der Aggression verstanden wurde, der einer unbewußten *Abwehrtendenz* entspricht. Doch nicht alle Witze beruhen auf einer Abwehrhaltung des Unbewußten.

Eine überzogene Theorie

Wie die obige Einteilung zeigt, hat FREUD dann später diese Auffassung revidiert.

Rund sechzig Jahre danach übernimmt der amerikanische Autor G. LEGMAN in seinem Buch »Der unanständige Witz« das anfängliche FREUDsche Konzept. Er geht sogar noch weiter. Für ihn ist *Haß* das Motiv für einen erotischen Witz. Ebenso fällt in diesem Buch auf, daß LEGMAN die Kastration, die Homosexualität und die venerischen Krankheiten für die *eigentlichen* furchteinflößenden Themen der heutigen Gesellschaft hält. Das würde bedeuten, daß die amerikanische Bevölkerung in ihrer kollektiv-psychischen Entwicklung sozusagen auf einer infantil-pubertären Stufe steckengeblieben ist und als Kollektiv den Kastrationskomplex im Sinne von FREUD noch nicht überwunden hat.

Der volkstümliche Witz

Diese Ansichten sind höchst abwegig. Sie lassen allenfalls die persönliche Einstellung des Verfassers erkennen und beweisen, zu welchen skurrilen Auffassungen die FREUDsche psychoanalytische Lehre verführen kann. Auch der amerikanische Volkswitz wurzelt nicht im Haß, sondern beruht weitaus mehr auf dem Vergnügen, den ein guter Witz verschafft.

Kennen Sie den?

Ein bereits etwas älterer Ehemann, bekannt für seine junge, hübsche Frau, betritt auf dem Weg in sein Amt die Werkstatt seines Schusters:

»Ach, Meister, meine Frau läßt Ihnen ausrichten, Sie möchten doch mittags mal bei ihr vorbeikommen. Der neue Schuh drückt sie noch immer. Sie sollen den großen Pfriem mitbringen und es ihr etwas weitermachen, da vorn.«

»Schon recht«, sagt der Schuster, ich will's der Frau Gemahlin schon besorgen. Nur – wäre es nicht besser, sie käme selbst bei mir vorbei?«

»Wo denken Sie hin?« antwortet ihm der Ehemann »bei der Sittenverderbnis heutzutage kann eine anständige Frau doch nicht allein das Haus verlassen.«

Daß der Ehemann selbst hier dem Schuster die verschlüsselte Botschaft überbringt, ihm Hörner aufzusetzen, und ihm die Rolle zuweist, die in den Witzen über die grünen Witwen der Postbote oder der Milchmann spielt, merkt er in seiner Einfalt nicht.

Dieser Witz entstand nicht zu unserer Zeit. Er ist bereits rund zweitausendfünfhundert Jahre alt und stammt von dem griechischen Komödiendichter ARISTOPHANES, der im 5. Jahrhundert v. Chr. lebte. Dieser war der erste Schriftsteller, der sich nicht scheute, den derben, volkstümlichen Witz in seinen satirischen Bühnenstücken öffentlich zur Sprache zu bringen. ARISTOPHANES wollte den Athenern die Weltfremdheit der Moral vor Augen führen, die seinerzeit die Sophisten predigten. Seit dieser Zeit haben die erotische Posse und der frivole Witz ihren festen Platz in allen volkstümlichen Schauspielen, Schwänken und Fastnachtspielen.

Witz und Sexualität

Posse und Schwank

Gewiß knüpft der Volkswitz mit Vorliebe an das Allermenschlichste an, die Freuden, Verwicklungen und auch Gefahren der Liebe. Nur ist die Sexualität nicht das einzige Thema von Witzen und ebensowenig das grundlegende unbewußte Motiv für den »Lustgewinn«, den ein Witz verschafft.

3. Das verräterische Lachen

Der hörbare und sichtbare Erfolg, den ein Witz seinem Erzähler einträgt, und die erwünschte Reaktion, die er beim Zuhörer auslöst, ist das *Lachen.* Lachen versetzt in eine gehobene Stimmung. Es hat eine befreiende Wirkung. Das Lachen in einem größeren Kreis von Freunden, Bekannten oder auch unbekannten, miteinander versammelten Personen, stellt eine spontane Gemeinsamkeit her. Es bewirkt die Entstehung eines kontaktreichen zwischenmenschlichen Beziehungsfeldes.

Abfuhr von Spannungszuständen

Es gibt eine Anzahl von Theorien und eingehende Untersuchungen über das Phänomen des Lachens. Sie reichen von der einfachen Volksweisheit bis zu gelehrten philosophischen Abhandlungen. Teils wird das Lachen als eine biologische Notwendigkeit erklärt, überwiegend aber als ein psychisch bedingter Regulationsmechanismus zur Lösung und Abfuhr von Spannungszuständen. Tiere können bekanntlich nicht lachen. Ihrer Freude vermögen auch sie hörbar und sichtbar Ausdruck zu geben. Doch das Lachen ist eine Eigenheit des Menschen.

Wir kennen vielerlei Anlässe zu lachen. Das kann die Freude sein über ein angenehmes Erlebnis, über einen Witz oder eine komische Situation. Doch auch die Unlust, wenn wir selbst in eine komische Situation geraten oder uns ungeschickt benehmen, kann paradoxerweise ein Lachen auslösen. Schließlich kommt es auch vor, daß jemand vor Wut oder Zorn lacht. Dann allerdings wird sein Lachen immer etwas Aggressives oder Gequältes an sich haben. Und wir lachen nicht zuletzt auch aus Schadenfreude über das Mißgeschick anderer.

Lachen steckt an

»Lachen steckt an«, sagt der Volksmund. Damit erhält es die Funktion eines zwischenmenschlichen Kommunikationsmediums. Die Bedeutung einer Person, eines Gegenstandes oder eines gedanklichen Vorstellungsinhalts, darunter auch die von einer obrigkeitlichen Institution aufgezwungenen Ansichten, werden durch das Lachen in ihrem Wert und ihrer Wirkung verändert. Besonders wenn es darüber zu einem gemeinsamen Lachen von mehreren Personen oder gar größeren Bevölkerungsgruppen kommt. Die gemeinsame Vertrautheit mit den Gegenständen und Anlässen lösen spontane gemeinschaftliche Gefühlsreaktionen aus. Jeder Beteiligte wird in dieses gefühlsmäßige

Gemeinsamkeitsfeld einbezogen, ohne daß es langer verstandesmäßiger Überlegungen bedarf.

Damit unterliegen die Anlässe oder Sachverhalte, die ein gemeinschaftliches Lachen auslösen, natürlich nur einer rein gefühlsmäßigen Bewertung. Diese jedoch ist stärker als die Kritik des Verstandes und das Urteil der Vernunft. So ist das Lachen, ob in positiver Hinsicht oder negativ abwertend, zwar nicht immer stichhaltig, doch in jedem Falle wirkungsvoll. »Lachen tötet!«, heißt es im Volksmund. Diktatoren haben das zu allen Zeiten gewußt. Bekanntlich sind in diktatorischen Gesellschaftssystemen Witze, die sich mit der Person des Diktators oder den Funktionären des Systems befassen, verboten und werden als politische Verbrechen bestraft.

Lachen tötet!

Kluge Politiker dagegen sehen es nicht ungern, wenn Witze über sie kursieren. Ausgenommen bösartige Witze. Denn der Anlaß zum Lachen verringert die Distanz ihrer Person zur Bevölkerung und steigert ihre Beliebtheit. Das gilt für große Wissenschaftler und andere bedeutende Personen ebenso. Die Professoren einer Universität, über die unter den Studenten die meisten Witze und komischen Geschichten kursieren, sind in der Regel die Beliebtesten. Nichts haftet so sehr im Gedächtnis wie eine witzige Begebenheit.

Die soziale Bedeutung des Lachens

So gesehen, hat das Lachen auch eine soziale Bedeutung. Die gesamte Unterhaltungsindustrie baut weitgehend darauf auf – auf der Möglichkeit, die Zuschauer zu erheitern und zum Lachen zu bringen. Theater, Oper und Kino zeigen ja nicht nur Dramen und Tragödien. Denken wir auch an die ungeheure Verbreitung der »Comics« unter der Jugend. Es ist die spannungslösende und befreiende Wirkung des Lachens, das nicht nur Freude ausdrückt, sondern auch Freude erzeugt. In mehreren meiner Bücher zu psychologischen Themen, so auch in »Mensch und Psychologie«, bin ich auf die Zeitkrankheiten Nummer eins einge-

Paul und Peter denken froh:
»Alter Junge, bist du so??«
Keine Antwort geben sie,
Sondern machen bloß hihi!
Worauf er, der leise pfiff,
Wiederum das Wort ergriff.

Lachen und Lächeln nach Wilhelm Busch, »Plisch und Plum«.

gangen: Aggression und Depression. Das zeigt anders herum gesehen, was gegenwärtig weitgehend fehlt: Freude, echte Lebensfreude.

Lachen und weinen

Lachen stimmt heiter und froh. Mit Lachen lassen sich auch schwierige und unerfreuliche Situationen ertragen. Lachen ist die hilfreichste Medizin gegen Aggressionen und Depressionen. Menschen, die nicht lachen können, leiden an einem seelischen Defekt. Ebenso wie Menschen, die nicht weinen können. Es kommt aber vor, daß Menschen vor Schmerz erstarren. Das ist kein Zeichen von Gefühlskälte. Wenn ein Mensch anläßlich eines traurigen Vorfalls, beispielsweise beim Tod eines Angehörigen, plötzlich lacht,

Sauerbrot, der fröhlich lacht,
Hat sich einen Punsch gemacht.

Lachen und Lächeln nach Wilhelm Busch, »Abenteuer eines Junggesellen«.

so deutet dieses paradoxe Verhalten auf ein Umschlagen des Gefühls, weil die Trauer kaum noch erträglich ist.

Lachen als Ausdrucksbewegung

Von besonderem Interesse für die Menschenkenntnis jedoch ist es, *wie* eine Person lacht. Das Lachen ist ebenfalls eine körperliche Ausdrucksbewegung, in die nicht nur das Gesicht einbezogen wird, sondern auch Hände und Füße. Beispielsweise, wenn jemand vor Vergnügen in die Hände

»Ist fatal!« – bemerkte Schlich –
»Hehe! aber nicht für mich.«

Lachen und Lächeln nach Wilhelm Busch, »Plisch und Plum«.

klatscht oder mit den Beinen strampelt. Manchmal gerät sogar der gesamte Körper beim Lachen in Bewegung. Die Urgesten des Herauf und Herab kommen durch ein aufmunterndes oder herablassendes Lachen wiederum zum Vorschein wie die Gesten des Hinzu oder Hinweg durch ein verführerisches oder ein abweisendes Lächeln.

Urgesten im Lachen

Weiterhin unterscheidet sich das Lachen je nach Lautstärke, Tonhöhe und Klang der Stimme. Ein leichtes Kichern klingt anders als ein dröhnendes HaHaHa. Hier gilt, was wir bereits im Abschnitt V, Kapitel 4, über »Die Stimme und ihren Klang« ausführten.

Kennzeichen des Extravertierten, des seiner Umwelt und seinen Mitmenschen zugewandten Menschen, ist ein freies und offenes Lachen, auch ein sozusagen Aus-sich-heraus-Lachen. Der Introvertierte, der die Umwelt in seinem Innen erlebt, lacht auch gewissermaßen in sich hinein. Haben wir den Eindruck eines *gewollten* Lachens, so können wir auf eine Zweck-und-Nutzen-Orientiertheit des Lachers schließen. Er lacht aus Gefälligkeit, doch ohne persönliche Gefühlsbeteiligung.

Arten des Lachens

Ein *schallendes* Lachen, aus vollem Hals heraus, kennzeichnet Selbstsicherheit, aber auch Egozentrik und Unbekümmertheit gegenüber den Mitmenschen. In einem *gezierten* oder *verlegenen* Lachen verraten sich Unsicherheit, Befangenheit, Unselbständigkeit. Bei einem ironischen, spöttischen oder gar gehässigen Lachen können wir auf die entsprechenden Charaktereigenschaften schließen. Die Stimme erhält dann einen überheblichen, ja haßerfüllten Klang.

Im kichernden *»HiHi«*, auch im *Grinsen* schwingt die Schadenfreude mit. Im *»HoHo«*-Lachen finden Verblüffung und Erstaunen, unter Umständen auch das Bezweifeln einer vom Partner vorgetragenen Ansicht ihren Ausdruck. Hinter dem gruselnden *»HuHu«*, wie es so gern in den Märchen und ihrer modernen Variante, den »Grusel- und

Dämonen-Stories«, geschildert wird, verbergen sich Angst und Furcht vor dem Unbekannten und Unerwarteten.

Lächeln und Schmunzeln

Abwandlungen des Lachens sind das *Lächeln* und *Schmunzeln.* Auch diese leiseren und feineren Gefühlsausdrücke weisen eine beträchtliche Mannigfaltigkeit auf. Ein Lächeln kann vergnügt, aber auch herablassend sein. Das verführerische Lächeln von Frauen kann den Wunsch nach einer Beziehungsaufnahme, vielleicht nur einem momentanen Flirt, anzeigen. Es kann aber ebenso lediglich ein Ausdruck von Koketterie sein. Diese wird sich jedoch in der Regel durch den Eindruck des Einstudierten oder Gekünstelten verraten. Im Schmunzeln dagegen verrät sich *Humor.*

Humor und Lebensweisheit

Ein Mensch, der Humor besitzt, hat eine positive Lebenseinstellung. Er beweist Gelassenheit, Selbstsicherheit und Wohlwollen gegenüber seinen Angehörigen, Freunden und Berufspartnern. Darüber hinaus beweist ein humorvoller Mensch ein analytisch-kritisches Denkvermögen und vor allem die Fähigkeit zur Selbstkritik. Ein Mensch mit Humor kann auch über sich selbst lachen. Das ist ein Zeichen von Weisheit, von Lebensweisheit. Mit der Anhäufung und Speicherung von erlerntem Wissen hat diese nichts zu tun. In der Regel jedoch verfügten und verfügen alle wahrhaft bedeutenden Gelehrten und Wissenschaftler über ein hohes Maß an Humor.

Humor in der Politik

Bedauerlicherweise ist Humor eine Eigenschaft, die weitaus seltener vorkommt, als wünschenswert wäre. Politiker, hohe Militärs und Volksführer, die das Schicksal der Menschheit bestimmen, sind nur zu oft humorlose Menschen. Das um so mehr, je autoritärer sie sich verhalten. Doch Weisheit und Machtstreben schließen einander fatalerweise aus.

Um ein Beispiel aus meinem eigenen Wissenschaftsgebiet zu bieten: C. G. Jung, der Begründer der Analytischen Psychologie, war eine überaus humorvolle Persönlichkeit.

Humor und Toleranz

Er behielt diese Eigenschaft bis an sein Lebensende. Das trug ihm, neben seiner überragenden Geistigkeit, die Wertschätzung der bedeutendsten Gelehrten und Wissenschaftler unserer Zeit ein, die sich alljährlich in dem von ihm gegründeten Eranos-Kreis versammelten. Er schätzte es, wenn seine Mitarbeiter und Schüler über seine Erkenntnisse hinaus eigene weiterführende Gedanken und Theorien entwickelten. Ebenso paßte er seine Lehre stets den neuesten Erkenntnissen der mit ihm befreundeten Naturforscher und Gelehrten anderer Wissenschaftsgebiete an.

Freuds Humorlosigkeit

Sigmund FREUD dagegen, der Begründer der Psychoanalyse, verfügte über keinen sonderlichen Humor. Er war autoritär, erhob seine Ansichten zu Dogmen und lehnte fruchtbare neue wissenschaftliche Ideen bei seinen Mitarbeitern und Schülern ab. So trennten sich auch seine bedeutendsten Schüler nach kürzerer oder längerer Zeit von ihm. In ihrer Kritik bemängelten sie außer seinen Autoritätsansprüchen und seiner Einseitigkeit eben auch seine Humorlosigkeit. Freude und Glück bedeuteten FREUD nichts. Ein gewisser Pessimismus in seinen Schriften ist unverkennbar. Mag sein, daß sein ausgesprochener Atheismus dazu beitrug. Die Religion war für ihn ein System von Wunschillusionen mit den Zügen einer kollektiven Zwangsneurose, so zu lesen in der Schrift »Die Zukunft einer Illusion«. Nach seiner Ansicht ist der Mensch für das Glück nicht geschaffen. Er litt allerdings zu dieser Zeit bereits an einem inoperablen Kieferkrebs, an dem er auch 1939 starb.

Wohlgemerkt, die wissenschaftlichen Leistungen von FREUD bleiben unbestritten. Es sollen mit dieser Darstellung nur die Begleiterscheinungen seiner Humorlosigkeit aufgezeigt werden.

Die Feststellung, ob ein Mensch Humor besitzt, trägt jedoch nach den vorhergehenden Ausführungen wesentlich zu einer Kenntnis seines Wesens wie auch zu einer Prognose seines zukünftigen Verhaltens bei. Fragen Sie einen Menschen, an dessen Freundschaft Ihnen gelegen ist oder mit dem sich vielleicht eine Liebesbeziehung anbahnt, nach seiner Einstellung zu den humorvollen Bildgeschichten von Wilhelm BUSCH. Falls er diese nicht kennen sollte, so schenken Sie ihm ein Buch dieses unvergleichlichen Humoristen. Sein »Humoristischer Hausschatz« ist in fast allen Buchhandlungen erhältlich. Auch kleinere Ausgaben mit Auszügen daraus, beispielsweise »Die fromme Helene«, sind empfehlenswert. Sie verschaffen sich damit eine hervorragende Testmöglichkeit.

Wilhelm Busch und der Humor

Wir sind so ausführlich auf das Thema Humor eingegangen, weil es sich dabei um eine besonders erfreuliche und positiv zu bewertende Eigenschaft handelt. Und noch etwas: Der Humor eines Menschen kann durch widrige Umstände verschüttet sein. Doch er läßt sich wieder wecken.

Wir fassen zusammen:

Ein Informationsmittel besonderer Art ist der Witz. Er entsteht durch den Vergleich von Situationen mit ähnlichen, doch zu anderen Bereichen gehörenden Umständen. Er beruht auf treffsicherer Beobachtung (Mutterwitz) und knapper Formulierung. Zur Menschenkenntnis trägt der Witz bei durch die Reaktion der Zuhörer. Die Psychologie unterscheidet nach FREUD zwischen dem obszönen, dem feindseligen, dem zynisch-kritischen und dem skeptischen Witz. Symbolisch betrachtet, deckt der Witz kollektiv-psychische Verhaltensmuster und Trends der öffentlichen Meinung auf.

Die häufigste Reaktion auf einen Witz ist das Lachen. Ihm kommt eine Spannungen lösende und Gefühlsstauungen abbauende Wirkung zu. Das Lachen ist ebenfalls eine körperliche Ausdrucksbewegung und gehört zur Körpersprache. Beachtenswert sind der Anlaß zum Lachen, Freude, Vergnügen, Wut, Zorn oder Angst, und die Art des Lachens oder Lächelns. Durch seine von Spannungen befreiende wie durch seine eine gemeinschaftliche Gefühlsbeziehung zwischen mehreren Personen herstellende Wirkung kommt dem Lachen auch eine soziale Bedeutung zu.

Am Lachen oder Schmunzeln ist erkennbar, ob eine Person Humor besitzt. Diese überaus positive, doch leider zu seltene Eigenschaft zeugt für Selbstsicherheit, kritisches Denkvermögen und Selbstkritik. Echter Humor ist ein Kennzeichen für Weisheit. Ob ein Mensch Humor besitzt, läßt sich testen. Humor kann zwar verschüttet sein, doch er läßt sich wecken.

VII. Kleidung, Umgebung und Statussymbole

1. Vom Symbolwert der Kleidung

Der Bibel zufolge entstand die Kleidung durch die Ursünde von Adam und Eva. Als sie die verbotene Frucht vom Baum der Erkenntnis gekostet hatten, erkannten sie, daß sie nackt waren. Sie wurden sich ihrer Geschlechtlichkeit bewußt. So verloren sie ihre paradiesische Unschuld, sagen wir, ihre animalische Unbewußtheit. Sie bekleideten ihre Scham mit einem Feigenblatt, wie alle Darstellungen von der Vertreibung aus dem Paradies es zeigen. Demnach wäre die Kleidung die Folge einer sexuellen Verdrängungstendenz.

Und sie bekleideten ihre Scham . . .

Die Fellkleidung unserer steinzeitlichen Vorfahren in Europa dürfte eher im Schutz vor der Witterung ihren Ursprung haben. Insofern hat die Kleidung die Bedeutung eines Schutzsymbols. Doch selten leben primitive Völker, auch nicht in heißen Klimazonen, in völliger Nacktheit. Selbst wo das der Fall ist, wie zum Beispiel bei den Indianern des Amazonasgebietes oder bei den Eingeborenen auf den pazifischen Inseln, wird ein, wenn auch noch so kleiner Lendenschurz getragen. Er kennzeichnet die Tabuierung der Sexualität.

Tabuierung der Sexualität

Im Verlauf der Zeit wurde die Kleidung vollständiger und umfangreicher. Sie wurde kostbarer und diente auch als Schmuck. Bestimmte Kleidungsstücke waren den Herrschern, Priestern und hohen Beamten vorbehalten. Durch derartige Bekleidungsvorschriften erhielt die Kleidung die Bedeutung eines Herrschafts- und Machtsymbols. Es heißt ja: »Kleider machen Leute.« Das Sprichwort will jedoch besagen, daß Kleider über das wahre Wesen und die Eigenschaften einer Person hinwegtäuschen können.

Bekleidung als Machtsymbol

Wesentlich ist die Wahl und die Art der Kleidung. Diese hängt von der Person ab, auch wenn die Auswahl von der Geschicklichkeit eines Verkäufers beeinflußt wird. Die Kleidung ist ein Kennzeichen der Persönlichkeit. Sie wird unbewußt durch die Persona bestimmt, wenn Sie sich an unser eingangs geschildertes Persönlichkeitsmodell erinnern. Gewiß unterliegt die Kleidung auch kulturellen Einflüssen, wie besonders die Veränderung der Bekleidung im Verlauf der Jahrhunderte lehrt. Doch dieser kulturgeschichtliche Wandel ist vorwiegend für den Historiker und den kulturhistorisch forschenden Psychologen von Interesse. Das letztere gilt auch für die Volkstrachten, die in ihrem Aussehen beständiger sind und volkstypische Traditionen bewahren.

Kennzeichnend für unser Jahrhundert ist der rasche Wechsel der Kleidermode. Dieser Wechsel wird durch die Modeschöpfer bestimmt. Nicht zuletzt im Interesse der Bekleidungsindustrie, deren Produktion in Gang bleiben muß. In diesen Modetrends spiegeln sich stets auch die vorherrschenden Verhaltensmuster des Kollektiven Unbewußten der Gesellschaft wider, und dessen archetypische Symbolik dringt in dieses Spiegelbild mit ein.

Modetrends und Verhaltensmuster

Doch abgesehen von den modischen Trends der Kleidung: Diese lassen lediglich Rückschlüsse auf die Persönlichkeit zu bei strikter Befolgung der jeweils neuesten Modeerscheinungen und bei Übertreibungen. Wer stets die neuesten Modegags mitmacht, beweist damit sowohl Geltungssucht wie auch seine Abhängigkeit von der allgemeinen oder öffentlichen Meinung. Die Abhängigkeit erzeugt

»Vom Wert der Kleidung« in einem deutschen Zeitungsinserat aus dem Jahre 1939.

ein Minderwertigkeitsgefühl, das durch die Geltungssucht kompensiert wird.

Beachtenswerter ist es, welchen Wert eine Person ihrer Kleidung beimißt und welchen Eindruck sie damit erweckt. Die Sorgfalt oder Nachlässigkeit einer Person zeigt sich darin, ob sie sorgfältig auf den Zustand ihrer Kleidungsgegenstände achtet oder diese vernachlässigt. Über Geschmack läßt sich bekanntlich streiten, doch verraten eine harmonische Zusammenstellung der Kleidung und das Achten auf zueinander passende Farben ein gutes Empfindungsvermögen und Sinn für Harmonie. Entsprechend wird auch das Verhalten gegenüber den Menschen sein. Kleider sind nicht nur Äußerlichkeiten, sondern immer zugleich auch der Ausdruck des seelischen *Innen* ihres Trägers. An der Wahl, der Zusammenstellung und dem Zustand der Bekleidung läßt sich daher auch sein Sinn für Geschmack, Gefühl, Phantasie und Geist ablesen.

Sinn für Harmonie

Früher unterschieden sich die Männer einer gehobenen Gesellschaftsschicht von der Masse durch den Maßanzug vom Schneider. Inzwischen hat sich die Konfektion so vervollkommnet, daß dieser Unterschied kaum noch erkennbar ist. Auch gutsituierte Männer tragen heute Konfektionsanzüge. Von der Stoffqualität, dem Schnitt und der Verarbeitung des Anzugs her gesehen, läßt sich nur noch schwer feststellen, ob es sich bei dem Träger um einen Angestellten handelt, einen gut verdienenden Facharbeiter oder gar um den Direktor von dessen Betrieb.

Gewitzte Geschäftsleute und ebenso erfahrene Hotelportiers pflegen bei der Einschätzung der Zahlungsfähigkeit eines Käufers oder Gastes dem Betreffenden daher auf die Schuhe zu sehen. Hochstapler, die durch besonders elegante Kleidung den Eindruck finanzieller Wohlhabenheit erwecken wollen, vergessen häufig, ihre Schuhe der Kleidung anzupassen. Vermutlich in der unbewußten Annahme, die Schuhe sähe man nicht.

»Die Schuhe sieht man nicht«

Mag die Wahl der Kleidung von Modetrends wie von der Geschicklichkeit der Verkäufer abhängen, die Auswahl der Kleidungsstücke je nach Anlaß und Gelegenheit trifft der Träger selbst. Der angebliche Opern- oder Theaterfan, der in der Oper oder zu einer Theaterpremiere im karierten Anzug oder in Jeans und Pulli erscheint, beweist damit vor allem Rücksichtslosigkeit gegenüber seinen Mitmenschen. Denn zu einem festlichen Anlaß gehört auch eine entsprechende Kleidung. Bei jüngeren Leuten mag sich in derartiger Kleidung auch eine gewisse Protesthaltung äußern. Doch Protest wogegen? Doch nicht gegen gesellschaftliche Zwänge? Die durch unpassende Kleidung hervorgerufene Disharmonie richtet sich ja im Grunde gegen die Freude und die festliche Gestimmtheit der übrigen Besucher. Und eine solche Gleichgültigkeit gegenüber den Mitmenschen ist in jedem Fall ein bedenkliches Zeichen.

Kleidung und Mitmenschlichkeit

Gewiß ist vieles in unserer Welt unerfreulich und unschön. Doch Häßlichkeit läßt sich nur durch die Hinwendung zum Schönen bekämpfen. Das gilt auch für die Kleidung. Sie wirkt ja auf ihren Träger zurück. Ein gepflegt und passend gekleideter Mensch wird selten aggressiv sein. Das Selbstgefühl, das ihm seine Kleidung verleiht, wird sich auch in seiner Anpassung und in seinem Mitempfinden für seine Mitmenschen äußern.

Die Kleidung wirkt auf den Träger zurück

2. Schmuck und Maske

Seit Urzeiten diente die Kleidung nicht nur einem ursprünglichen Zweck als Schutz vor den Unbilden der Natur, wie Kälte, Hitze, Regen u. a. m., und vor dem Durchbrechen sexueller Tabus, sondern ebenso vermutlich dazu, ihren Träger zu schmücken. Das gilt im gewissen

Sinne auch für den frühzeitig entstandenen Gebrauch der Kleidung als Standesauszeichnung für Herrscher, Priester und sonstige Personen von Rang. Durch ihre Kleidung hoben sich diese Persönlichkeiten von der übrigen Bevölkerung ab und schmückten sich mit besonderen Kennzeichen für Rang und Würden. In der Regel wurde diese Standesbekleidung aus möglichst kostbarem Material hergestellt und oft sehr kunstreich gestaltet.

Berufliche Standeskleidung

Eine derartige Standeskleidung hat sich bei einer Reihe von Berufen bis in unsere Zeit erhalten. Nur daß diese heute kaum noch als Schmuck dient. Selbst beim Militär sind die Rangabzeichen auf Sterne und Winkel reduziert. Die früher übliche Farbenpracht der Uniformen ist einem einheitlichen Grau oder Olivbraun gewichen. Lediglich in den Amtsketten der Bürgermeister und Universitätsrektoren hat sich der Schmuckcharakter erhalten. Doch werden diese nur noch bei seltenen Anlässen getragen. Die besondere Kostbarkeit der Standeskleidung findet sich teilweise noch beim Ornat der hohen kirchlichen Würdenträger und selbstverständlich im Krönungsornat der wenigen verbliebenen Monarchen unserer Zeit.

Die gegenwärtige Herrenmode ist weitgehend einheitlich und damit gewissermaßen uniform. Jedenfalls im Einflußbereich der westlichen Zivilisation. Doch trotz dieser Einheitlichkeit drückt sich in der Kleidung des Mannes regelmäßig eine persönliche Note aus, die Rückschlüsse auf seinen Charakter zuläßt. Das sind oft nur Kleinigkeiten, die in ihrer Abweichung vom Üblichen die Betonung der Individualität erkennen lassen. Beispielsweise Kragenform, Sakkolänge, durchgeknöpfte Ärmelknöpfe oder Hosenaufschläge, die bei einem Konfektionsanzug alle eine zusätzliche Schneiderarbeit erfordern.

Auf Kleinigkeiten achten

Für sein Schmuckbedürfnis bleiben dem Mann die Krawatte, Schals, das Ziertaschentuch, der Gürtel, die Blume im Knopfloch. Beachtenswert sind darüber hinaus die

Schmuckgegenstände, die getragen werden: Ringe, Armbänder, Armbanduhr und eventuell die goldene Kette um den Hals. Durch den blitzenden Brillantring am Finger verrät sich der Neureiche und kennzeichnet seinen schlechten Geschmack. Ein Herr trägt – außer dem Ehering – allenfalls einen Wappenring. Auch protzige goldene Armbänder lassen auf Geltungssucht schließen.

Frauenmode und Schmuck

Die Frauenmode trägt nach wie vor den Charakter des Schmucks. Eine Frau macht sich schön, um zu gefallen, aufzufallen, anziehend zu wirken. Das bezieht sich natürlich – bewußt oder unbewußt – auch auf die erotische Anziehung, die Werbung um den Mann. Gewiß versuchen auch Männer durch die Kleidung Eindruck auf Frauen zu machen. Gute Ehemänner berücksichtigen dabei die Wünsche ihrer Frau, um ihr zu gefallen. Doch in der weiblichen Bekleidung tritt das Element der erotischen Anziehung, des Verführerischen und Lockenden, stärker hervor. Die Modezeitschriften und Werbeinserate für weibliche Kleidung und Wäsche bieten einen entsprechenden Anschauungsunterricht.

Selbst bei der in den letzten Jahren beliebten Uni-Kleidung von Jeans und Pullis wird eine Frau nur selten darauf verzichten, durch gewisse Abänderungen ihre Körperformen zur Geltung zu bringen. Bei einer streng männlich geschnittenen Kleidung unter Verzicht auf erotisch wirksame Details können wir eine – oft unbewußte – lesbische Neigung vermuten. Es kann sich aber darin auch lediglich eine unspezifische Abwehrhaltung gegenüber jeder Sexualität andeuten.

Maskierung und Verhüllung

Mit ihrer Vielfältigkeit bietet die weibliche Mode eine Fülle von erotischen Wirkungsmöglichkeiten; auch die der Maskierung durch gezielte Verhüllungen, wie im gegensätzlichen Fall die der Demaskierung. Hinzu kommt die Vielfalt der Farbgebung. Auf die Bedeutung der Farben werden wir jedoch noch gesondert eingehen.

Für unser Thema von Interesse ist nicht zuletzt die Bevorzugung bestimmter Kleidungsgegenstände wie ungewöhnlichen Materials. Darin kann eine Tendenz zum Fetischismus ihren Ausdruck finden. Der Fetischismus gehört zur Problematik der Neurosen. Ein Fetisch, der in der Religion primitiver Völker eine besondere Rolle spielt, ist ein Objekt von magischer Kraft. Der Fetisch besitzt eine besonders auf das Unbewußte wirkende Anziehungskraft; ebenso strahlt er Wirkungskräfte aus – für den, der an den Fetisch glaubt.

Die Kraft des Fetischs

Zum Fetischismus gehört die Bevorzugung von Lederbekleidung, der Schuhe, der Hüte und bestimmter Wäschestücke. Die besondere Betonung des Busens, der Beine, der Haartracht und auffallende Frisuren zählen ebenfalls dazu. Der Fetischismus ist insofern bedenklich, weil der Fetisch als Teil das Ganze ersetzen soll. Der Fetisch hat für den Fetischisten die Bedeutung eines erotischen Reizauslösers. Ohne ihn bleibt der Fetischist impotent beziehungsweise fridige. Zu einer ganzheitlichen, körperlichen und seelischen Liebesbeziehung ist ein Fetischist nicht fähig.

Ein Fall aus der Praxis

Als Beispiel sei hierfür ein Fall aus der psychotherapeutischen Praxis erwähnt, der Fall eines Hutfetischisten. Der Betreffende berichtete von seinem Faible für Hüte. Seine Frau besaß eine Sammlung von fast hundert Hüten, die er durch immer neue und möglichst exzentrische Modelle vermehrte. Als er seine Frau kennenlernte, trug sie einen großen Florentinerhut, ein italienisches Modell, reich mit Blüten und kleinen Früchten verziert. Vor ihrem ersten intimen Zusammensein trug sie ebenfalls diesen Hut und paradierte unbekleidet mit dem Hut auf dem Kopf vor ihm auf und ab.

Als er einmal abends – ermüdet vom Beruf – der zur Gewohnheit gewordenen Hutparade nicht genügend Aufmerksamkeit schenkte, warf seine Frau wütend den Hut fort. Doch anschließend erwies er sich als impotent. Das nützte seine Frau aus. Sie begann sich ihm zu verweigern. Seine Gattin war ein ehemaliges Fotomodell, deren Weiblichkeit sich im Schön- und Sexy-Sein erschöpfte. Durch immer neue Hutgeschenke versuchte er ihr, symbolisch mehr Weiblichkeit zu verleihen. Doch das gelang nicht. Denn auch er war unfähig zu einer echten Gefühlsbeziehung. Er war zu sehr auf den Hut als Fetisch von erotischer Anziehungskraft fixiert. Ohne diesen Fetisch, quasi als Brücke zum Weiblichen, blieb er impotent. Als Ursache stellte sich später eine überstarke Mutterbindung heraus.

Bei der Bevorzugung von Lederbekleidung zeigen sich fast immer gleichzeitig die Symptome und Verhaltensweisen des Sado-Masochismus. War früher der Ledermantel das äußere Kennzeichen des Gestapo-Mannes, so ist gegenwärtig die Lederbekleidung das Merkmal der *Rocker*, der *Hell's Angels* in den USA und sonstiger aggressiver Gruppen. Wohlgemerkt, nicht jeder modische Ledermantel oder jede Lederweste sind ein Zeichen für einen Fetischismus mit sado-masochistischer Tendenz. Aber die von Kopf bis Fuß in Leder gehüllte Rockerbraut oder die Dame, die selbst am Abend nicht auf Lederrock, Kleid und Mantel aus glattem Leder verzichtet, sind ein Beweis dafür.

Sado-Masochismus

Im Hang zur Verkleidung kann sich ebenfalls eine fetischistische Tendenz anzeigen. Die Fachbezeichnung dafür lautet *Transvestitismus* (von lateinisch *vestis* = das Kleid und *trans* = über). In der Regel wird unter Transvestitismus das Tragen weiblicher Kleidung durch Männer verstanden. Das Tragen männlicher Kleidung bei Frauen, wie es häufig bei Lesbierinnen zu beobachten ist, gilt kaum als anomal. Es wird darin mehr eine Angleichung an den Mann im Zuge der Emanzipation und eine Betonung der Gleichberechtigung gesehen.

Transvestitismus

Mit einer Vermännlichung der Frau oder Verweiblichung des Mannes haben derartige Verkleidungstendenzen jedoch wenig zu tun. Ein Transvestit muß nicht homosexuell sein.

W. S. Schlegel sieht, wie in seinem »Lexikon der Sexualität« ausgeführt, im Transvestitismus mehr den Ausdruck eines *Exhibitionsinstinkts.* Das trifft durchaus zu. Denn die Betreffenden wollen ja durch die Verkleidung Aufmerksamkeit erregen und eine bestimmte Einstellung zur Sexualität zum Ausdruck bringen.

Die üblich gewordene Maskierung im Karneval hat ihren Ursprung in den antiken Dionysosfesten. Bei diesen Kultfeiern kam es zu konkreten Orgien. Was hier erlebt wurde, war die Rauschhaftigkeit der Sexualität. Doch die ungehinderte erotische Betätigung, die beim kultischen Fest erlaubt war, war im Alltag streng verboten. Es muß erwähnt werden, daß derartige Orgien in einer früheren matriarchalischen Gesellschaftsstruktur ihre Erklärung finden. Sie hatten sicher auch biologische Gründe. Die kultische Freizügigkeit hatte jedoch nichts mit dem in den letzten beiden Jahrzehnten aufgekommenen Partnertausch und Gruppensex zu tun.

Kultische Feste

In den Zeiten der klassischen Antike und noch davor war es der Sinn der kultischen Orgie, die Sexualität als eine göttliche Kraft zu erfahren. Das Ziel war nicht die Technisierung der Sexualität, sondern die Vergeistigung der Erotik auf die Stufe der menschlichen Beziehung in der Liebe.

Ihre Fortsetzung fanden diese Kultfeste in den mittelalterlichen Karnevalsfeiern. Dort waren sie ein Ventil für die allzu starke Unterdrückung der körperlichen Liebe durch die christliche Religion. Inzwischen ist der Karneval völlig verweltlicht, und seine ursprüngliche Bedeutung ist verlorengegangen. Dennoch ist es aufschlußreich, welche Verkleidung eine Person bei einem Maskenfest wählt. Es zeigen sich darin unbewußte Wunschvorstellungen und Protesthaltungen. Obwohl weitgehend gesellschaftliche Konventionen und modische Trends die Maskenwahl mitbeeinflussen.

Masken und Wünsche

Das gilt auch für den Protest der Jugend, soweit er sich in

der Punk-Mode einen Ausdruck verschafft. Die schockierende Mode der *Punks,* was im Englischen soviel wie *Müll* heißt, entstand in den englischen Industriestädten. In der mit Flicken verzierten und zerschlissenen Kleidung, der grotesken Gesichtsbemalung, im außergewöhnlichen Haarschnitt und in der ungewöhnlichen Färbung der Haare, den Sicherheitsnadeln im Ohrläppchen und sonstigen Attributen drückt sich eine beabsichtigte Schockwirkung auf die mitmenschliche Umwelt aus.

Kleidung als Protest

Diese Schockwirkung richtet sich gegen gesellschaftliche Feindbilder der Jugend, gegen Spießertum, Verlogenheit politischer Machthaber, Jugendarbeitslosigkeit und allgemeine Zukunftsängste und Weltuntergangsprognosen. Durch das groteske Aussehen soll die groteske Gegenwartssituation – industrielle Überproduktion, die für die gesamte Menschheit ausreichte, einerseits, Arbeitslosigkeit und nicht endende Kriege bei steigender atomarer Vernichtungsgefahr andererseits – auf die menschliche Person gelenkt werden. Schließlich sind wir Menschen ja, einem Wort von C. G. JUNG zufolge, nicht nur die Erleider, sondern auch die Macher unserer Zeit.

Die meisten Punks werden sich dessen allerdings kaum bewußt sein. Sie folgen einer modischen Richtung, die inzwischen jede Frauen- und Jugendzeitschrift eingehend beschreibt und auf die sich die Inhaber modischer Boutiquen und Frisiersalons längst eingestellt haben.

Zu den modischen Attributen der Punk-Kleidung gehören auch die *Protest-Plaketten* und bebilderten oder beschrifteten Knöpfe. Diese Sitte hat jedoch über die Punks hinaus in der jüngeren Generation weit um sich gegriffen. Wie Orden werden diese Badges getragen. Mit ihren Bildern und Aufschriften läßt sich gegen alles und jedes protestieren. Die politische Einstellung läßt sich demonstrieren, doch ebenso die Vorliebe für frühere Massenidole, wie Marilyn Monroe oder James Dean. Die Plaketten sind meist

Protest-Plaketten

recht witzig und verraten oft auch einen hintergründigen, ja schwarzen Humor.

Die Beliebtheit der Badges und ihr geringer Preis haben zu einer massenhaften Verbreitung geführt. Sie haben einen eigenen Industriezweig entstehen lassen und sind ein preiswerter Schmuck und ein Identifikationsabzeichen zugleich. Ihre Bedeutung besteht ja darin, daß sie Einstellungen und Wertvorstellungen ihrer Träger signalisieren und diese für Gleichgesinnte kenntlich machen. Politmanager und sonstige Werbeunternehmer werten diese Signalbedeutung in zunehmendem Umfang aus.

3. Vom Testwert der Wohnung und persönlichen Umgebung

Einen umfassenderen Einblick in das Wesen eines Menschen, als es die Kleidung vermag, vermittelt der Besuch in seiner Wohnung. Preisklasse, Art und Stil der Einrichtung unterliegen natürlich auch den Einflüssen der Reklame und den Einschränkungen der industriellen Massenproduktion. Kaum jemand kann sich heute noch nach eigenen Angaben vom Tischler gefertigte Möbel leisten, wie es zur Zeit unserer Großeltern üblich war. Doch die einzelnen Gegenstände, ihre individuelle Anordnung, der Zustand der Bewohntheit, die erkennbare Atmosphäre der Wohnung verraten mehr über Bedürfnisse, Vorlieben und Lebensgewohnheiten des Bewohners, als die äußere Erscheinung durch die Kleidung erkennen läßt.

Die Atmosphäre einer Wohnung

Die Ordnung ist dabei kein unbedingtes Merkmal. Bei geistig tätigen Personen verrät die Art der Unordnung oft mehr. Ein wichtiges Kennzeichen ist das Mißverhältnis zwischen Erzählungen und den Tatsachen. Der Student, der einem Mädchen phantasievoll seine Zukunft als Wissenschaftler ausmalt und kaum ein eigenes Buch besitzt, ist wenig glaubwürdig. Die im verschlossenen Bücherschrank aufgereihten Bände, deren Zustand erkennen läßt, daß sie kaum gelesen werden, spiegelt geistige Interessen lediglich vor. Ein Blick auf die Titel wird die Abhängigkeit vom gängigen Zeitgeschmack wie die Wirkung von Verlagswerbung und Buchbesprechungen in Zeitschriften und Zeitungen verraten.

Ein Blick auf den Bücherschrank

Ebenso wenig glaubhaft ist der angebliche Kunstliebhaber mit dem Allerweltsölbild aus dem Warenhaus an der Wand. Über die Liebe zur Kunst und das Kunstverständnis besagen ein Farbdruck, aus einer Zeitschrift ausgeschnitten, oder ein hübsches Poster viel mehr. Das gilt auch für die Einrichtung mit antiken Möbeln und Gegenständen, und seien diese aus der Gründer- oder Omazeit. Zwar wird die Einrichtung mit Antiquitäten durch Wohnungs- und Frauenzeitschriften gefördert, doch wesentlich sind die Auswahl und Anordnung dieser Gegenstände. Deren Reiz besteht vorwiegend in der handwerklichen Anfertigung und der Freude an noch individueller handwerklicher Kunstfertigkeit. Die Einrichtung mit Kopien antiker Möbel dagegen, wie sie vorwiegend die italienische Möbelindustrie liefert, zeugt eher für ein mangelndes Kunstverständnis verbunden mit einem Nachahmungsbedürfnis. Dieses kann auf einem Geltungsdrang beruhen.

Antiquitäten

Antike Einrichtungsgegenstände lassen sich gut mit modernen Möbeln kombinieren. Wer Antiquitäten besitzt, beweist nicht nur seine Liebe zur handwerklichen Kunst, sondern auch einen praktischen Erwerbssinn. Denn Antiquitäten sind bekanntlich eine gute Kapitalanlage. Sie sind nicht vermehrbar, behalten ihren Wert und steigen unter Umständen im Preis. Doch wichtig ist es, ob die Dinge miteinander harmonieren. Eine Wohnung sollte eine gemütliche Atmosphäre ausstrahlen. Entsprechend läßt sich auch auf Harmonie zwischen den Partnern und Zugewandtheit zu ihren Mitmenschen schließen.

Die Wohnung soll aber vor allem auch den Eindruck der Bewohntheit machen. Blitzsaubere Zimmer, in denen man sozusagen vom Fußboden essen kann, sind zwar der Stolz mancher Hausfrau; doch beweist sie damit zugleich Egozentrik und mangelndes Familiengefühl, ja eventuell sogar ein neurotisches Zwangsverhalten. Denn wer wagt es schon, in einer solchen Wohnung auch wirklich zu wohnen. Hinter einem derartigen Sauberkeitswahn verbergen sich nur zu oft unschöne Ansichten und häßliche Gedanken.

Sauberkeit und Zwangsverhalten

Farben im Wohnbereich

Aussagekräftig ist aber auch die Farbenwahl. Zur Zeit unserer Großeltern und Urgroßeltern, vor dem ersten Krieg, als die Menschen von konventionellen Zwängen beherrscht wurden, waren die Wohnungen dunkel und düster. Schwarze Eichenmöbel galten als repräsentativ. Heute aber können wir folgende Grundregeln festhalten: Eine lichte Wohnung in hellen Farben zeugt für die Aufgeschlossenheit und Umweltbezogenheit ihrer Bewohner. Dunkle, speziell violette Wände lassen dagegen auf Depressionen schließen. Herrschen Rot- und Orangetöne vor, werden die Wohnungsinhaber aktiv, tatkräftig und unter Umständen auch impulsiv sein. Grüntöne wieder deuten auf Hoffnungsfreudigkeit, Zukunftserwartungen und Aufgeschlossenheit, Blautöne auf Bevorzugung geistiger Interessen hin. Eine völlig in Weiß gehaltene Einrichtung zeugt für Isoliertheit und Sterilität. Weiß ist ja im Grunde eine Nicht-Farbe, im Fernen Osten ist es die Farbe der Trauer. Nicht umsonst waren früher die Jungmädchenzimmer vornehmlich in Weiß gehalten.

Wenn wir auch den Sauberkeitswahn kritisieren, so sollte eine Wohnung natürlich aufgeräumt sein und einen gepflegten Eindruck vermitteln. Eine ständig unaufgeräumte und vernachlässigte Wohnung verrät mangelnde Eigenliebe und damit auch die Unfähigkeit, andere zu lieben. Gerade ein Blick in das Badezimmer kann hier sehr aufschlußreich sein.

Wo steht der Fernseher?

Weiterhin aufschlußreich sind das Fernsehgerät und dessen Platz im Wohnzimmer oder bevorzugten Aufenthaltsraum. Es läßt sich mit einem Blick feststellen, ob es gelegentlich oder ständig benutzt wird. Oft bildet es den Mittelpunkt der gewohnten Sitzecke, ja manchmal ist es sogar tagsüber eingeschaltet. Über den Wert oder Unwert des beständigen Fernsehens, besonders bei Kindern, ist viel diskutiert und hinreichend publiziert worden. Daß Auffassungen und Meinungen durch die Fernsehprogramme beeinflußt werden, bedarf keiner weiteren Erwähnung. Doch Personen, die ohne das tägliche Fernsehen nicht auskommen, werden ebenso vorwiegend durch das Unbewußte »programmiert« oder manipuliert. Es sind Menschen, die gelebt werden und ihr Leben nur selten persönlich gestalten. Daß das Fernsehen für viele einsame und ältere Menschen in einer beziehungslosen Umwelt häufig den einzigen Kontakt zur Außenwelt darstellt, bleibt dabei unbestritten.

Wohnung als Statussymbol

Ebenso beachtenswert wird die Lage der Wohnung sein. Ob diese sich in einer bevorzugten Gegend befindet, einem Prominenten- oder Künstlerviertel, ist von Interesse. Eine verkehrsgünstige Lage aus beruflichen Gründen ist dabei zu berücksichtigen. Die Wahl einer Altbauwohnung oder einer Wohnung in einem Neubauviertel läßt ebenfalls Rückschlüsse auf die Einstellung der Bewohner zu. Das Eigenheim ist nur noch bedingt ein Statussymbol. Kennzeichnend sind die Art der Gestaltung, der Schmuck der Fassade und die Anlage des Gartens. Ein Garten kann schöne Rasenflächen enthalten, umrahmt von Blumenbeeten. Er kann ein reiner Obst- und Gemüsegarten sein, worin sich ein Zweck- und Nutzdenken verrät.

Die Wohnung, die Einrichtung, die häusliche Umgebung und mit ihr alle Dinge des persönlichen Besitzes sind einmal

*Zweck*gegenstände, doch anderseits *Ausdrucks*objekte, in denen sich Persönlichkeitszüge und charakteristische Eigenschaften widerspiegeln.

Das Auto: Zweckgegenstand und Ausdrucksobjekt

Auch die Wahl des Autos kann auf Zweckmäßigkeitsgründen beruhen. Der Wagen kann in seiner Art und je nach Fabrikmarke ein Statussymbol sein, das der finanziellen und allgemeinen Potenz seines Besitzers Geltung verschaffen soll. Besonderer Beliebtheit erfreut sich der Wagen mit dem „guten Stern auf allen Straßen", der Mercedes. Durch seine hohe Qualität bei entsprechend hohem Preis war er vor dem Krieg nur für eine beschränkte Zahl von Personen erschwinglich. So wurde er nach dem Krieg im Wirtschaftswunderdeutschland zu einem begehrten Prestigesymbol in weitesten Kreisen der Bevölkerung.

Zu den Potenzsymbolen und Prestigeobjekten zählen darüber hinaus die Sportwagen und die in neuerer Zeit beliebten Geländewagen. Kraftwagen also, die nicht der üblichen Zweckmäßigkeit als Transportmittel dienen. Das Streben nach Individualität und persönlicher Freiheit sind hierbei gewiß ein zusätzliches Motiv.

Haustier und Symbol

Zur persönlichsten Umgebung eines Menschen gehören auch die *Haustiere.* In früheren Zeiten war das Haustier ein Nutztier des Menschen. Diese Funktion ist heute weitgehend verlorengegangen. Nur in landwirtschaftlichen Betrieben ist sie erhalten geblieben. Den Haustieren unserer Zeit kommt bereits eine gewisse Symbolbedeutung zu. Besonders wenn sie in den Großstädten gehalten werden, identifizieren sich ihre Besitzer häufig mit ihnen. Das heißt, sie projizieren ihre unausgelebten und verdrängten Gefühle auf ihre Lieblinge. Oft haben die Aufmerksamkeiten und Zärtlichkeiten, die den Haustieren erwiesen werden, unbewußt einen verdeckten erotischen Charakter.

Typische Haustiere dieser Art sind der Hund und die Katze. Das Tier ist ein Symbol der Instinkt- und Triebnatur des Menschen. Alle Religionen kennen Tiergottheiten. Die

Tiersymbolik ist auch mit dem Christentum nicht verschwunden. Adler, Stier und Löwe sind zu Symbolen der Evangelisten geworden. Wie bereits erwähnt, hat der italienische Arzt und Alchimist Della PORTA aufgrund der Ähnlichkeit von Menschengesichtern mit Tiergesichtern die Lehre der Physiognomik entwickelt. Diese beruht letztlich auf der Vorstellung einer magischen Verbundenheit zwischen Mensch und Tier.

Hund und Hundebesitzer

Der Hund gilt als besonderer Freund des Menschen wegen seiner Wachsamkeit und seiner Unterwürfigkeit. Diese verleihen seinem Herrn ein Überlegenheitsgefühl.

Das findet in der Vorliebe für große und dressierte Hunde einen besonderen Ausdruck. Wer seinen Hund, abgesehen von beruflichen Erwägungen, einer Dressur unterwirft, verrät damit einen Hang zur Herrschsucht und Egozentrik.

Ein beliebtes Witzbild der Vorkriegszeit war die alte Jungfer und ihr Mops. Dieser diente ihr als Ersatz für den fehlenden Ehepartner. Viele Frauen lassen ihre Hunde bei sich im Bett schlafen. Das kann in der Ehe zu unerfreulichen Konflikten führen. Charakteristisch ist, wie bei allen Ausdrucksformen, die Übertreibung der dem Tier zugewandten Aufmerksamkeit.

Die Katze als heiliges Tier

Wie verhält es sich mit den Katzenliebhabern? Die bedeutensten Gelehrten, Schriftsteller und Künstler sind als Katzenliebhaber bekannt. Im alten Ägypten war die Katze ein heiliges Tier und genoß göttliche Verehrung. Dort galt sie als die Verkörperung von *Bastet,* der ägyptischen Mondgöttin, die stets mit einem Katzenkopf dargestellt wurde. In christlicher Zeit dagegen wurde die Katze verteufelt und zu einem Hexentier erklärt.

Katzen galten lange Zeit als treulos. Das ist jedoch ein Irrtum. Diese Auffassung entstand, weil sich die Katze als Raubtier und damit als ein Einzelgänger dem Menschen nicht sklavisch unterwirft wie der Hund. Der Hund ist ein Rudeltier, der in seinem Besitzer das Leittier sieht. Die

Katze dagegen sucht von sich aus die Freundschaft des Menschen. Doch dem Menschen, dem sie sich anschließt, ist sie oft weitaus treuer als ein Hund.

Katzenliebhaber sind tolerant und ihrer Umwelt gegenüber aufgeschlossen. Sie schätzen ja die Selbständigkeit und Eigenwilligkeit der Katze. Katzen sind Streicheltiere. So drückt sich in der Liebe zu Katzen auch ein Zärtlichkeitsbedürfnis ihrer Besitzer aus.

Der Katzenliebhaber Newton

Lassen Sie mich zur Charakterisierung eines Katzenliebhabers eine kleine Geschichte erzählen, die von dem großen Gelehrten Sir Isaak NEWTON handelt, dem Mitbegründer der modernen Mathematik und Physik: NEWTON hatte seiner Katze in die Haustür ein Schlupfloch gesägt. Als die Katze sieben Junge bekam, sägte er neben diesen Ausgang sieben weitere Schlupflöcher für die Kleinen. Der Gedanke wäre naheliegend, daß die kleinen Kätzchen der Mutter durch ihr Schlupfloch folgen könnten. Doch NEWTON wollte Rangstreitigkeiten vermeiden und jeder seiner Katzen gleichzeitig einen Ausgang ins Freie ermöglichen.

Nun sind Hunde und Katzen ja nicht die einzigen Haustiere, die gehalten werden. Wie steht es mit dem Kanarienvogel und dem Wellensittich oder den Zierfischen im Aquarium? Bei alleinstehenden und älteren Personen mag der Wunsch, der Einsamkeit durch die Beschäftigung mit einem Lebewesen zu entgehen, das treibende Motiv sein. Vögel und Fische sind leichter zu halten und benötigen weniger Zuspruch als Hunde und Katzen. Trotzdem kann sich ein gewisser Fürsorgeinstinkt betätigen. In Familien mit Kindern kann das als Anregung zur Fürsorge für andere recht nützlich sein.

Fürsorgeinstinkt

Das Halten von Raubtieren, wie Löwen, auch Krokodilen, Riesenschlangen u. a., ist dagegen bedenklich. So reizend Löwenbabies auch sind, sie werden allzu schnell groß und stellen dann eine reale Gefahr für die Umgebung dar. Psychologisch gesehen, äußern sich im Halten derartiger »Hausgenossen« ein starkes Geltungsstreben und unübersehbare Aggressionstendenzen.

Das Pferd als Symbol

Eine besondere Bedeutung kommt in diesem Zusammenhang dem Pferd zu. Das Pferd gehört zu den frühesten Haustieren. Die enge Verbindung zwischen dem Menschen und dem Pferd brachte es mit sich, daß sich der Mensch mit der Kraft, der Schnelligkeit und den Instinkten des Pferdes identifizierte. So wurde es zu einem Symbol der Vitalität und Potenz. Das Reiten und der Besitz eines Pferdes müssen heutzutage aber sicherlich ebensosehr unter dem Aspekt der Statussymbolik betrachtet werden.

4. Die Statussymbole

Statussymbole sind Gegenstände, Titel, Leistungsbeweise, die die Stellung – eben den Status – innerhalb der Gesellschaft kennzeichnen. Die Zugehörigkeit zu bevorzugten Vereinen, Clubs, Standes- und Berufsgremien kann auch dazu gehören. Kurzum alles, wodurch sich Personen von ihren Mitmenschen abheben oder abzuheben versuchen.

Statussymbole gegen Gleichheit

Das Bedürfnis, sich von den Mitmenschen zu unterscheiden und sich durch Rang und Statussymbole ihnen gegenüber auszuzeichnen, ist vermutlich so alt wie die Menschheit selbst. Wir leben zwar in einer Demokratie, die auf der Forderung nach »Freiheit, Gleichheit, Brüderlichkeit« beruht. Doch das ist ein ideologischer Traum, der von den Verfechtern dieser Ideologie bekanntlich kaum praktiziert wird. Eine Gleichheit der Menschen jedenfalls existiert nicht. Zum Glück, läßt sich hierzu nur sagen. Denn sonst lebten wir in einer Art Ameisengesellschaft, und die Horrorvision einer von einem Supercomputer gesteuerten und manipulierten Menschheit wäre längst Wirklichkeit geworden. Das Streben nach Statussymbolen beweist jedenfalls, daß ein gewisses Klassendenken nach wie vor besteht und wohl kaum zu überwinden ist.

Status und Klassendenken

Für den um Menschenkenntnis bemühten Leser ist das Achten auf Statussymbole wichtig und außerdem recht interessant. Die Möglichkeiten, sich durch Kleidung, Wohnung, Auto und sonstigen persönlichen Besitz von seinen Mitmenschen zu unterscheiden und die eigene Person zur Geltung zu bringen, haben wir in den vorhergehenden Kapiteln aufgeführt. Wenn wir jetzt jedoch auf die Statussymbole eingehen, wollen wir zuvor eine kurze Überlegung über das Wesen von *Symbolen* und ihre Besonderheit gegenüber einfachen Zeichen oder Signalen anstellen. Dieser Unterschied wird von fast allen Autoren, die das Thema »Statussymbole« behandeln, vernachlässigt; oder aber, er ist ihnen gar nicht bekannt.

Was ist ein Symbol?

Die gängigen allgemeinen Lexika und die Fachwörterbücher bieten in etwa folgende Erklärung: *Ein Symbol ist ein Sinnbild, ein Merkzeichen oder Bild für einen abstrakten Begriff, eine Idee, die sich aus dem Bild ergibt und weder einer näheren Erläuterung bedarf noch verstandesgemäß mitgeteilt werden kann.*

Viel sagt uns diese Erklärung nicht. Sie geht im wesentlichen auf Goethe zurück, der in »Maximen und Reflexionen« den Begriff des Symbols so ähnlich definierte. Für Goethe war das Symbol eine Offenbarung des Unerforschlichen. Wir sehen, die übliche philosophische und lexikalische Begriffsbestimmung läßt uns im Stich, wenn wir eine klare und allgemeinverständliche Antwort auf die Frage erwarten: *Was ist ein Symbol?*

Hier hilft uns die moderne Informationstheorie weiter. Demnach läßt sich die Frage nach dem Wesen des Symbols folgendermaßen beantworten:

Ein Symbol ist ein Informationsträger. Aber ein Informationsträger besonderer Art. Es besitzt im Unterschied zum

Das Eigenleben der Symbole

Zeichen eine gewisse *Autonomie*. Sozusagen ein Eigenleben. Das Symbol, ob als Gegenstand, Bild, sprachliches Kennzeichen, Tonfolge usw., besitzt einmal einen *eidetischen* Sinn. Es informiert bildlich über eine Idee. Zum anderen aber besitzt das Symbol zusätzlich einen *operativen* Sinn. Das heißt, es ist der Träger einer Information, die gleichzeitig eine Wirkung auslöst.

»Die große Bedeutung der Symbole besteht vor allem darin, daß in einem nach wissenschaftlichen Gesichtspunkten aufgebauten System von Symbolen das Operieren mit den wirklichen Dingen und ihren Zusammenhängen durch das Operieren mit den Symbolen und ihren Zusammenhängen ersetzt werden kann. Wissenschaftliche Systeme von Symbolen vergrößern unsere Macht über die Wirklichkeit.« So steht es im »Wörterbuch der Kybernetik« von Georg Klaus.

Statussymbole wirken

Auf unser Thema übertragen, bedeutet das, daß von echten Statussymbolen eine beträchtliche Wirkung ausgeht und diese ihren Besitzer oder Träger mit Macht ausstatten. Die Werbeindustrie wirbt gern für die ihr übertragenen Produkte mit Symbolen, um ihnen einen besonderen Rang zu verleihen. So wird beispielsweise für Kraftwagen der Firma BMW mit dem Hinweis »Ein interessantes Angebot für höhere Ansprüche« und mit dem Zitat: ». . . für mich beginnt ein Automobil erst bei 6 Zylindern« geworben. Damit soll auf die Zuverlässigkeit und Kraft der BMW-Motoren verwiesen werden, die bereits in der Vorkriegszeit durch Weltrekordfahrten auf BMW-Motorrädern besondere Geltung erlangten. Die legendären Sportwagen 327 und 328 derselben Firma wurden zu ausgesprochenen Statussymbolen.

Ein echtes Symbol nutzte die Lastwagenfabrik Magirus-Deutz anfangs der siebziger Jahre für ihre Lkw mit dem Slogan: »Am meisten geht's mit deutschen Bullen.« Oder: »Die deutschen Bullen machen uns stolz. Die brummen immer und schnaufen nie.« Die Symbolbedeutung des Büffels in Afrika und Amerika kommt der des Stieres im europäischen Kulturbereich gleich. In der ägyptischen Mythologie war der Stier das Symbol des Sonnengottes. Der Stier ist ein Sinnbild der aktiven männlichen Kraft und Potenz. Die gleiche Symbolbedeutung kam dem Stier auf Kreta zu.

Das Symbol in der Werbung

In ganzseitigen Inseraten wurde der Magirus-Deutz-Lkw in schwierigsten Situationen im Gelände gezeigt, die er meistert. Diese Werbung sollte den Käufern eine Gefühlssituation von Männlichkeit, kraftvoller Selbstsicherheit und Potenz vermitteln. Angeblich hat diese Werbung dem Magirus-Lkw den prozentual gleichen Verkaufserfolg eingetragen wie den Erzeugnissen der auf dem Gebiet der Lkw-Produktion überlegenen Konkurrenzfirmen.

Falscher Einsatz von Symbolen

Kaum einen Erfolg, wenn nicht gar einen Mißerfolg, ziehen das Mißverständnis und der falsche Einsatz von Symbolen nach sich. So verwendete beispielsweise eine Kosmetikfabrik als Werbung für einen Badeschaum eine Bilderserie, die rund ein Dutzend nackter Personen beiderlei Geschlechts beim gemeinsamen Baden zeigte. Die Inserate hatte jedoch nicht den gewünschten Erfolg. Auch der Werbeslogan »Aqua magica entführt Sie in die Welt Ihrer Träume« half nicht, den Umsatz zu steigern.

Dem *Bad* kommt die Bedeutung eines Reinigungs- und Wandlungssymbols zu, wie es die Mythologie aller Völker beweist. Die Taufe, das Eintauchen des Täuflings in das Taufwasser, ist ein symbolischer Reinigungsvorgang, der nicht nur zum christlichen Ritual zählt. Das Taufbad zielt auf die Reinigung von animalischer Triebhaftigkeit und hat die Bedeutung einer Initiation, einer Einweihung in das Mysterium der Liebe. Die unbewußte Wirkung des Gruppensex-Motivs hätte durchaus absatzfördernd wirken können, nur kommt dem Bad als Symbol eben nicht diese Bedeutung zu.

Die Verhaltensforscher erklären das Bedürfnis nach Statussymbolen gern aus dem Imponiergehaben der Tiere. Doch das ist nur bedingt richtig. Gewiß dienen Statussymbole ihren Besitzern auch dazu, ihren Mitmenschen damit zu imponieren. Doch dem Tier ist sein Paarungsverhalten von Natur aus einprogrammiert. Ob sich die Männchen ihres größeren Geweihs, ihres farbenprächtigeren Federschmucks oder ihrer mächtigeren Mähne voll bewußt sind, ist schwer zu sagen. Für das Weibchen sind diese Merkmale ein Kennzeichen für körperliche Überlegenheit und Kraft. Die Natur zielt bei der Fortpflanzung auf das Überleben der Stärksten.

Statussymbol und Imponiergehaben

So haben auch Statussymbole den Charakter eines Leistungsnachweises. In käuflichen Gegenständen läßt sich dem finanziellen Leistungsvermögen Ausdruck verleihen. Doch dabei kommt es inzwischen weitgehend auf eine besondere Größenordnung an. Der bereits erwähnte Schneideranzug ist kein Statussymbol mehr, auch nicht, wenn ihn ein Staatsoberhaupt trägt. Darin kommt der Wunsch zum Ausdruck, tadellos gekleidet zu sein. Der Mercedes als Dienstwagen hat ebenfalls keine Symbolbedeutung mehr, auch nicht durch die Abstufung nach Wagentyp und Preisklasse. Diese Klassifizierung hat bloß die Bedeutung eines Zeichens für die Dienststellung und ihre Wichtigkeit. Eine Symbolwirkung dagegen geht von dem Bundesadler auf dem Wagenstander aus. Er symbolisiert Regierungsmacht und Staatsgewalt.

Ein Statussymbol hingegen ist der Rolls-Royce. Die Wirkung geht bereits vom Kühlergrill und der Kühlerfigur aus. Eine Werbung hat die Firma Rolls-Royce bekanntlich nicht nötig. Nicht nur westliche Staatsmänner wie MUSSOLINI, auch LENIN und STALIN fuhren einen Rolls-Royce.

Das Statussymbol Rolls-Royce

Um sich durch finanzielle Potenz einen besonderen Status zu verleihen, genügt es kaum noch, Vermögensmillionär zu sein. Dazu ist bereits ein Millioneneinkommen

Elitenbildung

erforderlich. In der Zugehörigkeit zu elitären Vereinen und Clubs drückt sich eher ein besonderer Status aus, allein schon durch die vorgeschriebenen Aufnahmebedingungen. Das gilt auch für die Zugehörigkeit zu Sportvereinen, deren Mitglieder Weltmeisterschaften austragen oder zum Wettkampf bei den Olympischen Spielen ausgewählt werden. Eine Olympiamedaille ist ein Leistungsbeweis und somit ein echtes Statussymbol. Ihr Besitz fördert den beruflichen Aufstieg und verschafft eine Fülle von finanziellen Möglichkeiten.

Titel und Beamtentum

Zu den Statussymbolen zählen weiterhin hervorhebende Berufsbezeichnungen und Titel. Das beginnt bereits mit der Bezeichnung als Facharbeiter und dem Meister in der Fabrik und endet beim Generaldirektor oder Präsidenten. Im Berufsbeamtentum herrscht die Rangabstufung nach Titeln vor. In dem von FRIEDRICH dem Großen geschaffenen preußischen Berufsbeamtentum verlieh der Titel eine besondere Würde. Er war ein Leistungsbeweis und verpflichtete seine Träger zu einer ehrenvollen Lebensführung und untadeligen Haltung im Beruf. Die Parteizugehörigkeit spielte früher keine Rolle. Die Belohnung mit Beamtenstellung und Titel als Folge der richtigen Parteizugehörigkeit kam im Deutschen Reich erst mit der Weimarer Republik auf.

Besonders begehrt sind akademische Titel, allen voran der Doktortitel. Er verleiht seinem Träger das Kennzeichen außergewöhnlicher Bildung. Vor dem Krieg besaß der deutsche Doktorgrad Weltgeltung. Er war nicht leicht zu erwerben. Voraussetzung waren ein abgeschlossenes Hochschulstudium mit einem *cum laude* benoteten Staatsexamen. Eine Doktorarbeit mußte den Nachweis selbständigen wissenschaftlichen Denkens erbringen und nach Möglichkeit auch eine neue wissenschaftliche Erkenntnis enthalten. Diese Voraussetzungen werden jedoch gegenwärtig kaum noch erfüllt.

Die Forderung nach gleicher Ausbildung für alle, der Fortfall von Schulgeld und Studiengebühren und die staatliche Unterhaltszahlung für Oberschüler und Studenten haben bekanntlich zu einer Überfüllung der Universitäten und Hochschulen geführt. Dadurch ist eine zunehmende Arbeitslosigkeit von Akademikern entstanden, wie das auch bereits gegen Ende der Weimarer Republik der Fall war. Als Unterscheidungsmerkmal galt daher für den Erwerb akademischer Titel die Universität, die durch die Berühmtheit ihrer Lehrstuhlinhaber innerhalb der jeweiligen Fakultät einen besonderen Ruf genoß. Das Abschlußzeugnis berühmter Schulen, wie in Deutschland Fulda oder Salem am Bodensee und in Österreich Kloster Neuerburg, verlieh ebenfalls einen besonderen Statusrang.

Schulen als Statussymbole

In Frankreich beispielsweise unterläßt es nur selten ein Arzt, auf seinem Türschild auf die Universität hinzuweisen, der er seine Ausbildung verdankt. Für den beruflichen Aufstieg in die Ministerialverwaltung oder beim Militär sind dort wiederum das Studium an der École Polytechnique oder die Ausbildung an der Offiziersschule von Saint-Cyr unerläßlich.

Trotz der Überfüllung der Universitäten hat der Drang zum Abitur und zum Hochschulstudium nicht nachgelassen. Der Wunsch der Eltern, ihre Kinder mögen es im Beruf weiterbringen als sie selbst und es so im Leben besser haben, ist allgemein verbreitet und verständlich. Doch was sich trotz Abitur und Studium nicht ersetzen läßt, ist die Allgemeinbildung. Die Erhöhung der Schulleistungen, die Konzentration auf bestimmte Fächer und später auf vorgefaßte Ausbildungsziele haben zu einem Absinken des allgemeinen Bildungsniveaus beigetragen. Das Streben nach Allgemeinbildung wird bereits durch die elterliche Erziehung gelegt und ist eine Auswirkung der geistigen Atmosphäre des Elternhauses.

Sinken des Bildungsniveaus

Die Angehörigen höherer Gesellschaftsschichten zeichnen sich nicht nur durch ihre umfassendere Allgemeinbildung, sondern auch durch ihren größeren Wortschatz und die Fähigkeit, ihre Gedanken rascher und gezielter zu artikulieren, aus. Bestimmte Redewendungen und Höflichkeitsformen kommen hinzu. So richtete sich während der sogenannten Studentenrevolution der Protest der linken Studentenschaft gegen die akademischen Traditionen nicht zuletzt wegen der Ungewohntheit der akademischen Umgangssprache und der Unfähigkeit, die überlieferten akademischen Höflichkeitsformen zu beachten. In England unterscheidet sich die Oberschicht durch die Sprache der *Upper Ten*, der oberen Zehntausend, und darüber hinaus noch durch eine Sprache der oberen Vierhundert.

Die oberen Zehntausend

Nachzutragen zu den Statussymbolen wäre noch ein besonderes Kleidungsstück: der Hut. Speziell der Zylinderhut. Bei Staatsempfängen und diplomatischen Besuchen war er früher als Kopfbedeckung obligatorisch. Bei den Pferderennen in Ascot und Paris wird er als grauer Zylinder noch heute getragen. Vor dem Ersten Weltkrieg trugen die Reichstagsabgeordneten Cut und Zylinder. Selbst die Börsianer erschienen an der Börse mit Zylinder. Heutzutage ist der Zylinder nur noch gelegentlich zu sehen.

Symbol Zylinderhut

Der Hut ist ein Persona-Symbol. Er überdeckt die Persönlichkeit und verleiht ihr seine besondere Bedeutung. Die Kopfbedeckung erhöht die Gestalt ihres Trägers. In der Form der Krone, der Tiara des Papstes, des Federschmucks des Eingeborenenhäuptlings wie des hohen, spitzen Hutes des Zauberers verleiht sie ihrem Träger Macht, Ansehen und Würde. Der Zylinderhut ist in diesem Sinne ein männliches Herrschaftssymbol des Bürgers. Während der zwanziger und dreißiger Jahre zählte der Zylinder zu den beliebten Requisiten der Revuestars. So trat beispielsweise die Filmschauspielerin Marlene Dietrich in ihren frühen Filmen häufig in Frack und Zylinder auf. Der Zylinder symbolisierte hier die erotisch *aktive* Frau.

Das Barett des Richters und Rechtsanwalts, die weiße Mütze des Kochs oder der Zylinder des Schornsteinfegers sind Standes- und Berufszeichen. Es ist beachtenswert, ob eine Person eine Kopfbedeckung trägt und welche Art sie dafür wählt. Eine Mütze, von einer hochgestellten Persönlichkeit getragen, ist ein eher unpassender Hutersatz. Sie soll vermutlich die Individualität ihres Trägers betonen. Doch sie deutet auf eine Mißachtung der üblichen Tradition und damit auf Rechthaberei. Unbewußt kann so ein gewisses Minderwertigkeitsgefühl zum Ausdruck kommen.

Das dürfte auch der Fall sein, wenn eine Person – abgesehen von religiös begründeten Traditionen – ständig den Hut auf dem Kopf behält. Im Grunde zeugt diese Marotte von einer Überschätzung der eigenen Person. Vom Unbewußten her gesehen, drückt sich darin das Eingeständnis aus, daß die berufliche Leistung nicht im Einklang steht mit der Bedeutung, die ihr der permanente Hutträger sozusagen durch ein personifiziertes Markenzeichen verleihen will. *Selbstüberschätzung*

Wir fassen zusammen:

Ein hoher Testwert für Anlagen und Eigenschaften einer Person kommt der Kleidung, der persönlichen Umgebung und dem Besitz von Statussymbolen zu. Kleider machen Leute, heißt es. Doch es ist die Persönlichkeit, die die Wahl und die Gestaltung der Kleidung bestimmt. Die Kleidung hat Schutz-, Schmuck- und Rangbedeutung. In den Modetrends spiegeln sich kollektive Verhaltensmuster. Die Abhängigkeit und Übertreibung von Modegags sind zu beachten, ebenso der Zustand und eine eventuelle Vernachlässigung der Kleidung. Wichtig in diesem Zusammenhang sind die Schuhe. Die Frauenkleidung dient der Zweckmäßigkeit und dem Schmuck zugleich. Enthüllungen und

Verhüllungen kommt eine erotische Bedeutung zu. In der Kleidung können fetischistische Tendenzen zutage treten. Betonte Lederkleidung verrät sado-masochistische Züge. In der Punkkleidung und im Tragen von Meinungsplaketten drücken sich Protesthaltungen aus.

Einen umfassenderen Einblick in das Wesen einer Person vermitteln die Wohnung, ihre Einrichtung und ein Blick in den Bücherschrank. Der gesamte Besitz einschließlich des Wagens sind Ausdrucksobjekte der Persönlichkeit. Dazu zählen auch die Haustiere. Katzenliebhaber sind tolerant und ihren Mitmenschen gegenüber aufgeschlossen.

Statussymbole sind Gegenstände, Titel, Leistungsbeweise, die Zugehörigkeit zu Standes- und Berufsgremien, Clubs und Vereinen. Sie sind begehrt als Unterscheidungsmerkmale für Rang, Bildung, Besitz und als Kennzeichen wirtschaftlicher oder politischer Macht.

Zu beachten ist der Unterschied zwischen Zeichen und Symbolen. Von echten Symbolen geht eine eigenständige Wirkung aus. Erfolg oder Mißerfolg in der Werbung für Statussymbole beweisen das. Abitur und Hochschulstudium gelten ebenfalls als Statuskennzeichen. Doch durch die Verallgemeinerung der Bildung und die damit verbundene Niveauabsenkung haben die deutschen Titel und Diplome, die früher Weltgeltung besaßen, ihren Wert weitgehend eingebüßt. Geblieben als Statuskennzeichen und Unterscheidungsmerkmal ist der Stand der Allgemeinbildung, der weitgehend durch die Atmosphäre im Elternhaus bestimmt wird.

VIII. Die verräterischen Fehlleistungen

1. Versprechen, Verschreiben und Vergessen

Äußerst aufschlußreich für die innere Haltung und die echte Einstellung einer Person zu ihrem Partner sind die sogenannten Versprecher, das Verschreiben, Verlesen, unabsichtliche Vergessen und andere *Fehlleistungen*. Dazu gehören auch das Verlegen von Gegenständen, das Vergreifen und sonstige Irrtümer, die uns unterlaufen. Ebenso Symptom- und Zufallshandlungen. Ihre Ursache geht auf den Einfluß des Unbewußten auf das Bewußtsein zurück.

Was sind Fehlleistungen?

FREUD hat als erster die Zusammenhänge zwischen unbeabsichtigten Ungeschicklichkeiten und sogenannten Zufallshandlungen mit unbewußten Absichten, Abwehr- und Ersatzbefriedigungstendenzen aufgedeckt. Dafür hat er viele Beispiele gesammelt und in seinem amüsanten Büchlein »Zur Psychopathologie des Alltagslebens« (1901) zusammengestellt.

Psychopathologie des Alltagslebens

Das Versprechen oder Verschreiben hat seine Ursache meistens darin, daß es dem bewußten *Ich* einer Person nicht gelungen ist, das, was es eigentlich verdrängen wollte, vollständig zu verdrängen. So schafft es ein unerwünschter Impuls, in das Ich zurückzudringen und sein Verhalten zu bestimmen. Der Sprecher oder Schreiber drückt das aus, was er eigentlich – unbewußt nämlich – sagen oder schreiben wollte – trotz seines Bemühens, es verborgen zu halten.

Da das Versprechen oder Verschreiben den unbewußten ehrlichen Wunsch an den Tag bringt, ist es entlarvend.

Der Versprecher entlarvt

Jemand, der sich verspricht oder verschreibt, entschuldigt sich gern damit, er sei eben unkonzentriert gewesen. Eben diese Unkonzentriertheit als Unaufmerksamkeit des bewußten Ich ist aber gerade der Grund dafür, warum sich ein unbewußter Impuls an die Oberfläche drängen konnte.

Die aufmerksame Beobachtung dieser unabsichtlichen und scheinbar zufälligen Fehlleistungen ist ein hervorragender Test. Er läßt eine bewußte Verstellungstendenz leicht erkennen. Wenn bei einer Betriebsfeier der Abteilungsleiter sich erhebt, mit würdiger Miene an sein Glas klopft und seine Ansprache an den anwesenden Vorgesetzten mit den Worten beginnt: »Und nun, meine Damen und Herren, wollen wir auf das Wohl unseres geschätzten und von uns allen verehrten Chefs aufstoßen . . .«, statt anstoßen zu sagen, dann ist anzunehmen, daß dieser Chef keineswegs allgemein geschätzt wird.

Ein Verehrer, der einer Dame am Beginn einer Beziehung in aller Form einen Strauß Blumen überreicht und auf ihre freudige Überraschung galant erwidern möchte: »Ich dachte mir, laßt Blumen sprechen, um Ihnen zu zeigen, wie sehr ich Sie verehre«, sich aber verspricht und sagt: ». . . laßt Blusen sprechen . . .«, wird verraten, was er sich von dieser Begegnung erhofft.

Was täglich geschieht

Alle diese kleinen Alltagsfehlleistungen, wozu auch das Verwechseln von Namen, das Verlegen von Gegenständen, das Vergessen einer wichtigen Verabredung, aber ebenso die ständige Unpünktlichkeit bei verabredeten Treffen, Irrtümer und Verwechseln von Hausnummern, Telefonnummern, Straßen und Orten gehören, werden meist wenig beachtet. Der Partner findet ja in der Regel auch eine plausibel klingende Entschuldigung.

Eine besonders anschauliche Fehlleistung stellt das Vergessen dar. Das Vergessen beruht nach FREUD nicht, wie die akademische Psychologie seinerzeit angenommen hatte, auf der Löschung eines ehemals bewußten Inhalts, sondern auf der Verdrängung dieses Inhalts ins Unbewußte, aus dem es jederzeit emporsteigen kann. Eine Stütze findet diese Auffassung in den Erkenntnissen der modernen Hirnforschung. Demnach besitzt das Gehirn mit seinen 10 bis 15 Millionen Nervenzellen eine fast unbegrenzte Speicherkapazität für Informationen, die allerdings im Normalfall nur zu etwa 10 Prozent genutzt wird.

Vergessen als Verdrängung

Der Sinn von Fehlleistungen ist jedoch nicht immer so leicht erkenntlich, weil *Symbole* dabei eine beachtliche Rolle spielen. Was die Bedeutung von Symbolen angeht, so erlaube ich mir hier auf mein im gleichen Verlag erschienenen Buch »So deuten Sie Ihre Träume richtig« hinzuweisen. Im Anhang dieses Werkes findet sich eine kurzgefaßte Auswahl von »Archetypen, Mustern und Symbolen« mit einer Erklärung ihrer Bedeutungen.

Fehlleistungen und Symbole

Zum Verständnis der Fehlleistung des Vergessens möge nachstehender Fall aus der Praxis dienen:

Britta B., 23 Jahre alt, Stewardeß bei einer Fluggesellschaft, war fest entschlossen, die Beziehungen zu ihrem bisherigen Freund abzubrechen. Zu einer Verlobung hatte dieser sich nicht entschließen können. Von einem anderen Bekannten, der am Wohnsitz ihrer Eltern lebte, hatte sie einen Heiratsantrag erhalten. Ihr Freund war davon unterrichtet. Sie flog für einige Urlaubstage zu ihren Eltern und nahm auf deren Drängen den Heiratsantrag an. Ihr Zukünftiger entsprach zwar nicht ihren Erwartungen von einem Mann, aber er bot ihr ein materiell gesichertes und angenehmes Leben. Sie fand ihn sehr sympathisch, doch Liebe empfand sie für ihn nicht.

Als Britta B. von ihrem Urlaub zurückkehrte, wurde sie von ihrem Freund am Flugplatz abgeholt. Sie hatte vorgehabt, ihm möglichst rasch ihren endgültigen Entschluß zur Heirat mitzuteilen. Es begann damit, daß sie – bereits im

Ein vergessener Schirm

Wagen – bemerkte, daß sie ihren Schirm in der Maschine vergessen hatte. Sie kehrte um, das Flugzeug stand noch da, und sie fand ihren Schirm. Als sie vor ihrer Wohnungstür stand, mußte sie feststellen, daß sie ihr Handköfferchen mit den Schlüsseln und dem Geld ebenfalls im Flugzeug vergessen hatte. Ihre Wirtsleute waren verreist, wie ihr nun einfiel. Es war bereits spät am Abend, die Büros ihrer Fluggesellschaft hatten geschlossen, so daß sie auch keine Unterkunftsmöglichkeit bei einer Berufskollegin sah. Es blieb ihr nichts anderes übrig, als den Vorschlag ihres Freundes, bei ihm zu übernachten, anzunehmen. Dieser Situation aber hatte sie gerade aus dem Weg gehen wollen. Sie hatte es sich jedenfalls fest vorgenommen, um bei ihrem Entschluß zu bleiben und erneute Komplikationen zu vermeiden. Das Ergebnis war, daß sie ihr Heiratsversprechen zurücknahm und weiterhin mit ihrem Freund zusammenblieb, obwohl diese Freundschaft aus verschiedenen Gründen keine Aussicht auf eine Ehe bot.

Das Unbewußte ist stärker

Wir sehen, bei Britta B. war das Unbewußte stärker gewesen als der feste Entschluß, den sie in ihrem Bewußtsein gefaßt hatte. Es sind hier zwei Vorgänge zu unterscheiden: Einmal die Zielrichtung ihres Unbewußten, die Partnerschaft mit ihrem Freund aufrechtzuerhalten, dem sie in ihren Gefühlen als Frau weitaus stärker verbunden war als dem anderen Mann durch die von der Vernunft diktierte Heiratszusage. Zum anderen die Konfliktsituation, die sich aus der Rücknahme des Heiratsversprechens für die Gefühlsbeziehung zu ihren Eltern ergab. Diese hatten sie ja zur Annahme des Heiratsantrages gedrängt und mußten über ihr Verhalten enttäuscht sein.

Das Funktionsschema für die Fehlleistungen des Unbewußten können wir uns in diesem Fall folgendermaßen erklären: Das primäre Ziel war die Aufrechterhaltung der Partnerschaft mit ihrem bisherigen Freund. Ein erneutes intimes Zusammensein mußte dieses Verhältnis festigen.

Das ahnte Britta B. auch. Ihrer Gefühle war sie sich nicht sicher. Deshalb war es ihr Bewußtseinsentschluß, diese Situation zu vermeiden. Ihr Unbewußtes aber erzwang sich diese Situation durch das Vergessen des Köfferchens mit den Hausschlüsseln im Flugzeug. Es zwang sie damit auch zu einer Überprüfung der neuen Partnerwahl.

Britta B. vergaß gleichzeitig auch ihren Schirm. Wenn wir daran denken, daß das Unbewußte in Bildern und Bildsymbolen spricht, dann wird verständlich, daß es derartige Symbole zur Information für das Bewußtsein benutzt. Den Schirm können wir hier durchaus wörtlich als ein Symbol für »Schutz und Schirm« verstehen. Dieses gemahnt an die Eltern-Kind-Beziehung, zu der es gehört, daß die Eltern ihre Tochter beschützen und beschirmen. Die Wahl des zukünftigen Ehemannes gehörte bislang ebenfalls dazu.

Die Symbolsprache des Unbewußten

Als Britta bereits im Wagen ihres Freundes saß, fiel ihr der vergessene Schirm wieder ein. Bleiben wir bei der Symbolsprache des Unbewußten, dann ist auch das Auto ein Symbol, nämlich ein Symbol für die Lebensmotorik. Es ist, vereinfacht gesagt, ein Mittel, sich im Leben fortzubewegen. Das Auto ist sozusagen das Pferd des modernen Menschen. Auf dem Rücken seines Pferdes entführte in früheren Zeiten ein Mann seine Geliebte aus der Obhut der Eltern. Als Britta B. also im Auto saß, stellte ihr Unbewußtes auch prompt eine Assoziation zwischen diesen beiden Symbolen – Auto und Schirm – her. Die Symbolkraft des elterlichen »Schirms« war stark genug, um ihn wieder in das Bewußtsein aufsteigen und Britta in die Maschine zurückkehren zu lassen. Wäre ihre Bindung an die Eltern stärker gewesen als die Gefühlsbindung an ihren Freund, hätte sie sich nach tiefenpsychologischer Erfahrung sicher auch des vergessenen Köfferchens mit den Hausschlüsseln erinnert. Ihre Bewußtseinsentscheidung zu einer Ehe mit einem Mann, für den sie keine Liebe empfand, war jedoch psychisch zu wenig »energiegeladen«, um der primären

Die Kraft der Symbole

Zielrichtung des Unbewußten zu widerstehen. So fand sie zwar den Schirm, vergaß aber das Köfferchen aus dem Flugzeug mitzunehmen.

Der Fall von Britta B. zeigt, daß das Unbewußte – und sei es durch Fehlleistungen – die Partnerwahl stärker beeinflußt als es der bewußte Entschluß zu einer Partnerschaft vermag.

Wir sollten die Erscheinung der Fehlleistungen jedoch nicht überbewerten. Nicht jeder Versprecher oder Schreibfehler enthüllt derart weitreichende Hintergründe. Zur Kennzeichnung der Fehlleistung gehört – so FREUD:

Nicht alles ist Fehlleistung

»a) Sie darf nicht über ein gewisses Maß hinausgehen, welches von unserer Schätzung festgesetzt ist und durch den Ausdruck *innerhalb der Breite des Normalen* bezeichnet wird.

b) Sie muß den Charakter der momentanen und zeitweiligen Störung an sich tragen. Wir müssen die nämliche Leistung vorher korrekter ausgeführt haben oder uns jederzeit zutrauen, sie korrekter auszuführen . . .

c) Wenn wir Fehlleistungen überhaupt wahrnehmen, dürfen wir von einer Motivierung derselben nichts in uns verspüren, sondern müssen versucht sein, sie durch *Unaufmerksamkeit* zu erklären oder als *Zufall* hinzustellen.«

2. Die Krankheiten und ihre unbewußte Symbolik

Fehlleistung Krankheit

Krankheiten, welcher Art auch immer, sind ebenfalls Fehlleistungen. Sie sind es zwar nicht im Sinne der zuvor erwähnten Definition von Sigmund FREUD, doch sie sind Fehlleistungen oder Fehlverhaltensweisen der psychischen, geistigen oder körperlichen Funktion des Menschen. Als nach dem letzten Krieg die Psychoanalyse erneut diskutiert

Flucht in die Krankheit?

wurde, kam auch das Wort von der »Flucht in die Krankheit« auf. Dieser Begriff stammt allerdings nicht von FREUD, sondern von Alfred ADLER. Gemäß seiner individualpsychologischen Theorie sah er in der Krankheit einen Widerstand gegen die Forderungen der Sozialgemeinschaft. Die Flucht in die Krankheit zählte für ihn zu den Mitteln des psychischen Ausgleichsstrebens gegenüber Minderwertigkeitskomplexen.

Von FREUD dagegen stammt der Begriff des *Krankheitsbedürfnisses.* Er nahm dieses an als Folge der *Konversionsstrebung* verdrängter Triebbedürfnisse und Komplexe. Zur Erklärung: *Konversion* ist der psychoanalytische Begriff für die Umwandlung von verdrängten Inhalten in körperliche Symptome. Die »Umkehrung der Libido vom ursprünglichen Triebziel auf Ersatzziele«, so FREUD.

Diese Annahmen der psychoanalytischen Lehrmeinung haben zu erheblichen Mißverständnissen beigetragen. Sie liefen letzten Endes darauf hinaus, ein Verschulden oder zumindest Mitverschulden von Kranken an ihren Krankheiten zu postulieren. Das ist aber allein schon insofern falsch, als ein Verschulden ein willentliches Verhalten voraussetzt.

Krankheiten und seelische Ursachen

Die Feststellung, daß die weitaus meisten Krankheiten letztlich seelische Ursachen haben, hat sich inzwischen allgemein durchgesetzt. Diese Beobachtung hat einen eigenen Zweig der Medizin entstehen lassen: die *Psychosomatik.* Doch ganz gleich, ob eine Krankheit durch eine Infektion, als Unfallfolge oder durch seelische Ursachen entstanden ist, der Kranke leidet an ihr gleichermaßen. Er gehört in erster Linie in ärztliche oder fachärztliche Behandlung. Erst wenn die ärztliche Diagnose feststeht, lassen sich auch die psychischen Ursachen einer Krankheit angehen.

Wenn wir hier auf die unbewußte Symbolik von Krankheiten eingehen, dann um Verständnis für diese Zusammenhänge zu wecken – das Verständnis des Erkrankten selbst und das Verständnis seiner mitmenschlichen Umgebung. Dieses Verstehen kann erheblich zur Gesundung beitragen. Darüber hinaus verhilft es dem unvoreingenommenen Beobachter zu einer Erweiterung seiner Menschenkenntnis.

Wenn seelische Konflikte und Frustrationen körperliche Erkrankungen hervorrufen können, dann müssen umgekehrt auch psychische Einflüsse, Mittel und Methoden zur Behebung von Krankheiten und damit zur Genesung beitragen. Bereits die antiken Ärzte unter HIPPOKRATES wußten: Der Glaube heilt! Die vielen »Wunderheilungen« in *Lourdes* und anderen heiligen Orten bezeugen es. Auch wenn diese Heilerfolge auf die Kraft der *Suggestion* zurückgeführt werden – was besagt dies? Derartige Heilungen widersprechen doch der gegenwärtig gültigen Auffassung, Krankheiten durch Medikamente, Bestrahlungen oder das Messer des Chirurgen zu heilen.

Suggestion und Wunderheilung

Wir wollen hier nicht näher auf die akademische Streitfrage nach dem Wesen der Suggestion eingehen. Doch die Tatsache der Suggestionswirkung verhilft zu einem neuen Denkmodell, das höchst interessant ist. Diese Theorie, die von einigen namhaften Ärzten der amerikanischen *Havard*-Universität und des *National Institute of Mental Health* vertreten wird, besagt etwa folgendes:

Die Ursache von Krankheiten wie die Fähigkeit, diese zu heilen, liegen einzig im Patienten selbst. Heilen bedeutet die Wiederherstellung der gestörten Ganzheit des menschlichen Organismus in allen seinen Funktionen, die Wiederherstellung des natürlichen Zustandes zwischen Bewußtsein und Unbewußtem. Jeder Mensch verfügt über eine ihm innewohnende *Selbstheilungstendenz.* Der Arzt kann lediglich die äußeren Hindernisse zur Gesundung, wie Fremdkörper, Unfallfolgen, Infektionen u. a. m., beseitigen. Doch was immer an therapeutischen Maßnahmen ergriffen wird, Medikamente, chirurgischer Eingriff, Akupunktur oder psychotherapeutische Methoden, diese wirken nur dadurch

Die Selbstheilungstendenz

– und nur dann –, wenn durch sie die Selbstheilungstendenz des Patienten aktiviert wird.

Gewiß haben Medikamente und sonstige bewährte ärztliche Mittel und Methoden eine direkte Wirkung auf den Körper. Sie beeinflussen auch das Nervensystem und spezifische Zentren des Gehirns. Doch das *heilende Wort* hat diese Wirkung ebenfalls.

Das heilende Wort

So gesehen, kommt auch dem Verständnis von Krankheiten eine positive und aktivierende Bedeutung zu.

Herzkrankheiten und Herzinfarkte werden beispielsweise auf den Streß zurückgeführt, dem eine Person infolge besonderer beruflicher Leistungsanforderung unterliegt. Doch Streß ist allenfalls im Übermaß ein Krankmacher. Er ist in gewissen Grenzen sogar lebenswichtig, denn er fördert die Entfaltung aller persönlichen Fähigkeiten.

Ein mir bekannter technischer Spezialist litt an einer *Angina pectoris,* einer bedrohlichen Erkrankung der Herzkranzgefäße, erst, nachdem er seinem beruflichen Streß nicht mehr ausgesetzt war. Er hatte aus einer Gutachtertätigkeit für einen Konzern ein hohes Einkommen bezogen und lebte sehr glücklich mit seiner Familie. Als durch eine technische Umstellung seiner Auftraggeber seine Gutachtertätigkeit nicht mehr benötigt wurde, erkrankte er eine gewisse Zeit danach.

Zugegeben, ein koronares Herzleiden ist eine Krankheit, die sich über Jahre hinweg ohne nennenswerte Symptome entwickeln kann. Viele Menschen wissen gar nichts von ihrer Erkrankung, bis plötzlich ein Herzanfall eintritt. Doch in dem geschilderten Fall ist auch eine andere Beurteilung möglich.

Überlegen wir einmal: Das Herz gilt als Sitz der Gefühle. Es ist ein Symbol der Liebe. Eine *Angina* ist eine Verengung. Das Wort stammt aus dem Griechischen und hat die Bedeutung von Enge. Davon abgeleitet ist das deutsche Lehnwort *Angst*.

Angina und Angst

Die Symbolbedeutung der Krankheit

Wir können also die Symbolbedeutung der Erkrankung des Spezialisten so erklären, daß er – als er sein hohes Einkommen verloren hatte – fürchtete, die Hochschätzung seiner Familie, ihre Gefühle für ihn, zu verlieren. Das war zwar nach der Schilderung von Außenstehenden nicht der Fall. Auch konnte er durch andere Arbeiten weiterhin zum Unterhalt seiner Familie beitragen, wenn auch nicht mehr in dem zuvor gewohnten Ausmaß. Nun trat eine Herzkrankheit bei ihm auf, die im Zusammenhang mit einer Enge steht und zu deren Symptomatik Ängste, ja sogar Todesängste, gehören. Zwar bot ihm das Verhalten seiner Familie keinen unmittelbaren Anlaß, seine Befürchtungen zur Sprache zu bringen. Doch seine unbewußte Angst verkörperte sich sozusagen symbolisch in seiner *Angina pectoris.*

Ein anderer Fall: Ein etwa vierzigjähriger Ehemann unterhielt Beziehungen zu jungen Mädchen, die er mit Süßigkeiten zu verführen pflegte. Er nannte sie seine Naschkätzchen. Das führte zu einem ernsten Ehekonflikt. Seine Frau drohte mit der Scheidung. Da er geschäftlich vom Vermögen seiner Frau abhängig war, hätte eine Scheidung weitreichende Folgen für ihn gehabt. Er erkrankte an *Diabetes,* der bekannten Zuckerkrankheit. Sein Arzt verordnete ihm die ensprechende Diät, arm an Kohlehydraten und bei Vermeidung von Süßigkeiten. Bei einer Diabetes treten häufig auch sexuelle Potenzstörungen auf.

Krankheit und Unbewußtes

Der Gedanke ist naheliegend, daß sich das Unbewußte dieses Patienten durch die Zuckerkrankheit symbolisch manifestierte und eine Auflösung des Ehekonflikts erzwingen wollte.

Als letztes sei ein Fall von *Schreibkrampf* erwähnt. Wenn eine Sekretärin oder Stenotypistin von einem Schreibkrampf befallen wird, so kann sich darin eine unbewußte Ablehnung gegen den Chef oder die Person ausdrücken, deren Diktate sie aufnehmen muß. Wenn aber ein Buchhalter von einem Schreibkrampf befallen wird, so lassen sich daraus weiterreichende Schlüsse ziehen. J. JACOBI schildert einen solchen Fall in »Psychotherapeutische Probleme«, Studien aus dem C.-G.-Jung-Institut:

Ein Fall von Schreibkrampf

Ein Buchhalter war bei ihr längere Zeit in analytischer Behandlung wegen eines Schreibkrampfes, und zwar auf Anweisung seines Chefs. Besprochen wurden während der Analyse vorwiegend seine Eheprobleme. Durch die Deutung seiner Träume und das Malen von Bildern gelang es der Analytikerin, den Betreffenden von seinem Schreibkrampf zu heilen.

Eineinhalb Jahre nach Beendigung der Analyse brach die Firma des Patienten wegen betrügerischer Manipulation zusammen. Der Chef beging Selbstmord. In dem nachfolgenden Prozeß wurde der Buchhalter nicht erwähnt. Er hatte getreulich die Anweisungen seines Vorgesetzten befolgt. Ein Vorwurf war gegen ihn nicht zu erheben. Doch bei der Stellung eines obersten Buchhalters, zu der er aufgestiegen war, ist zu vermuten, daß er einen Überblick über die Art der Geschäftsführung und die Situation der Firma gehabt haben muß. So folgerte J. JACOBI im nachhinein mit Recht, daß »ein tieferer Zusammenhang zwischen seinem Schreibkrampf und den Tatsachen bestand, die er in der Buchhaltung festgehalten hatte«.

Krankheiten haben einen Sinn

Krankheiten haben nicht nur einen negativen Aspekt. Sie enthalten in der Regel auch einen *Sinn*, der für das Aufgeben einer falschen Lebenseinstellung wie für die weitere Entwicklung des Patienten von großer Bedeutung sein kann. Daher ist es zuwenig, allein den Entstehungsursachen einer Krankheit und deren Zusammenhängen nachzugehen. Die Psycho-Logik des Unbewußten ist zwar oft seltsam, doch zielstrebig. Das Unbewußte erweist sich in der Regel als klüger als das meist rational orientierte Bewußtsein.

Wenn ein Patient darüber aufgeklärt wird, daß seine Magenneurose darauf beruht, daß er beispielsweise das

Verhalten seines Vorgesetzten ihm gegenüber nicht *verdauen* kann, wird ihm das bei seinen Magenschmerzen nicht sonderlich helfen. Es sei denn, der Arzt oder Psychotherapeut sorgt dafür, daß der Patient seine mißliche Situation ändern kann. Ansonsten wird die Psycho-Logik des Unbewußten sich als stärker erweisen. Vermutlich wird der Patient als nächstes ein Magengeschwür bekommen. Damit kommt der Patient erst einmal für Wochen in ein Krankenhaus. Danach kann er unter Umständen seine Versetzung an einen anderen Arbeitsplatz erreichen. Vom Unbewußten her gesehen, ist so der notwendige Ausgleich zustande gekommen.

Die Psycho-Logik des Unbewußten

Eine derartige *Kompensation* durch das Unbewußte ist allerdings vom Standpunkt des Tiefenpsychologen aus gesehen recht primitiv. Abgesehen davon, daß der Vorgang für den Patienten mit einer Reihe höchst unerfreulicher Umstände verbunden ist. Gelingt es aber in einem solchen Fall dem Psychotherapeuten, dem Patienten das hinter seinem Konflikt mit dem Vorgesetzten stehende Muster, beispielsweise einer erforderlichen Auseinandersetzung mit dem Vater-Archetyp, verständlich zu machen, so wird der Erfolg ein anderer sein.

Worauf es ankommt, ist, daß der Patient erkennt, daß sein Magenleiden nicht nur eine negative Ursache hat, sondern ebenso einen positiven Sinn enthält. Das kann zum Beispiel bereits das Sehen des Vorgesetzten unter einem neuen Aspekt gegenüber dem zuvor gewohnten sein. Ebenso die Entfaltung bisher vernachlässigter Fähigkeiten, so daß der Vorgesetzte zufriedengestellt wird. Oder, sofern die Persönlichkeit des Vorgesetzten das nicht zuläßt, weil dieser selbst neurotisch ist, daß sich der Patient aus eigener Kraft eine neue Position schafft.

Positive Konfliktbewältigung

Verblüffenderweise hat die Vielzahl der Analysen im Sinne von C. G. Jung gezeigt, daß das Unbewußte im Verlauf der analytischen Arbeit derartige positive Lösungsmöglichkeiten für Konflikte anbietet. JUNG war auch der erste, der auf die Sinnbedeutung von Neurosen und psychisch verursachten Krankheiten hinwies und deren Zielstrebigkeit systematisch erforschte.

3. Aggression – Frustration – Depression

Zeitkrankheit Nummer eins

Aggression und Depression zählen zu den Zeitkrankheiten Nummer eins. Das ist eine allgemeine Feststellung. Doch was Zeiterscheinungen angeht, so sind wir – wie bereits erwähnt – nicht nur die Erleider, sondern auch die Macher unserer Zeit. Eine Überwindung von destruktiven Zeiterscheinungen kann daher letztlich nur durch eine Einstellungs- und Verhaltensänderung der einzelnen Individuen bewirkt werden. Für den um Menschenkenntnis bemühten Leser ist es daher in jedem Fall wichtig, grundsätzlich festzustellen, ob eine Person in ihrer Grundeinstellung zu aggressiven oder depressiven Tendenzen neigt. Denn diese bestimmen weitgehend das Verhalten gegenüber den Mitmenschen.

Verhalten als Reaktion

Die amerikanischen Verhaltensforscher sind bemüht, das menschliche Verhalten als Reaktion auf Umwelteinwirkungen, also auf äußere Reize, zu erklären. Der Begründer der Verhaltensforschung, der amerikanische Psychologe John B. WATSON (1878–1958), leugnete die Existenz einer Seele. Er verwies dabei auf die Tatsache, daß er weder unter dem Mikroskop noch im Reagenzglas je habe irgend etwas Seelisches entdecken können. Er hätte ebenso die Existenz des zu seiner Zeit bereits aufkommenden Rundfunks leugnen können, denn die elektrischen Wellen lassen sich im Reagenzglas oder unter dem Mikroskop ebensowenig nachweisen.

Pawlows Hunde-experimente

Watson stützte sich bei seiner Theorie auf die um die Jahrhundertwende von dem russischen Gelehrten und Nobelpreisträger Iwan Petrowitsch Pawlow (1849–1936) entdeckten *bedingten Reflexe.* Pawlow wurde später besonders durch seine Hundeexperimente bekannt. Seine Hunde wurden dabei bestimmten Bedingungen unterworfen. Sie wurden, wie der psychologische Fachausdruck dafür seither lautet, *konditioniert.* Watson nun übertrug die Gültigkeit der physiologischen *Konditionierungsexperimente* Pawlows mit den nach ihm benannten *Pawlowschen Hunden* auf den Menschen.

Er unternahm seinerseits Experimente mit »Little Albert«, einem nicht ganz einjährigen Kind aus einem Waisenhaus. Das im »Journal of Experimental Psychology« 1920 veröffentlichte Protokoll über diese Experimente ist mehr als makaber. Watson und seine Mitarbeiterin Rosaly Rayner erzeugten bei »Little Albert« durch Konditionierung eine *Rattophobie.* Eine Phobie (von griechisch φόβος [phobos] = die Furcht) ist eine krankhafte Angst, wie sie zur Zwangsneurose gehört. Wer dieses Protokoll liest, wird unwillkürlich an die Horror-Zukunftsvisionen von George Orwell in seinem berühmten Roman »1984« erinnert.

Später wurden diese Experimente humanerweise mit Albinoratten fortgeführt. Der bedeutendste Schüler von Watson in den USA, Burrhus Frederic Skinner (geb. 1904), begründete darauf die heute maßgebliche Theorie der Lernprozesse. Danach sind auch Aggression und Depression eine Folge von Konditionierungszwängen und den damit verbundenen Lernprozessen.

Aggression und Konditionierungszwang

Neben der Lerntheorie im Sinne von Watson und Skinner entstand ebenfalls in den Vereinigten Staaten zur Erhellung des menschlichen Verhaltens eine *Motivationsforschung.* Der Begriff *Motivation* umfaßt die Steuerung des Verhaltens hinsichtlich der *Richtung* und *Intensität* durch Motive aller Art. Das Wort Motiv (von lateinisch *motus* = die

Bewegung) bedeutet allgemein Ursache, aber im Sinne einer bewegenden Ursache oder treibenden Verursachung. Wobei das zugrunde liegende lateinische Wort *motus* gleichzeitig die Bedeutung von Trieb, Antrieb, Gemütsbewegung und Gedankentätigkeit hat.

Motivationspsychologie

Die Motivationspsychologie ist heute ein selbständiger Zweig der Allgemeinen Psychologie. Sie sieht ihre Aufgabe in der Prüfung und Zusammenfassung der Untersuchungen, Beobachtungen und Erklärungen aller Zweige einer wissenschaftlichen Menschenkunde und aller psychologischen Schulen, seien es nun die Verhaltensforschung, die Physiologie und Lerntheorie oder die Psychoanalyse, die Individualpsychologie und andere tiefenpsychologische Richtungen. Ihr Ziel ist es, die Verhaltensmotorik ursächlich vom *Motiv* her zu erklären.

Motive und Triebe

Nun ist ja die Befriedigung eines Triebes bereits ein Motiv. Grundtriebe sind beispielsweise der *Nahrungstrieb* und der *Sexualtrieb*. Wobei beide als die zwei Ausdrucksformen des allem Lebendigen innewohnenden *Selbsterhaltungstriebes* angesehen werden können. Der Nahrungstrieb dient der Erhaltung des Individuums, der Sexualtrieb der Erhaltung der Art. Adler sah es weniger biologisch und nahm einen *Machttrieb* als Grund- oder *Primärtrieb* an. Die Motive, die sich daraus ergeben, sind dann beispielsweise *Hunger, Liebe* und *Haß, Geltungsgefühl* und *Machtstreben*. Aus diesen Primärtrieben bildet das Individuum im Verlauf seiner Entwicklung sogenannte *Sekundärtriebe* aus. Darunter lassen sich unterschiedliche Regungen und Strebungen verstehen. Das *Reinlichkeitsstreben*, der *Spieltrieb*, die *Neugier* oder der *Wißtrieb, Anlehnungsbedürfnis, Gemeinschaftsgefühl, Hilfsbereitschaft, Gerechtigkeitssinn* u. a. m. Entsprechend lassen sich eine Unzahl von Motiven katalogisieren und zu Klassen zusammenfassen.

Ob die Motive nun durch angeborene Triebe entstehen oder auf Umwelteinflüsse zurückzuführen sind, ist für die

Psychologie der Motivation nicht so entscheidend. Wesentlich ist für sie, daß von den Motiven Antriebsimpulse für das Verhalten ausgehen. Für viele Sparten der Psychologie ist das vollständig ausreichend. So ist die *Motivationsforschung* heute ein Bestandteil der Meinungsforschung wie der Marktforschung und damit auch der Werbegestaltung. Ebenso ist die Motivation des Verhaltens von Interesse für das Bildungswesen bezüglich der Ausarbeitung von Erziehungsrichtlinien und Unterrichtsplänen. Desgleichen für die Sozialpolitik wie für das Problem der Menschenbehandlung allgemein.

Motive in der Marktforschung

Der Gedanke, die Ergebnisse aller psychologischen Schulen zusammenzufassen und einer Psychologie der Motivation zugrunde zu legen, ist allerdings nicht neu. Auch nicht, wenn er in den letzten beiden Jahrzehnten aus den USA reimportiert wurde. Er geht vielmehr auf Ernst KRETSCHMER, den Begründer der *Klinischen Psychologie* und *Charakterkunde* zurück. KRETSCHMER entwickelte bereits vor über einem halben Jahrhundert für die praktische ärztliche Psychologie ein sogenanntes *Psychobiogramm*. Das ist ein gewissermaßen umfassender psychodiagnostischer Steckbrief einer Person, bei dem die körperlichen Befunde, die Einflüsse der Vererbung, das Triebleben, die soziologischen Verhaltensweisen und die Intelligenz ebenso festgehalten werden wie eine Diagnose der Temperamente, des Charakters und der Lebenseinstellung.

Kretschmers psychodiagnostischer Steckbrief

KRETSCHMER fand, daß den seelischen Reaktionen keineswegs oder nur in den seltensten Fällen Einzelmotive zugrunde liegen, sondern *Motivbündel*. Mit seinem Psychobiogramm ist es möglich, diese Motivbündel aufzufächern und die *Motivdominanz* festzustellen. Die Motivdominanz und *Impulsverschmelzung* sind dann die Ansätze für eine Psychotherapie. Dabei ist es für KRETSCHMER völlig unerheblich, welche Methode angewandt wird. Die *psychagogisch* (Abkürzung für psycho-pädagogisch) geeignetste Methode ergibt sich aus dem Stand des geistigen Niveaus und der Lebenssituation des Patienten.

Motivdominanz und Impulsverschmelzung

Die Begriffe Motivdominanz und Impulsverschmelzung sind – nach KRETSCHMER zitiert – so zu verstehen: »In einem Motivbündel besteht die Tendenz, daß der ethisch höchstwertige Impuls bewußtseinsdominant, der elementar triebhafteste aber dynamisch dominant wird.« Das heißt, je weiter die Bewußtseinsferne oder -schicht, je unbewußter die Motive sind, desto heterogenere Impulse können miteinander verschmelzen.

Für die Abklärung von aggressivem Verhalten kann das Psychobiogramm von KRETSCHMER recht nützlich sein – im Einzelfall. Sein Nachteil ist durch die Fülle der zu berücksichtigenden Faktoren bedingt. Die Untersuchung nimmt sehr viel Zeit in Anspruch. Die Ausarbeitung ist äußerst umständlich. Für eine Diagnose der kollektiven Aggressionen, die ein so ernstes Zeitproblem darstellen, und für eine Kollektivtherapie ist es nicht brauchbar.

Die Motivationspsychologie, wie sie nun wiederum aus Amerika zu uns zurückgekehrt ist, befaßt sich als eine nach den Ursachen des Verhaltens forschende Psychologie selbstverständlich auch mit den Aggressionen. Neuartig an ihr ist allerdings die Vereinfachung: Die Begriffe Ethik, Bewußtsein und geistiges Niveau, wie sie noch bei KRETSCHMER zu finden sind, kennt sie nicht mehr. Das Bewußtsein hat ja die amerikanische Psychologie, wie wir wissen, bereits durch die konsequente Weiterverfolgung einer *Psychologie ohne Seele* durch WATSON eingebüßt. Wie wir sehen, hat sie inzwischen auch den Geist aufgegeben – als Forschungsobjekt.

Psychologie ohne Geist

Was nun die Frage nach den Aggressionen angeht, so erklären die Vertreter der Motivationspsychologie lapidar, eine endgültige Antwort sei bedauerlicherweise heute noch nicht möglich. Noch ist der Streit, ob es sich bei den Aggressionen um die Folge der angeborenen Grundtriebe oder um erlernte Verhaltensreaktionen handelt, nicht entschieden. In den Vordergrund gerückt ist aber die von den US-Psychologen DOLLARD und MILLER aufgestellte *Frustrations-Aggressions-Hypothese.* Es ist dies ein Versuch, die von FREUD und ADLER eingeführten Begriffe von Frustration (Trauma) und Aggression mit den Ergebnissen der Lerntheorie von SKINNER und der darauf basierenden Verhaltenstherapie zu verbinden.

Aggression und Frustration

Der Begriff *Frustration* (von lateinisch *frustratio* = die Täuschung, das Hinhalten, die Verzögerung) wird hier als Enttäuschung verstanden, die eine Behinderung oder den Verzicht von Triebbefriedigung, Realisierung von Bedürfnissen oder von Wunscherfüllung verursacht. Frustrationen lösen nach der Frustrations-Aggressions-Hypothese stets Aggressionen aus, welcher Art auch immer.

Wird Aggression erlernt?

Die Aggression kann gegen einen Mitmenschen gerichtet sein, sie kann sich an dinglichen Objekten abreagieren und – wenn andere Reaktionstendenzen stärker sind und hemmend wirken – sie kann sich gegen die eigene Person richten. Die Art oder Form der Aggression aber ist das Ergebnis eines entsprechenden Lernprozesses. Die Vorbilder, die das Leben bietet, wie auch der Western oder Krimi im Kino und Fernsehen, werden dabei häufig imitiert.

Um die für die Gesellschaft so störenden Aggressionen abzubauen oder wenigstens unter Kontrolle zu halten, schlagen nun die Vertreter der Motivationspsychologie folgendes vor:

- Umgestaltung der Gesellschaft in bezug auf Elternhaus, Schule, Arbeitsplatz, Wirtschaft, Verkehrswesen und Verwaltung zu einer von Zwängen und damit Frustrationsmöglichkeiten befreiten Umwelt. So ließe sich das Erlernen von Aggressionen unterbinden.
- Ableitung der Aggressionen durch vermehrte Sportmöglichkeiten, Fußballwettkämpfe, Fernsehspiele, sofern Aggressionen biologisch triebverwurzelt sind.

Utopische Rezepte

Nun gibt es die Fußballsport- und Fernsehspiele ja seit geraumer Zeit. Die kollektiven Aggressionen, um die es hier geht, sind jedoch damit keinesfalls verschwunden. Was vorgeschlagen wird, ist graue Theorie. Der Frustrationsbegriff ist hier so weit gefaßt, daß letztlich alles als Frustration empfunden werden kann. Die Umfunktionierung der Gesellschaft zu einer frustrationslosen Umwelt, in der ein Erlernen von Aggressionen mangels Möglichkeiten entfällt, ist eine Utopie.

Aggression und Uniformierung

Aggressive Tendenzen sind bereits durch die Kleidung zu erkennen. Wir erwähnten schon die Lederkleidung der Rocker und die provozierende Kleidung der Punks. Diktatoren bevorzugen Uniformen, wobei sie sich gern hohe militärische Ränge verleihen lassen oder selbst zulegen. Die autokratisch regierenden Machthaber ehemaliger Kolonialländer bieten Beispiele dafür. Auch die Angehörigen ideologisch radikaler Gruppen fallen durch ihre Uniformierung auf. Diktatoren und machtbesessene Politiker sind oft von kleiner Statur. Kennzeichnend für sie ist ihre aggressive Besserwisserei und Belehrungssucht. Sie versuchen übrigens oft – die Geschichte kennt die Beispiele – ihre geringe Körpergröße durch das Tragen besonders hoher Absätze an Stiefeln oder Schuhen auszugleichen.

Nicht zu verwechseln ist Aggressivität mit *Aktivität.* Die Aktivität eines Menschen entspringt in der Regel einer positiven, weltzugewandten Lebenseinstellung. Sie ist das Kennzeichen des Optimisten. Die Aggressivität läßt dagegen eher auf eine pessimistische Weltsicht schließen.

Es gibt natürlich auch lebensfrohe und weltzugewandte Menschen, die auf eine besondere Aktivität verzichten und sich mit einer stillen Freude über die Schönheiten der Welt und mit einem passiven Genießen begnügen. Wenn die Lebensmitte bereits überschritten ist, kann das der Fall sein. Dann ist das ein Zeichen für Lebensweisheit. Untätig bleiben derartige Menschen jedoch selten. Sie wenden sich geistigen Interessen zu oder der Kunst, lesen viel und sind bemüht, ihr Wissen zu vervollständigen.

Aktivität ist nicht Aggressivität

In jüngeren Jahren jedoch kennzeichnet den aktiven Menschen bereits die Gespanntheit seiner Körperhaltung und die Raschheit seiner Bewegungen. Ein aktiver Mensch ist ständig beschäftigt, und sei es auch nur damit, daß er immer wieder neue Pläne macht. Er ist ein guter Unterhalter und liebt es, der Mittelpunkt einer Gesellschaft zu sein. Unangenehm wird die Aktivität einer Person allerdings durch die Übertreibung, wenn also die Aktivität zu einer ziellosen Betriebsamkeit wird, zu einer sogenannten Geschaftlhuberei, und begleitet von einer nervösen Unruhe. In dieser verrät sich sogar eine gewisse Egozentrik, die dann bei näheren und intimeren Beziehungen zu Kontaktschwierigkeiten mit dem Partner führt.

Aktive und passive Menschen

Ein passiver Mensch ist das Gegenstück des Aktiven. Er ist langsam in seinen Bewegungen, vermeidet besondere Anstrengungen, zeigt keinen beruflichen Ehrgeiz und besitzt nur geringe geistige Interessen. Er nimmt das Leben, wie es ist. Überlegungen, wie es sein sollte, stellt er nicht an. Er läßt die Dinge an sich herankommen. Die Langeweile, die der aktive Mensch fürchtet, kennt er nicht. Untätigkeit ist ihm nur lieb. Ein passiver Mensch ist jedoch kein Pessimist. Passivität und Pessimismus schließen einander für gewöhnlich sogar aus.

In Gesellschaft sind die Passiven oft geschätzt. Sie erweisen sich als geduldige Zuhörer. Sie wollen nicht erobern. Sie warten ab und lassen die Menschen an sich herankommen. So verhalten sie sich auch in der Liebe passiv. Sie lassen sich lieben. Doch geliebt werden wollen sie schon. Ist das nicht der Fall, kann das zu pessimistischen Tendenzen führen, die dann auch depressive Stimmungen erzeugen.

Die *Depression,* die wie die Aggression zu einer vorherrschenden Zeiterscheinung geworden ist, hat andere Ursachen. Die Depression (von lateinisch *deprimere* = herabdrük-

Zeiterscheinung Depression

ken) ist die Zustandsform einer psychischen Erkrankung, bei der echte oder vermeintliche Enttäuschungen, Minderwertigkeitsgefühle, Hoffnungslosigkeitsgefühl und Lebensüberdruß die Lebensaktivität lähmen. Sie führt in krassen Fällen zum Suicid (Selbstmord).

Von der sogenannten *endogenen Depression* (*endogen* = von innen heraus entstanden), die bereits zu den Geisteskrankheiten zählt, wollen wir hier absehen. Diese erscheint unter dem psychiatrischen Krankheitsbild des *manisch-depressiven Irreseins*. Wieweit hierbei hirnphysiologische Faktoren beteiligt sind, ist noch nicht restlos geklärt. Die Übergänge zur psychisch verursachten und zu den Erscheinungen der Neurosen zählenden Depression sind hier jedoch allerdings fließend.

Es fehlt der Sinn

Die Ursache der gegenwärtig so weit verbreiteten Depressionen ist letzten Endes der fehlende *Lebens-Sinn*. Die Frage nach dem Sinn des Lebens gehört zu den Urfragen der Menschheit. Sie ist so alt wie der Mensch als ein Lebewesen, das sich durch das Bewußtsein von allen anderen Lebewesen unterscheidet. In dem Augenblick, wo oder wie auch immer erste Menschen fähig waren, sich selbst bewußt zu erleben, tauchten die Fragen auf: *Wozu? Woher? Wohin? Was ist der Sinn?*

So gesehen, ist der Sinn des Lebens das primäre Grundmotiv allen menschlichen Verhaltens.

Sie können jetzt fragen: Warum beschäftigen sich die Motivationsforschung und allgemein die herrschende Psychologie unserer Zeit nicht mit diesem Grundmotiv? Weil nach dem unglückseligen materialistischen Denkmodell des verflossenen Jahrhunderts, auf das sich die Gegenwartspsychologie noch immer stützt, das Leben durch einen Zufall entstanden sein soll und angeblich nichts weiter ist, als das Abschnurren eines kosmischen Perpetuum mobile ohne Sinn. Und weil mit hartnäckiger Verbohrtheit an diesem antiquierten Materialismus festgehalten wird, ist die Frage

Sinn als Tabu

nach dem Lebens-Sinn für die herrschende Psychologie zu einem unüberwindlichen *Tabu* geworden, dem sie konsequent aus dem Weg geht.

Da die Frustration – ob durch Triebversagung oder Lernprozeß entstanden – als etwas Negatives angesehen wird, soll sie durch ein Angebot von Ersatzbefriedigungen einerseits wie durch möglichst große Erfüllung von Bedürfnissen und Wünschen anderseits, die als positive Verstärker wirken, ausgeglichen werden. Die Öffentlichkeit glaubt an die Wissenschaft, ja sie ist vielfach zu einer Ersatzreligion geworden. Und weil da die Psychologie dem Menschen sein aggressives oder depressives Verhalten als Folge einer lebens- und umweltbedingten Frustration erklärt, wachsen seine Ansprüche. Damit wächst aber auch die Frustrationsbereitschaft, und die Aggressionen gegen die Umwelt wie die Depressionen nehmen zu. In diesem Sinne kann die Depression auch als eine gegen die eigene Person gerichtete Aggression verstanden werden.

Ein Teufelskreis

Das Ganze wächst sich so zu einem Teufelskreis aus. Eine Auflösung scheint nicht mehr gesehen werden zu können. Die Hoffnungslosigkeit wiederum wirkt frustrierend. Die Befriedigungssucht steigt und erzeugt einen wachsenden Konsumhunger. So werden selbst dingliche Objekte zu potentiellen Aggressionsauslösern. Was läßt sich dazu sagen?

Leben heißt auch leiden

Die meisten Menschen haben vergessen, daß Enttäuschungen und Leid ebenfalls zum Leben gehören. Sie sind ein ebenso fester Bestandteil des Lebens wie beglückende Ereignisse und Freude. Erst durch die Auseinandersetzung mit den Unannehmlichkeiten und schmerzlichen Ereignissen des Lebens reift ein Mensch zu einer vollständigen Persönlichkeit. Die Bewältigung von Schmerz und Leid hängt mit der Selbsterkenntnis zusammen. Sie ist aber ebenso ein Problem der Bewußtheit, auf die wir im folgenden noch näher eingehen werden.

Wir fassen zusammen:

Zur Erweiterung der Menschenkenntnis trägt die Beobachtung der sogenannten Fehlleistungen bei. Hierzu gehören das Versprechen, Verschreiben, unabsichtliche Vergessen, Verwechseln und ähnliche Alltagsfehlleistungen, die meist wenig beachtet werden. Sie können das Ergebnis einer bewußten Verstellung sein, doch häufiger stellen sie eine Korrektur von notwendigen, aber unerwünschten Handlungen oder Verhaltensweisen durch das Unbewußte dar.

In einem erweiterten Sinne sind auch Krankheiten Fehlleistungen. Die von FREUD und ADLER geprägten Begriffe vom Krankheitsbedürfnis und von der Flucht in die Krankheit sind jedoch irreführend. Sie setzen ein gewisses Verschulden des Kranken voraus. Daß die Mehrzahl der Krankheiten psychisch verursacht ist, ist unbestritten. Doch jeder Mensch besitzt eine ihm innewohnende Selbstheilungstendenz. Durch die Beachtung der hinter den Krankheiten erkennbaren Symbolik ist es möglich, den Sinn von Krankheiten zu verstehen. Dieses Verständnis trägt viel dazu bei, die Selbstheilungstendenz zu aktivieren und den Weg zur Heilung zu öffnen.

Aggressionen und Depressionen zählen zu den meistverbreiteten Zeitkrankheiten. Aggressive sind bereits äußerlich durch eine provozierende und uniforme Kleidung zu erkennen, ebenso durch die Mißachtung von Höflichkeitsformen und durch Besserwisserei. Depressive fallen durch Klagen über Hoffnungslosigkeitsgefühle und Lebensüberdruß auf. Die Depression ist eine ernste psychische Erkrankung. Auf Selbstmordäußerungen ist stets zu achten. Durch vermehrte Konsumangebote und Freizeitgestaltung gemäß der psychologischen Aggressions-Frustrations-Hypothese läßt sie sich nicht beheben. Ihre Ursache ist vielmehr der fehlende Lebens-Sinn. Es gilt zu bedenken, daß Enttäuschungen und

Leid ebenso zum Leben gehören wie beglückende Ereignisse und Freude. Die Annahme von Schmerz und Leid ist mit der Ausreifung zur vollständigen Persönlichkeit eng verbunden.

IX. Psychologie der Partnerwahl

1. Ziehen sich Gegensätze an?

Wenn sich Menschen von großer Gegensätzlichkeit zu einer Partnerschaft zusammenfinden oder sogar eine Ehe miteinander schließen, stellt das für ihre Umgebung stets eine Überraschung dar. Die Gegensätzlichkeit kann sich auf das Aussehen beziehen, auf das Alter, das Bildungsniveau, die Herkunft wie auf die geistigen, künstlerischen oder allgemeinen Interessen.

Fast alle Männer und die meisten Frauen finden es unverständlich, daß bildschöne junge Frauen häufig Männer von abstoßendem Äußeren, geringer Bildung und vielleicht auch noch von beträchtlich höherem Alter heiraten. Man erklärt sich das dann oberflächlich damit, daß diese jungen Frauen des Geldes wegen geheiratet hätten. Doch das Geld ist dabei nicht das Entscheidende. Es handelt sich hier vielmehr durchweg um frigide Frauen. Geld ist für sie ein Ausgleich für die Hingabe ohne Gefühl. Aber diese materiellen Vorteile würden ihnen auch gutaussehende Männer im reiferen Alter bieten. Es ist daher eine neurotische Sicherungstendenz, die gerade verunstaltete Männer für frigide Frauen so anziehend macht. Bei ihnen entfällt die Befürchtung, daß eine andere Frau sich dazwischendrängen könnte.

Es geht nicht um Geld

Wenn wir hier an den psychischen Projektionsvorgang

denken, wie wir ihn eingangs im Zusammenhang mit dem psychischen Persönlichkeitsmodell und der Animus-Anima-Projektion besprochen haben, so steht auch hier eine Animus-Projektion dahinter. Doch ist es ein archetypisches Animusbild und Verhaltensmuster, das diese Projektion auslöst. Es ist das archetypische Muster, wie es in der Fabel von *La Belle et la Bête* seine volkstümliche Gestaltung gefunden hat.

Ein archetypisches Muster

Beginnen wir die Erläuterung dieses Verhaltensmusters mit der Schilderung eines Falles aus der Praxis:

Die Schönheit und das Monster

Ein knapp zwanzigjähriges Mädchen von wirklich rassiger, ausdrucksvoller Schönheit und starker erotischer Ausstrahlung konnte sich ihrer Verehrer kaum erwehren. Es waren angesehene, gutsituierte Männer von tadellosem Aussehen darunter, die ihr Heiratsanträge machten. Zum allgemeinen Erstaunen wurde sie jedoch die Geliebte eines zwar vermögenden, aber primitiven Geschäftsmannes, dessen eine Gesichtshälfte durch ein Blastrom, eine riesige Geschwulst, verunstaltet war. Diese Geschwulst erstreckte sich bis an das Augenlid und verlieh seinem Blick etwas Monströses. Zwei Jahre später heiratete sie ihn.

Sie gab an, daß sie beim ehelichen Verkehr mit ihm nichts empfinde. Sie war also frigid. Und sie bekannte, ständig in der Angst gelebt zu haben, einen Mann nicht halten zu können. Auch ihr Vater habe ihre Mutter verlassen, und sie kenne ihn nicht. Ihr Ehemann aber, den wegen seines Aussehens keine andere Frau wolle, würde sie »auf Händen tragen« und ihr jeden Wunsch von den Augen ablesen. Sie sei sicher, daß ihre Wahl richtig gewesen sei. Was ihr allerdings Kummer mache, sei die übertriebene Eifersucht ihres Mannes, obwohl sie ihm seit zwei Jahren treu wäre. Er aber ließe sie keinen Augenblick allein, seit sie verheiratet waren.

Sie äußerte, wenn ihr Mann wüßte, wie wenig ihr der Sex bedeute, würde er auch verstehen, wie sinnlos seine Eifersucht sei. Worauf ihr Therapeut die Situation mit folgenden Worten zusammenfaßte: »Sie haben Ihren Mann trotz oder sogar wegen seiner äußeren Verunstaltung geheiratet, weil Sie sich mit ihm eine Ehe von Dauer erhofften. Für Sie ist Ihre Wahl eine Garantie für Geborgenheit und Sicherheit. Daß der Anlaß Ihrer Wahl aber Ihre unerklärliche Angst war und daß Sie treu sein können, weil Ihnen ein Mann in sexueller Hinsicht nichts bedeutet, weiß Ihr Gatte nicht. Er kann das vermutlich auch nicht verstehen. Ihre Gefühlskälte entgeht ihm nicht. Das macht ihn unsicher, und daher kommt seine übertriebene Eifersucht. Wenn Sie Ihren Mann von seiner Eifersucht befreien wollen, dann bekennen Sie ihm die Motive für Ihre Wahl wie für die Möglichkeit Ihrer Treue ebenso offen wie hier.« Die junge Frau wandte dagegen ein, so offen könne sie mit ihrem Mann nicht reden. Er müßte sie ja für eine eiskalte Person halten, besonders, da er so stolz auf seine Fähigkeiten als Mann sei.

Garantie für Geborgenheit

Sechs Monate später betrog sie jedoch ihren Gatten. Aus Trotz gegen seine unerträgliche Eifersucht, wie sie betonte. Die Ehe wurde geschieden. Ihre Sicherheit und Geborgenheit hatte sie also aufgegeben.

Erhellen wir den Fall dieser jungen Frau mit den Methoden der Tiefenpsychologie, so tritt in der Wahl ihres Mannes ein verborgener Sinn zutage. Es liegt ja hier eine Partnerschaft der Gegensätze von *La Belle et la Bête* vor, wenn wir an das monströse Aussehen des Ehemannes denken. Dieses Motiv von der »Schönen und dem Untier« ist ein uraltes Märchen- und Sagenmotiv. Es zeigt das archetypische Bild der verzauberten Jungfrau. Der Zauberer, das Monstrum, das Untier oder der Riese, der die Jungfrau gefangenhält, ist ein archetypisches Vatersymbol.

Väter und Töchter

Im Leben der Tochter ist der Vater die prägende Erziehungsperson. Durch sein Vorbild wird ihre Weiblichkeit in der Beziehung zum Mann geformt und gestaltet. Fehlt der Vater, wie im Fall dieser jungen Frau, kann sie ihre Erotik nicht auf die Stufe einer körperlich-seelischen Ganzheitlichkeit herausentwickeln. Solche Frauen werden frigide und verhalten sich oft dirnenhaft, weil ihrer Sexualität der seelische Wert fehlt.

Die unbewußte Vaterfigur

Der Riese oder das Untier, die im Märchen die Jungfrau gefangenhalten, symbolisieren die primitive sexuelle Triebkraft, die das Seelische gefangenhält im Zauberbann des Unbewußten. Die zauberische unbewußte Vaterfigur hält in einer Art magischem Inzest die erotisch-gefühlsmäßig noch unentwickelte Jungfrau fest, bis der Held kommt, der sie erlöst.

Der befreiende Held

Unsere schöne Patientin war in der Entwicklung ihrer Weiblichkeit durch ihre Angst blockiert, weil der Vater ihre Mutter vor ihrer Geburt verlassen hatte. Unbewußt sehnt sich aber jede gefühlskalte Frau nach der Erlösung zur vollen, gefühlserfüllten Weiblichkeit und hofft auf den Mann, der für sie der befreiende Held ist. In ihren Bewußtseinsüberlegungen hatte sie geglaubt, sie würde ihrem Mann treu sein können, weil ihr die Sexualität nichts bedeutet. Indem sie sich aber zum Symbol der unerlösten Jungfrau macht, muß sie auch die Kräfte der Männer vom Typ des Helden auf sich ziehen.

Wir wissen nur, daß die junge Frau ihren Mann betrog und die Ehe geschieden wurde. Ob sie den Helden gefunden hat, der sie aus ihrer Gefühlskälte erlöste, wissen wir nicht. Man könnte es vermuten, weil sie sich scheiden ließ und die von ihr fast zwanghaft erstrebte Sicherheit aufgab.

Die durch einen hohen Altersunterschied bedingte Gegensätzlichkeit kommt ebenfalls häufig vor. Beispiele für Ehen mit einem beträchtlichen Altersunterschied sind von prominenten Persönlichkeiten zur Genüge bekannt. Der berühmte Cellist Pablo CASALS stand bereits im einundachtzigsten Lebensjahr, als er eine um sechzig Jahre jüngere Schülerin zum Altar führte. Pablo PICASSOS Sohn Claude wurde 1947 geboren. Der Künstler war damals immerhin sechsundsechzig Jahre alt. Der bekannte Filmschauspieler Charlie CHAPLIN war vierundfünfzig Jahre alt, als er mit der achtzehnjährigen Oona O'NEILL die Ehe schloß. Wie glücklich diese Ehe verlief, beweisen seine acht Kinder.

Junge Frauen – alte Männer

Nicht nur so bedeutende Künstler fanden im Alter überraschend junge Frauen. Unter dem Titel »Mein Mann könnte mein Vater sein« veröffentlichte vor einiger Zeit eine Familienzeitschrift die Interviews mit zehn Frauen von Schriftstellern, Regisseuren, Ingenieuren und Unternehmern, die zwischen dreißig und fünfzig Jahren jünger sind als ihr Ehemann. Von diesen zehn Frauen beklagten nur drei ihr Schicksal.

Die achtundzwanzig Jahre jüngere Frau eines Schauspielers erklärte: »Altersunterschied? Vollständig bedeutungslos! Manchmal frage ich mich, ob mein Mann nicht wesentlich jünger ist als ich.« Die vierundzwanzigjährige Frau und Assistentin eines über sechzigjährigen Arztes erklärte auf die Frage nach dem Altersunterschied: »Was wollen Sie? Ein Mann wie meiner könnte jede Frau haben. Denn er versteht die Seele einer Frau.«

Positiver Vaterkomplex

Diese Antworten erklären, warum junge Mädchen häufig sehr viel ältere Männer heiraten und die Ehen glücklich verlaufen. Psychologisch gesehen, liegt in diesen Fällen gewiß ein Vaterkomplex vor. Doch im Gegensatz zu der schönen Patientin des zuvor besprochenen Falles, bei der ein negativer Vaterkomplex infolge des Fehlens des Vaters diagnostiziert werden kann, handelt es sich in den obigen Fällen um einen positiven Vaterkomplex.

Vatertöchter sind oft erstgeborene Töchter, die nach dem Wunsch der Eltern hätten ein Junge werden sollen. Sie sind die Töchter aktiv-dynamischer Vaterpersönlichkeiten, die im Beruf wie in der Ehe eine beherrschende Rolle einnehmen. Ihr Animus, ihr inneres Seelenbild vom Mann, ist zu stark an den Vater fixiert. Diesen Frauen ist es nicht gelungen, die während der Kindheit verständliche und natürliche Liebe zum Vater nach der abgeschlossenen Pubertät aufzugeben. Da das Inzesttabu eine Verwirklichung verhindert, werden ihre erotischen Gefühle für den Vater abgewehrt und verdrängt. In ihrer Partnerwahl bevorzugen sie dann ältere Männer, die ihren unbewußten Vorstellungen vom Vaterbild entsprechen.

Der Elektra-Komplex

Wenn eine überstarke Vaterbindung eine Eheschließung oder überhaupt die Liebesbindung an einen Mann verhindert, sprechen wir von einem *Elektra-Komplex.* Dieser stellt das Gegenstück zu dem von FREUD für den an die Mutter fixierten Sohn geprägten Begriff des *Ödipus-Komplexes* dar. Elektra, die Tochter des griechischen Königs Agamemnon und der Klytämnestra, lebte nach der Ermordung ihres Vaters durch den Liebhaber ihrer Mutter nur noch der Rache halber. In der Ehe blieb sie unberührt.

Der Typ der Amazone

H. v. HATTINGBERG bezeichnet in seinem Buch »Über die Liebe« diesen Frauentyp als den Typ der *Amazone.* Den »Amazonen« gelingt meist eine sogenannte *Sublimation.* Ihre verdrängte Erotik wird auf eine höhere Stufe gehoben und umgewandelt in karitativen oder sonstigen sozial nützlichen Berufen ausgelebt. Oder es wird die überschüssige psychische Energie einseitig zur Ausbildung geistiger Fähigkeiten eingesetzt. Diese meist herben Frauen, hinter deren Schroffheit sich oft noch mädchenhafte Zartheit verbirgt, werden mit zunehmendem Alter einsam und leiden immer mehr unter ihrem Unbefriedigtsein. Versuchen sie dann, das versäumte Liebesleben nachzuholen, geraten sie häufig an primitive und geistig weit unter ihnen stehende Männer. Daraus ergeben sich nur zu oft tragische Konfliktsituationen.

Wenn ältere Männer junge Frauen wählen, so erscheint das insoweit verständlich, daß sie sich von einer jungen Frau eine zweite Jugend erhoffen. Bereits im Alten Testament, im Buch der Könige, wird ein bekanntes Beispiel dafür geboten:

Ein biblisches Beispiel

Als König *David* alt war und nicht mehr warm werden konnte, sagten seine Diener: »Laßt uns eine Jungfrau suchen, die sein pflege und schlafe in seinen Armen.« Sie fanden *Abisag* von Sunem und führten sie ihm zu. Der Brauch, dem alternden Herrscher eine junge Frau als Mittel zur Regenerierung seiner Lebensvitalität zuzuführen, wurde – nach zeitgenössischen Berichten – jahrtausendelang bis in das 16. und 17. Jahrhundert hinein geübt.

Bei einem Mann, der eine wesentlich jüngere Frau wählt, steht naturgemäß eine entsprechende Anima-Projektion dahinter. Seine Anima ist dabei häufig an das Bild der Kind-Frau fixiert. Was ihn entzückt, sind außer dem Reiz und Charme der Jugend eine gewisse kindliche Naivität. Das Gefühl, eine derartige Frau die Liebe zu lehren – die lachende Liebe, wie es ein Patient einmal ausdrückte –, verschafft ihm ein hohes Maß von Selbstbestätigung. Wie tragisch derartige Anima-Projektionen anderseits ausgehen können, hat der Schriftsteller NABOKOV in seinem berühmten Roman »Lolita« geschildert.

Die lachende Liebe

Frauen gehen ebenfalls Verbindungen mit weitaus jüngeren Männern ein, die teilweise ihre Söhne sein könnten. Berühmte Beispiele liefert die Geschichte: Die Zarin KATHARINA die Große – sie lebte von 1729 bis 1796 – war bereits im sechsten Lebensjahrzehnt, als Fürst POTEMKIN ihr Liebhaber wurde. Ein anderes Beispiel bietet die zu Beginn des 17. Jahrhunderts geborene Geliebte des Kardinals RICHELIEU, Ninon de LENCLOS, eine der ewig jungen Frauen. Ihr lagen drei Generationen einer Familie zu Füßen. Sie bezauberte jenseits der Sechzig den Enkel ebenso, wie sie dessen Vater und Großvater in der Jugend und im reifen Alter bezaubert hatte.

Junge Männer – ältere Frauen

Was die jungen Männer angeht, die sich von weitaus älteren Frauen angezogen fühlen, so liegt bei ihnen eine überstarke Mutterbindung vor, für die FREUD den bekannten Begriff *Ödipus-Komplex* geprägt hat. Danach erwacht in jedem kleinen Jungen, so etwa mit drei Jahren, wenn er sein Geschlechtsorgan entdeckt, der Wunsch, mit der Mutter zu verkehren. Was dem inzestuösen Lustbegehren des Knaben im Wege steht, ist der Vater. Er ist der Nebenbuhler um die mütterliche Gunst. Der kleine Junge verspürt heftige Eifersucht. Ein dumpfer Drang ergreift ihn, den Vater aus dem Wege zu räumen. Doch dieser Drang, den Vater totzuschlagen, erzeugt gleichzeitig die Angst, der Vater könnte seinerseits gewalttätig reagieren. Seine Befürchtung ist, der Vater würde ihm das Glied abschneiden. Diese *Kastrationsangst* – so FREUD – ist es, die den Knaben auf einen Inzestverkehr mit der Mutter verzichten läßt.

Inzestwunsch und Kastrationsangst

Der Begriff Ödipus-Komplex hat sich heute allgemein durchgesetzt. Er ist nicht recht zutreffend gewählt.

Der Ödipus-Komplex

Ödipus jedenfalls hatte keinen Ödipus-Komplex. Auf seiner Abenteuerfahrt, das Untier *Sphinx* zu besiegen, erschlug Ödipus einen alten Mann, der ihm den Weg verwehrte. Daß es sein Vater *Laios* war, wußte er nicht. Er war als Säugling ausgesetzt und von einem Schäfer aufgezogen worden. Ebensowenig wußte Ödipus, daß die Königin *Jokaste,* die er heiratete, seine Mutter war. Als Preis für seine Heldentat fiel ihm die Königswürde zu; zusätzlich – nach damaliger Sitte – die alternde Königswitwe Jokaste. Begehrt hat er diese sicher nicht. Worauf es ankam, war der Königsthron als Siegeslohn.

Der Sinn des antiken Dramas war es zu zeigen, daß die Menschen ihrem Schicksal nicht entgehen können. Das Schicksal von Laios und Jokaste war ihnen von den Göttern bestimmt; im gewissen Sinne eine Strafe dafür, daß sie ihr Kind Ödipus (wörtlich: der Schwellfuß) aussetzen ließen. Das war ein im Altertum üblicher Brauch, sich körperbehinderter Kinder zu entledigen.

Im übrigen gibt es vielerlei Gründe für eine überstarke Mutterbindung. Das kann der fehlende Vater sein, wenn es zu einer Scheidung kam oder die Mutter nicht verheiratet war. Das kann der Fall sein, wenn sich der Vater zu wenig um die Erziehung kümmerte und diese der Mutter überließ. Auch die Liebe zu Muttersatzpersonen in der Jugend kann später zu einem Mutterkomplex führen.

Doch nach dieser Abschweifung zurück zu der Frage, ob sich Gegensätze anziehen? Wenn wir den psychischen Projektionsmechanismus berücksichtigen, so mag das auf äußere Gegensätzlichkeiten zutreffen. Doch das, was anziehend wirkt, ist die Übereinstimmung der innerseelischen Bilder von Animus und Anima. Unter Personen des gleichen Geschlechts wirken äußere Gegensätze ebenfalls anziehend. Hier ist es der *Schatten*, der projiziert wird. Doch dafür muß beim Partner ein entsprechender Projektionsaufhänger vorhanden sein. Das heißt, der Partner muß den unbewußten Schatteneigenschaften entsprechen.

Übereinstimmung der innerseelischen Bilder

2. Die Gemeinsamkeit der Interessen

Die Gemeinsamkeit der Interessen bildet ein stärkeres Band, als es die Anziehungskraft von Gegensätzen vermag. So versuchen die meisten Menschen in der Liebe wie in der Ehe, ihren Partner ihren Interessen anzupassen und ihn nach ihren Vorstellungen umzuformen. In jedem Mann ist ein heimlicher *Pygmalion* verborgen. Pygmalion, König von Kypros, hatte sich in ein von ihm geschaffenes Elfenbein-Standbild der Aphrodite verliebt. Er bat die Göttin, dieser Skulptur Leben zu verleihen. Sein Wunsch wurde ihm gewährt, und er heiratete der Erzählung nach die von ihm geschaffene Ideal-Frau. Der irische Dichter George Bernard SHAW hat diese Fabel zu einer reizvollen Komödie gestaltet. Das auf dieser Grundlage entstandene Musical mit dem Titel »My Fair Lady« wurde ein Welterfolg.

Der Pygmalion-Effekt

Gemeinsamkeiten sind stärker

Aus den Feststellungen von Psychotherapeuten und Eheberatern wie aus psychologischen Partnerschaftsumfragen geht übereinstimmend hervor, daß vergleichbare Herkunft und Bildung, gleiche oder sich ergänzende Berufe, gemeinsame kulturelle, geistige und religiöse Wertvorstellungen erheblich zu einer harmonischen Zweierbeziehung beitragen. Eine Garantie für die Stabilität einer Partnerschaft bieten diese Gemeinsamkeiten allerdings auch nicht.

Sprangers Interessentypen

Der Tübinger Psychologieprofessor Eduard SPRANGER (1882–1963), bekannt durch seine »Psychologie des Jugendalters« – so der Titel eines seiner Hauptwerke –, hat eine Typologie von sogenannten *Interessentypen* entwickelt. SPRANGER unterscheidet darin nach Lebensformen, die durch die Einflüsse eines überindividuellen Geistes in drei Erscheinungsweisen, dem normativen Geist – Recht, Sitte und Moral –, dem objektivierten Geist und dem Gruppengeist, mitausgebildet werden. Die Annahme eines überindividuellen Geistes erinnert an das Kollektive Unbewußte von C. G. JUNG, doch deckt er sich mit diesem Begriff nur teilweise.

SPRANGERS Typen werden auch als *Prävalenz-Typen* bezeichnet, nach dem aus dem Lateinischen abgeleiteten Wort *prävalieren* für vorherrschen, überwiegen. Wie sehen diese Typen nun aus?

a) Der Praktiker

Der praktisch-technische Typus, wie er auch genannt wird, ist auf die praktische Wirksamkeit seines Verhaltens ausgerichtet. Er folgt dem Grundsatz: »Probieren geht über studieren.«

Alles ist Mittel zum Zweck

Für ihn ist alles – unter Umständen auch der Mitmensch – stets Mittel zum Zweck. Er ist der geborene Handwerker oder Techniker. So fühlt er sich am wohlsten in seiner Werkstatt oder seinem Labor. Hat er einen anderen Beruf, so werkelt er im Haus und im Garten. Die vielen heimlichen Erfinder zählen zu diesem Typ.

Theorien interessieren ihn nicht. Auch nicht die ästhetische Form seiner Erzeugnisse. Was für ihn zählt, ist die praktische Betätigung. Dabei kann es vorkommen, daß er seine ursprünglichen Ziele aus den Augen verliert. Als Wissenschaftler stützt er sich mit Vorliebe auf aufwendige technische Versuchseinrichtungen. In leitender Stellung oder als Politiker schätzt er einen umfangreichen Organisationsapparat.

Neurotischer Perfektionismus

Unerfreulich ist dieser Typ, wenn er zum Perfektionisten wird. Perfektionismus ist neurotisch. Er strebt nach Vollkommenheit. Doch Vollkommenheit ist für Menschen unmöglich. Was der Mensch erstreben kann, ist Vollständigkeit.

b) Der wirtschaftliche Typus

Der Wert der großen Zahl

Der wirtschaftliche oder ökonomische Typ ist in seinem Wesen ein Kapitalist. Sein Denken wird beherrscht vom Wert der großen Zahl. Dieses Denken und Bewerten in Zahlenbegriffen ist ein charakteristischer Zug der Bevölkerung der Vereinigten Staaten, dem Land der Rekorde. Es mag sein, daß dieses ökonomische Werten gegenwärtig nicht mehr so kraß ausgeprägt ist wie zur Zeit der Jahrhundertwende und noch bis vor ein oder zwei Jahrzehnten. Nirgendwo wurde ein Mensch so sehr nach seinem Besitz in Geld umgerechnet bewertet wie in den USA. Für Partnerschaftsbeziehungen und besonders für die Ehe war die Fähigkeit, Geld zu verdienen, ausschlaggebend.

So liebt es der ökonomische Typ, seinen Besitz zur Schau zu stellen und sich mit Statussymbolen zu schmücken. Wissenschaft, Kunst und Literatur bewertet er nach ihrer Bedeutung als Kapital oder Einkommensquelle. Die Religion wie die Moral wurden von den amerikanischen Puritanern beachtet, nach dem Grundsatz, daß Gott die Gläubigen durch geschäftliche Erfolge belohnt.

Das wirtschaftliche Denken ist nicht nur vorteilhaft für den einzelnen. Im Sinne der menschlichen Entwicklung ist es die treibende Kraft und gewiß unverzichtbar. Die Entwicklung der abendländischen Kultur und Zivilisation und die Beherrschung der Welt durch diese wären ohne den ökonomischen Typus nicht möglich gewesen. Das soll aber nicht heißen, daß er als Schöpfer der Kultur anzusehen ist, wie es einer materialistischen Vorstellung entspricht. Die Kultur ist ein Ausfluß des menschlichen Geistes. Der Geist aber läßt sich mit materiellen Maßstäben nicht messen.

Unternehmer und Spekulant

Zum wirtschaftlichen Typ zählt der Unternehmer; auch der weniger günstig beurteilte Spekulant und der Sparer. Der sparsame Mensch wird vor allem dann wenig angesehen sein, wenn sein Hang zum Sparen in Geiz ausartet. In der Regel bedeuten Erwerb und Besitz für den wirtschaftlichen Typ nicht Selbstzweck, sondern gelten für ihn als Kennzeichen seines Erfolges.

c) Der Theoretiker

Im Gegensatz zum Praktiker ist für den Theoretiker das Studieren wichtiger als das Probieren. Er versucht hinter allen Dingen die Wahrheit zu erkennen. Ohne Theorie lassen sich keine neuen Erkenntnisse gewinnen. Es bedarf stets theoretischer Überlegungen, um eine experimentelle Versuchsanordnung zu entwickeln, die dann erst im nachhinein die Widerspruchsfreiheit zwischen Theorie und Praxis beweist. Allerdings überschätzt der Theoretiker häufig das rationale, logische Denken. Das Irrationale hat in der Welt ebenso seinen Platz. Der Wahrheit kann sich die Wissenschaft nur immer schrittweise nähern.

Der Begründer der neuzeitlichen Vernunfttheorie, der Philosoph René DESCARTES (1596–1650), wollte die Einsichtsfähigkeit der Vernunft mit dem Satz beweisen: »Cogito ergo sum!« – »Ich denke, also bin ich!« Für DESCARTES ist dieser Satz eine Grundwahrheit. Er ist für ihn der Beweis, daß, wenn die Vernunft eine solche irrtumsfreie Erkenntnis vermittelt, wie die der eigenen Existenz, sie ebenso fähig sein muß, prinzipiell das Sein zu erkennen. Doch das ist etwas, was man einen *circulus vitiosus*, einen Zirkelschluß, nennt. So faszinierend die Überlegung von DESCARTES auch ist, sie beweist dem Denkenden lediglich seine Existenz, mehr nicht.

Cogito ergo sum

Für den großen Gegenspieler von DESCARTES, Sir Francis BACON (1561–1626), war die experimentelle Erforschung der Naturgesetze maßgeblich. Er suchte ebenfalls nach den Ursprüngen der Vernunft. Nur daß er die Weltgesetze auf dem Wege der Naturbeobachtung und Erfahrung – von der Erforschung der Chemie der Stoffe bis zu Beobachtung der Gestirne und Berechnung mathematischer Strukturen und Gesetzmäßigkeiten – sicherer zu enträtseln hoffte als durch rein gedankliche Spekulationen und Glaubensvorstellungen. Von Francis BACON stammt übrigens der berühmt gewordene Satz: »Wissen ist Macht.«

Die Gegenüberstellung der beiden Philosophen und Naturforscher soll die Unterschiedlichkeit des theoretischen und des empirischen Denkens verdeutlichen. Im Leben wirkt der Theoretiker oft ein wenig weltfremd. Gefühle und Empfindungen bedeuten ihm nichts. So theoretisiert er beim Anblick eines Sonnenunterganges lieber über kosmische Theorien, als die Schönheit des Augenblicks zu beachten. Das macht ihn im Umgang mit seinen Mitmenschen oft unerträglich.

Theorien ohne Gefühle

d) Der Ästhet

Die Lebenseinstellung des ästhetischen Typus ist die des Betrachters. Er deutet die Welt nach seinen Vorstellungen.

Er liebt die Schönheit. Zwar sieht er die Unzulänglichkeiten der Welt und des Lebens, doch meidet er den Umgang mit allem Häßlichen. Das gilt auch für die Mitmenschen, die seinen ästhetischen Vorstellungen nicht entsprechen. Von GOETHE stammt die Auffassung, die gesamte Welt sei ein ästhetisches Problem. Theorien interessieren den Ästheten nicht.

Schönheit ist alles

In der Liebe wie in der Ehe stellt der Ästhet die Schönheit und die liebenswerte Gestaltung der Beziehung über die wirtschaftlichen und praktischen Interessen. Sein Wunsch ist es, die Beziehung zu zweit wie einen Roman zu gestalten und zu erleben. Das macht ihn als Mann für Frauen besonders anziehend. In der Übertreibung kann der ästhetische Typ die Äußerlichkeiten überbetonen. Dann wirkt er affektiert.

In der Kleidung legt dieser Typ Wert auf Eleganz. Seine Redeweise ist betont höflich und korrekt. Unter Künstlern und Musikern ist er häufig zu finden. Es gibt aber auch Politiker, die nie die elegante Form vergessen. Der frühere französische Staatspräsident GISCARD D'ESTAING bot ein Beispiel dafür.

Der ästhetische Typ kann schöpferisch gestaltend tätig sein, er kann sich aber auch auf ein stilles Genießen beschränken. Doch beides schließt einander nicht aus.

e) Der soziale Typus

Für den sozialen Typus stehen die zwischenmenschlichen Beziehungen im Mittelpunkt seiner Lebenseinstellung. Seine Stellung innerhalb der Gesellschaft ist ihm wichtig. Er mag nicht allein sein. Er sucht Beziehungen und versucht Einfluß innerhalb der Gesellschaft zu gewinnen. So schätzt er die Mitgliedschaft in Verbänden und Vereinen, in denen er aktiv mitarbeiten kann. Er betätigt sich auch in karitativen Unternehmungen, organisiert Hilfsaktionen und

Das typische Mitglied

ist bei der Gründung von Bürgerinitiativen dabei. Das treibende Motiv ist für ihn das Bewußtsein seiner sozialen Verantwortung. Bei vielen Angehörigen sozialer Berufe ist das sicher der Fall. Dabei können – wie beispielsweise in der Krankenpflege – religiöse Anschauungen eine bestimmende Rolle spielen. In den negativen Fällen kann ein soziales Engagement auch auf Geltungssucht beruhen.

Soziale Verantwortung

Allgemein ist der soziale Typ ein guter Gesellschafter. Er liebt die Unterhaltung, zu der er gern beiträgt. Doch er kann auch ein guter Zuhörer sein. Kennzeichnend für ihn ist seine Anpassungsfähigkeit an die jeweils herrschenden Sitten und Gebräuche. Das gilt auch für seine geistigen und künstlerischen Interessen. Er bevorzugt, was jeweils »in« ist. Wirtschaftliche Interessen haben für ihn die Bedeutung des Mittels zum Zweck. Er strebt nach Einkommen und Besitz in der Regel nur im Rahmen dessen, was zur Festigung seiner gesellschaftlichen Stellung erforderlich ist.

Alles in allem ist der soziale Typus das, was man ein nützliches und geschätztes Mitglied der menschlichen Gesellschaft nennt.

f) Der Politiker

Eigentlich sollte der Typ des Politikers zum sozialen Typus zählen. Doch SPRANGER stellt ihn in seinen Lebensformen als eigenen politischen Typus heraus. Für ihn ist es der Typ des vom »Willen zur Macht« getriebenen oder von der Macht besessenen Menschen. Ganz gleich, ob es sich dabei um den Gewinn von persönlicher Macht handelt oder als Führer einer politisch-ideologischen Bewegung. Die Geschichte bietet hinreichend Beispiele für Machtmenschen. Angefangen von Julius CÄSAR, der lieber in einem Dorf der Erste als in Rom der Zweite sein wollte, über LUDWIG XIV., von dem das Wort stammt: »Der Staat bin ich«, bis zu den Diktatoren unseres Jahrhunderts.

Der Wille zur Macht

Für den politischen Typus haben sich Wissenschaft, Wirtschaft und Technik der Politik unterzuordnen. Das gilt auch für die Kunst. Sogar die Religion wird für politische Ziele eingespannt. Was dem politischen oder Macht-Typus zu eigen ist, ist ein demagogisches Talent. Er vermag die Massen zu faszinieren und ihnen seine ideologischen Vorstellungen so zu suggerieren, daß sie sich damit identifizieren können. Das Fatale an Menschen dieses Typus ist, daß sie ihre Anschauungen und damit die Erhaltung ihrer Machtposition notfalls auch mit Gewalt durchzusetzen versuchen, wenn sie es anders nicht erreichen können.

Der Demagoge

Zum Glück gehören nicht alle Politiker zu diesem Typus. Doch die Idealisten unter ihnen werden zumeist von den Machttypen überstimmt und aus ihrer Stellung verdrängt. Der Extremtyp des Machtmenschen kennt keine Grundsätze. Er wechselt seine Anschauungen wie seine Kleider. Das Wohl seiner Mitmenschen ist ihm gleichgültig. Für ihn zählt allein die Erhaltung seiner Machtposition. Dieser Typus findet sich übrigens in allen Lebensbereichen.

Für Alfred ADLER hat der »Wille zur Macht«, den er der Philosophie Friedrich NIETZSCHES entlehnt, seine Wurzel in einem Minderwertigkeitskomplex. Für NIETZSCHE (1844–1900) ist sein »Wille zur Macht« keineswegs ein Wille im Sinne eines Zweck- und Nützlichkeitsstrebens. Für ihn ist es der Wille zur Höhe, zur Bewußtheit. »Ich lehre Euch den Übermenschen«, heißt es im »Zarathustra«. »Der Mensch ist etwas, was überwunden werden soll.« Gegenüber diesem Ideal des Übermenschen erscheint der nicht zur Bewußtheit strebende »Normalmensch« wie eine Art Rohform. »Was ist der Affe für den Menschen? Ein Gelächter oder eine schmerzliche Scham. Und eben das soll der Mensch für den Übermenschen sein: ein Gelächter oder eine schmerzliche Scham.« Für NIETZSCHE ist das die Antwort auf die »Psychologie ohne Seele«, wie sie zu seiner Zeit als Konsequenz des Materialismus gefordert wurde.

Nietzsches Übermensch

3. Hirnelektronik und Denktypen

Wir haben inzwischen eine Reihe von Typologien kennengelernt, von der Typeneinteilung der Antike über die Körperbau- und Charaktertypen, die Unterscheidung nach äußeren Merkmalen, die Psychologischen Typen und die Interessentypen. Das Wirken der höheren psychischen Funktionen kann darüber hinaus in den Mustern der elektronischen Wirbel und Felder, die das menschliche Gehirn durchschwirren, registriert werden. Die moderne Hirnphysiologie hat hierfür die Elektro-Encephalographen – kurz EEG genannt – geschaffen. Das sind hochempfindliche Geräte zum Messen und Aufzeichnen der elektronischen Hirnstrombilder.

Der amerikanische Neurophysiologe und Erfinder des *Hirn-Wellen-Analysators*, Professor William Grey WALTER, hält eine Kenntnis der bei jedem Menschen unterschiedlichen Muster der Hirnstrombilder für eine ausgezeichnete Erkenntnisgrundlage für die Partnerwahl; für eine bessere Grundlage als die Kenntnis der *Intelligenzquotienten* und die Ergebnisse von *Charakter-* und *Persönlichkeitstests* jedenfalls. Denn die Hirnstrombilder vermitteln ein klares Verständnis der Denkweise einer Person. Sie ermöglichen auch Rückschlüsse auf bestimmte Charaktereigenschaften, die Lebenseinstellung und die Art der seelischen Reaktionen.

Hirnstrombilder und Charaktereigenschaften

WALTER fand drei verschiedene Typen von Persönlichkeitsgruppen, die sich durch ihre verschiedenartigen Denkweisen grundlegend voneinander unterscheiden. Die Erforschung der elektronischen Funktionsvorgänge im lebenden Gehirn ergibt, daß eine Gruppe von Menschen fast ausschließlich in *Bildern* denkt. Das sind die *visuellen Typen* (V-Typ). Was sie tun und vorhaben, auch was ihnen ein Gesprächspartner mitteilt, malen sie sich buchstäblich aus. Sie sind in der Lage, sich alle möglichen Situationen lebhaft vorzustellen und sich in ihre Mitmenschen einzufühlen. Da

Der visuelle Typ

sie in Bildern und Zusammenhängen denken, entscheiden sie sich rasch. Ebenso aber – fand WALTER – sieht der visuelle Denktyp häufig an der Realität vorbei. Die Erklärung dafür ist, daß gerade die Bildvorstellungen, deren sich seine Denkfunktion bedient, durch die Leitbilder der Eltern und Erzieher im Verlauf der Entwicklung des Menschen maßgeblich durch bewußte und unbewußte Wahrnehmungen beeinflußt werden.

Der persistente Denktyp

Der gegensätzliche Typ ist der sogenannte *persistente Denktyp* (P-Typ). Bei diesem Typ zeigt das Hirnstrombild ein ununterbrochenes beharrliches Vergleichen und Auswählen von Vorteilen und Nachteilen an. Sie berechnen sozusagen ständig nicht bildhafte, sondern abstrakte Wertbegriffe. Der Denkvorgang beim *P-Typ* im Gegensatz zum *V-Typ* ähnelt im gewissen Sinne der elektronischen Rechentätigkeit der Digital-Computer. Das ist die Rechentätigkeit nach dem Abzählprinzip, wie es die Kinder in der Grundschule an der Rechenmaschine mit Kugeln üben. Hat ein *P-Typ* durch Abwägen aller Umstände hinsichtlich Vor- und Nachteilen eine ihm zweckmäßig erscheinende Lösung gefunden, so besteht er ebenso beharrlich darauf wie ein Rechenautomat.

Beim *V-Typ* dagegen erfolgt der Denkvorgang eher in der Art eines ständigen Abtastens des Archivs innerer Bilder mit dem Elektronenstrahl einer TV-Kamera. Die Verschiedenartigkeit des Denkens und Urteilens der *V-* und *P-Typen* bringt es mit sich, daß sie sich in der Regel nur schwer verständigen können. Sie reden aneinander vorbei, und jeder hat zumeist eine völlig andere Vorstellung von dem, was ihm sein Gesprächspartner mitteilt.

Denktypus und Gefühlstypus

Wir können diese beiden Typen mit dem *reinen Denktypus* und dem *reinen Gefühlstypus* im Sinne von JUNG vergleichen. Zum Glück nun sind, wie aus den EEG-Experimenten hervorgeht, diese beiden extremen Typen selten. Nur etwa jeder sechste gehört dazu. Über zwei Drittel aller Menschen sind *Misch-Typen (M-Typ)*, deren Gehirn sich beider Möglichkeiten für bewußte Denkprozesse zu bedienen vermag. Die M-Typen können eine Situation sowohl nüchtern beurteilen als auch gefühlvoll ausmalen.

Mischtypen

Für besonders wichtig hält Professor WALTER eine Untersuchung der Funktionsweise der Denkelektronik im Rahmen der Politik. Er geht beispielsweise so weit, zu fordern, von allen Politikern ein entsprechendes Verzeichnis anzulegen und im Paß jedes Diplomaten seinen »Alpha-Typ« einzutragen. Das jedenfalls wäre – so WALTER – eine verantwortungsbewußtere Nutzung der Wissenschaft durch die Politiker als die für Vernichtungszwecke. Denn das Scheitern der meisten internationalen Verhandlungen beruht nicht zuletzt auch auf einer falschen Auswahl beziehungsweise auf der Nichtberücksichtigung des Typus der jeweiligen Verhandlungspartner. Leider weiß kein Politiker, daß allein durch eine unglückliche Typen-Gruppierung der Konferenzteilnehmer das Erreichen tragfähiger Übereinkünfte und damit der Friede der Welt gefährdet wird.

Alpha-Typ und Kommunikation

Zur Erkennung des Denktypus einer Person für unsere Zwecke ist eine aufwendige EEG-Analyse, wie sie sich in der Regel nur bei einem Psychiater und Neurologen durchführen läßt, nicht erforderlich. Hierzu verhilft schon ein einfacher Test, den Sie selbst jederzeit durchführen können. Es ist der von Professor WALTER entwickelte *Würfel-Test:*

Stellen Sie sich einen großen, gleichseitigen Holzklotz in der Form eines Würfels vor. Der Würfel ist farbig angemalt. Stellen Sie sich nun vor, Sie schneiden den Würfel genau in der Mitte längs durch. Nun drehen Sie den Würfel und schneiden ihn rechtwinklig zum ersten Schnitt nochmals in der Mitte durch. Kippen Sie jetzt in Gedanken den Würfel auf die Seite, und teilen Sie ihn ein drittes Mal, wieder genau in der Mitte und rechtwinklig. Durch dieses Zerschneiden ist eine Anzahl kleiner Würfel entstanden. Beantworten Sie jetzt die folgenden Fragen:

Ein einfacher Test

1. *Frage:* Wie viele kleine Würfel erhalten Sie?
2. *Frage:* Wie viele Seiten von jeweils einem der kleinen Würfel sind unbemalt?
3. *Frage:* Haben Sie das Ergebnis berechnet oder gesehen?
4. *Frage:* Was haben Sie außerdem gesehen?
5. *Frage:* Welche Farbe hatte der Würfel?
6. *Frage:* Sahen Sie das Sägemehl fallen, als Sie den Würfel zerteilten?

(Die Auflösung finden Sie weiter unten.)

Alpha-Wellen und PSI

Auf die Bedeutung der *Alpha-Wellen* und des sogenannten *Alpha-Zustands* wird neuerdings im Zusammenhang mit PSI und den PSI-Forschungsergebnissen vielfach hingewiesen. In den Vereinigten Staaten werden von Versandhäusern elektronische *Alpha-Trainingsgeräte* angeboten. Ihrer Verwendung wird eine bemerkenswerte Erhöhung der Kreativität zugeschrieben. Für den oben beschriebenen Zweck eines Erkennens der Denktypen sind sie jedoch nicht brauchbar. Die *Alpha-Wellen* sind elektrische Wellen von einer Schwingungszahl von 8 bis 13 Hertz in der Sekunde und einer Spannung von etwa 50 bis 100 Mikrovolt. Im EEG lassen sie sich sichtbar machen, entweder durch einen Kurvenschreiber oder auf einem Bildschirm.

Die Alpha-Trainingsgeräte jedoch verstärken diese Wellen lediglich und wandeln sie in Summ- und Zirptöne um. Sie dienen der Feststellung von Entspannungszuständen, in denen das Gehirn ebenfalls vorwiegend Alpha-Wellen produziert. Brauchbar sind diese Geräte für Meditationszwecke, nicht jedoch in unserem Fall.

Auflösung zum Würfel-Test:

Frage 1: Bei dreimaliger rechtwinkliger Teilung entstehen acht kleine Würfel.

Frage 2: Jeweils drei ihrer Seiten sind unbemalt.

Welcher Typ sind Sie?

Frage 3: Wenn Sie das Ergebnis berechnet haben, gleichgültig ob Frage 1 richtig oder falsch beantwortet wurde, sind Ihre Alpha-Wellen schwer beeinflußbar. Sie sind vermutlich ein nichtvisueller Typ.

Frage 4: Es wurde nichts angegeben, was Sie hätten sehen können.

Frage 5: Eine Farbe wurde nicht genannt.

Frage 6: Wenn Sie diese Frage mit Ja beantwortet haben und die Frage 5 mit *rot* oder *grün*, werden Sie vermutlich die Fragen 1 und 2 in etwa richtig gelöst haben. Zur Frage 3 haben Sie angegeben, daß Sie das Ergebnis *gesehen* haben. Sie sind ein stark visueller Typ und werden keine Schwierigkeiten mit Bildvorstellungen haben. Ihr Vorstellungsvermögen ist sehr gut, aber auch äußerst lebhaft. Es besteht die Gefahr, daß Sie bei Ihren Bildvorstellungen über die Wirklichkeit hinausgehen und mehr zu sehen glauben, als der Realität entsprechen könnte.

Wenn Sie die Fragen 4, 5 und 6 mit Nein, die Frage 1 und 2 in etwa richtig und die Frage 3 mit *gesehen* beantwortet haben, unter Umständen auch die Würfelteilung gesehen und dann abgezählt haben, dann bringen Sie für ein urteilsfähiges Denken die besten Voraussetzungen mit. Ihr Vorstellungsvermögen ist gut ausgebildet, doch ebensogut können Sie Situationen einschätzen und *berechnen.*

4. Wenn der Partner vom Computer stammt . . .

Der technische Fortschritt ist nicht aufzuhalten. Dagegen wäre auch nichts einzuwenden, wenn sich zugleich damit die Erkenntnis durchsetzen würde, daß die psychische Entwicklung zu einer höheren Bewußtheit dazugehört.

Computer und freie Wahl

Doch wie die Beobachtung der kollektiv-psychischen Tendenzen zeigt, ist es damit nicht weit her. Selbst von der Möglichkeit, seinen Partner für die Liebe oder die Ehe selbständig, bewußt und frei zu wählen, wird zunehmend weniger Gebrauch gemacht. Computer übernehmen bereits die Partnerwahl.

Heiratsinstitute inserieren unter Hinweis auf die Sicherheit der Partnerwahl, den ihre Rechenautomaten bieten. Eine deutsche Monatszeitschrift für die junge Generation veranstaltete vor einiger Zeit ein *Computer-Rendezvous* für über 100 000 ihrer Leser. Ein bekanntes Großversandhaus in Deutschland versorgte bereits ab 1970 die Kunden seines Reisebüros mit den Unterlagen für einen psychologischen Test der Urlaubspersönlichkeit. Der Test wurde von einem für diese Zwecke gegründeten *Institut für Freizeitpsychologie* entwickelt. Für die Auswertung der Testunterlagen wurde ein Elektronengehirn in Anspruch genommen.

Die Zweckmäßigkeit einer solchen Computerwahl, beispielsweise für ein Reisebüro und dessen Organisationsleistungen, ist nicht zu bezweifeln. Der Sinn ist, aus der Zahl der Interessenten die Persönlichkeitstypen hinsichtlich Kontaktfähigkeit, Gesundheit, Status, Abenteuerlust, Konformität und Erleben auszuwählen und zusammenzufassen. So soll verhindert werden, daß ein falscher Urlaubsort und nicht miteinander harmonierende Partner das Urlaubsvergnügen beeinträchtigen.

Was der Computer kann

Ein Computer vermag rechnerisch fehlerloser und rascher zu wählen als einzelne Personen. Die psychologischen Testergebnisse bringen Aufschluß über die unterschiedlichen Typen. Im Hinblick auf die Vermeidung von Mißerfolgen und die Erhöhung der Bequemlichkeit, nicht selbständig denken und entscheiden zu müssen, mag die Computerwahl sicher gute Dienste leisten. Hinsichtlich der Auswahl der sozialen Faktoren, der Gewohnheiten, Neigungen und Interessen für das Partnerangebot eines Heiratsinstituts oder für ein Leser-Rendezvous ist der Computer dem einzelnen bei weitem überlegen.

Psychologisch bedenklich erscheint nur das Aufgeben der Möglichkeit von seiten der Interessenten, den Partner frei zu wählen. Es geht hierbei im Hinblick auf eine so notwendige Bewußtheitserweiterung um folgendes: Wissen beruht auf Lernen. Lernen, um es ganz simpel auszudrükken, beruht auf Mißerfolg. Die Mißerfolge, die Unbequemlichkeiten, Enttäuschungen und Überraschungen, die sich aus der Unterschiedlichkeit zwischen den gewohnten Denkmustern, den ausgedachten Vorstellungen und Wünschen bei einer selbständigen und freien Wahl – sei es des Urlaubszieles oder für ein Partner-Rendezvous – und der vorgefundenen Wirklichkeit ergeben, gehören zum Erlernen neuer Erfahrungen. Sie sind es, die die Bewußtheit erweitern. Unsere Bedenken richten sich also nicht gegen die Verwendung von Computern. Die modernen Rechenautomaten sind das Ergebnis einer grandiosen Entdeckung und deren sinnvoller Einsatz eröffnet phantastische Möglichkeiten. Unsere Bedenken richten sich vielmehr gegen den Unfehlbarkeitsglauben an technische Ersatzidole im Austausch gegen die gestürzten Autoritäten. Diese Tendenz entspringt dem Unbewußten. Sie stellt eine Kompensation für den gegenwärtigen Glaubensverlust dar.

Lernen und Mißerfolg

Doch dieser Glaubensersatz ist gefährlich. Denn wenn durch übertriebene Forderungen und infantile Wohlfahrtsparadiesvorstellungen die Computer zu Elektronengöttern erhoben werden, dann ist eine hohe Wahrscheinlichkeit für das Zutreffen der pessimistischen Zukunftsprognose von Professor Max HORKHEIMER gegeben. HORKHEIMER, der bedeutendste deutsche Soziologe, prophezeite eine von Super-Computern zwangsverwaltete Welt, verbunden mit einer Rückentwicklung des Bewußtseins auf die Ameisenstufe.

Computer als Glaubensersatz

Früher bestimmten die Eltern die Partnerwahl. Maßgeblich dafür waren auch die gesellschaftliche Moral und die kirchlichen Gebote. Noch nie war die Freiheit zur Partnerwahl so groß wie heute. Die Partnerwahl einem Computer zu überlassen, zielt jedoch in die Richtung einer Ersatzautorität.

Darüber hinaus hat die Partnerwahl durch Computer ihre engen Grenzen. Äußere Merkmale und soziale Faktoren lassen sich berücksichtigen. Ihre »objektiven« Werte, soweit psychologisch im Hinblick auf die Tätigkeit des Unbewußten von einer objektiven Bewertung gesprochen werden kann, ergeben sich aus statistischen Erhebungen. Auch eine Reihe von psychologischen Faktoren vermag der Computer für eine Partnerwahl auszuwerten, insofern diese dem bewußten Denken zugänglich sind. Also alle Faktoren, die die Verstandes- oder Vernunftbeziehung einer Partnerschaft betreffen, wird der Computer für eine Partnerwahl abwägen.

Gefühle lassen sich nicht errechnen

Intuition und Empfindungen vermag ein Rechenautomat nicht zu erfassen. Gefühle wird er in der Regel nur sehr grob einschätzen können. Von der gesamten Skala der Gefühle kann auch der beste Computer immer nur qantitative Angaben verwerten, soweit die statistische Erfahrung das Auftreten von Gefühlen zusätzlich einer Wertschätzung wie stark, mittel, schwach erwarten läßt.

Über die Qualität von Liebe, Treue, Mitgefühl, Eifersucht, Schmerz und Freude und alle sonstigen Gefühle sowie über die individuelle Qualifikation lassen sich auf diesem Wege keine Wertmaßstäbe für eine Partnerwahl finden. Der Computer selbst ist, wie wir wissen, ein *persistenter Denktyp,* der nur »rationalistisch« Plus und Minus, Vorteil und Nachteil berechnen kann.

Das Unbewußte denkt in Bildern

Ein Computer »denkt« in abstrakten Zahlenbegriffen. Seine Denkweise ist »berechnend«. Das Unbewußte aber denkt in Bildern, die die Bedeutung von *Symbolmustern* haben. Eine technische Möglichkeit, diese Bilder der Psyche mit einem Elektronenstrahl abzutasten, wie das Auge einer TV-Kamera zur Wiedergabe auf dem Bildschirm unseres Fernsehempfängers, gibt es – vorerst – noch nicht.

5. Der Partnertest

Der Sinn von Partnertests

Das Ziel eines psychologischen Partnertests besteht darin, die Eigenschaften zu bestimmen, die ein Mensch besitzt. Die Frage, ob eine Person für eine Partnerschaft geeignet ist, hängt natürlich nicht nur von seinen Eigenschaften ab, sondern von den Eigenschaften beider Partner. Darüber hinaus ist jede Einzeleigenschaft einer Person stets das Ergebnis anderer damit zusammenhängender Eigenschaften. Die Partnerbeurteilung durch einen erfahrenen Psychologen oder ein psychologisches Institut wird der des einzelnen stets überlegen sein. Denn der Psychologe prüft die Eigenschaften beider Partner. Sofern er sich nicht selbst von Vorurteilen leiten läßt, wird diese Prüfung neutral und damit objektiv sein.

Unsicherheit in der Partnerwahl

Wir selbst sind in der Beurteilung der Eigenschaften eines Partners wie auch im Vergleich mit den eigenen Eigenschaften und ihrer Übereinstimmung oder Ergänzung für eine Partnerschaft stets subjektiv und nur zu oft befangen. Die Beeinflussung durch unsere eigene bewußte und unbewußte Persönlichkeit können wir nicht ausschließen. Das ist einer der erheblichsten Gründe für die Unvollkommenheit der allgemeinen Menschenkenntnis und für die Unsicherheit bei der Partnerwahl.

In der Möglichkeit, aus einer beliebig großen Zahl von Partnern die Eigenschaften der einzelnen zu bestimmen und rechnerisch gegeneinander abzuwägen, ist natürlich ein psychologisches Institut, das mit Computern arbeitet, dem Einzelpsychologen ebenfalls überlegen. Eine derartige mechanische Auswahltätigkeit ist ja auch nicht der Sinn seiner Praxis.

Anderseits dürfen wir aber nicht übersehen, daß auch ein Computer nur mit den Daten arbeitet, die durch die persönlichen Angaben von Einzelpersonen für die Testunterlagen gewonnen werden. Soweit diese auf der Selbstbeurteilung von Eigenschaften beruhen, sind sie ebenfalls subjektiv und in der Regel geschönt. Soweit sich diese Daten auf die persönlichen Angaben über Vermögensverhältnisse, Berufsausbildung und ähnliches stützen, müssen sich die Psychologen und Programmierer eines Computers auf die Richtigkeit der Angaben verlassen. Es gibt Methoden, um Täuschungsabsichten zu erkennen und durch sogenannte Fangfragen den Wahrheitsgehalt der Testunterlagen zu ermitteln, die eine Person auf ihrem Fragebogen angibt. Bei einer Täuschungsabsicht wird der Computer beispielsweise die Unterlagen dieser Person als ungeeignet für eine weitere Bearbeitung ausscheiden.

»Objektive« Daten

Es gibt eine ganze Reihe von psychologischen Testmöglichkeiten, um die Persönlichkeit für eine Partnerwahl zu erfassen. In ihrem Aufbau unterscheiden sich diese Tests nach der Art der Eigenschaften, die erfaßt werden sollen. Diese Tests sind anders konstruiert als die zuvor besprochenen Beurteilungsmöglichkeiten zur Prüfung von Charaktereigenschaften wie Verträglichkeit, Pflichtbewußtsein, Ehrlichkeit und ähnlichem mehr. Sie beziehen sich zumeist auf die Beurteilung der Intelligenz, des Bildungsniveaus, der Begabung und der Geschicklichkeit in der Bewältigung von Aufgaben und praktischen Lebensproblemen.

Worauf der Test zielt

Auch die sogenannten Antriebe, die für das Handeln und das Verhalten einer Person dem Partner gegenüber wesentlich sind, lassen sich psychologisch testen. Beispielsweise Liebesbedürftigkeit, Egoismus, Machtstreben und Verantwortungsgefühl. Und ebenso die sogenannten dynamischen Eigenschaften, wie Erregbarkeit, Arbeits- und Lebenstempo.

Anlagen – ererbt oder erworben?

Auf den klassischen Gelehrtenstreit, inwieweit Eigenschaften anlagebedingt oder ererbt sind und welche sekundären Eigenschaften sich erst im Verlauf der seelischen Entwicklung durch die Einflüsse der Umwelt und der Erziehung herausbilden, wollen wir hier nicht näher eingehen. Es sei jedoch in diesem Zusammenhang auf das von dem Philosophen Karl Raimund POPPER zusammen mit dem Neurophysiologen und Nobelpreisträger Sir John C. ECCLES verfaßte Buch »Das Ich und sein Gehirn« verwiesen. Beides ist der Fall. Ererbte und erworbene Anlagen bestimmen die Entfaltung des Ich. Die Seele aber ist – so POPPER frei nach PLATON – der Steuermann.

Alle Eigenschaften und Wesenszüge einer Persönlichkeit bilden letztlich eine Ganzheit. Und so wie ein Partner für uns in Erscheinung tritt, ist er in seiner Gesamtpersönlichkeit stets das Ergebnis seiner bisherigen psychisch-geistigen Entwicklung, seines Alters, seiner Lebenserfahrung, kurzum seiner gesamten Lebensgeschichte.

Eigenschaften verändern sich

Damit sollten wir auch bei einem Partner, der psychologisch getestet wurde und uns unter Umständen zur Partnerwahl von einem Computer präsentiert wird, nicht vergessen, daß die spätere Gestaltung der Partnerschaft sich auch mit den besten Testmethoden nicht berechnen läßt. Ein psychologischer Test kann immer nur eine Zustandsanalyse einer Persönlichkeit bieten. Denn das Leben steht ja nicht still. Alle Eigenschaften und Wesenszüge entwickeln sich im Verlauf des Lebens weiter. Wie diese Entwicklung verlaufen wird, wie sich die Persönlichkeit weiter entfalten wird, ist dann ein Problem der Partnerschaft selbst.

Die beliebtesten und bekanntesten Testmethoden für ein Bild der Persönlichkeit sind die Tests zur Erfassung der *Intelligenz*. Das Wissen, über das eine Person verfügt, ist kein Gradmesser der Intelligenz. Aus den üblichen Schul-

und Ausbildungszeugnissen läßt sich diese ebensowenig ersehen. Bekanntlich wurden fast alle großen Forscher und genialen Erfinder von ihren Lehrern falsch beurteilt und hatten mehr oder weniger durchschnittliche oder gar schlechte Schulzeugnisse. Der psychologische Test erstreckt sich daher auf die Erfassung der sogenannten *Intelligenzfaktoren.* Es werden also die Faktoren gemessen, die für bestimmte Intelligenzleistungen charakteristisch sind. Hinsichtlich der Intelligenzleistungen selbst und damit der Eignung einer Person für bestimmte Berufe, können auch bestimmte *Intelligenztypen* unterschieden werden. Also eine praktische, eine theoretische, eine kaufmännische, technische, organisatorische, soziale und mathematische Intelligenz beispielsweise.

Wissen ist nicht Intelligenz

Fast alle psychologischen Testunterlagen enthalten Aufgaben zur Intelligenzbestimmung. In der Regel werden Bilderreihen verwendet, in denen eine kurze Handlung geschildert wird. Ähnlich den Mickymaus- und Fix-und-Foxi-Geschichten für Kinder oder den Bildromanen für Erwachsene, nur daß die Sprechblasen fehlen. Die Bilder sind außerdem hinsichtlich des folgerichtigen Handlungsablaufs vertauscht. Die Lösungsaufgabe besteht darin, sie richtig einzuordnen. Auch werden Zahlenreihen verwendet, die folgerichtig fortgesetzt werden sollen. Oder der Test verlangt, daß aus angegebenen Wörtern Sätze gebildet werden, wobei die Wörter jeweils einen verschiedenen Sinn ergeben. Man kann auch Bilder zeigen, die eine Lücke enthalten – wo also ein Gegenstand, ein Kleidungsstück oder sonst etwas fehlt, beispielsweise bei einem Auto ein Rad oder der Rückspiegel zu ergänzen ist; oder dem Verkehrspolizisten fehlt die Trillerpfeife usw.

Aufgaben zur Intelligenzbestimmung

Die Intelligenzmessung geht auf den französischen Arzt Alfred BINET (1857–1911) zurück und den 1939 von dem amerikanischen Psychologen David WECHSLER (geb. 1896) konstruierten Wechsler-Bellevue-Test. Die Bedeutung des so festgestellten sogenannten *Intelligenzquotienten* ist allerdings recht umstritten. So hat die Diskussion um den *Wechsler-Intelligenz-Test* erbracht, daß man diejenigen Merkmale, die der Test mißt, nur durch den Test selbst definieren kann. Damit entsteht das Problem, ob der Test wirklich das mißt, was er messen soll. Das gilt übrigens für fast alle psychologischen Testmethoden. Die Ergebnisse des Wechsler-Intelligenz-Tests jedenfalls sind abhängig von der sozialen Schicht, der die Testperson entstammt.

Probleme beim Intelligenztest

Bei *Neigungs- und Interessentests* werden Bilder gezeigt, die eine Person bei ihrer Arbeit an ihrem Arbeitsplatz zeigen, und die Versuchsperson hat Fragen zu beantworten: Was übt die Person auf dem Bild für einen Beruf aus? Was bearbeitet sie? Was fehlt ihr, um mit ihrer Tätigkeit zufrieden zu sein? Welchen Beruf wird die Bildperson vielleicht in Zukunft ausüben? Diese Bilder lassen sich natürlich variieren. Reisebüros können Landschaften zeigen, Bilder von Freizeitbetätigungen, Sportausübung, und was sonst noch geeignet ist, um die Neigungen und Interessengebiete der Testperson zu erfassen.

Diese auch Projektionstests genannten Tests gehen auf den *Thematic Apperception Test* (TAT) des Amerikaners Henry MURRAY (geb. 1893) zurück und ebenso auf den von dem Schweizer Psychiater Hermann RORSCHACH (1884–1922) entwickelten Formdeutungs-Test, bei dem den Versuchspersonen Klecksbilder zur beliebigen Interpretation vorgelegt werden.

Der Rorschach-Test

Doch auch diese Projektionstests sind umstritten. Untersuchungen beim *Rorschach-Test* haben ergeben, daß die Übereinstimmung der Auswertungen desselben Rorschach-Tests durch verschiedene Psychologen nur eine Zuverlässigkeit hat, die von 0,16 bis maximal 0,65 reicht. Dabei ist die besonders niedrige erste Zahl auf die Differenzen der verschiedenen Rorschach-Schulen zurückzuführen. Die auswertenden Psychologen unterliegen eben auch einer gewissen Manipulation durch ihr eigenes Unbewußtes. Das kann sich bereits auf die Art und das Vorgehen bei der psychologischen Test-Untersuchung beziehen.

Der Szondi-Test

Die Möglichkeit, die Antriebe und Triebbedürfnisse zu testen, beruht auf dem von dem ungarischen Psychiater Leopold SZONDI (geb. 1893) ausgearbeiteten *Szondi-Test*. Die Ausgangsüberlegung für diesen Test ist die Annahme, daß jede Wahl von Triebbedürfnissen abhängt. Weiterhin wird angenommen, daß alle Bedürfnisse, deren Befriedigung erwünscht ist und bejaht wird, bei diesem Test zu einer positiven Entscheidung der Versuchsperson führen und alle unsympathischen, weniger wichtigen, auch die in das Unbewußte verdrängten Bedürfnisse eine Ablehnung hervorrufen. Ausgelebte Bedürfnisse wird die Versuchsperson bei ihrer Testantwort nicht berücksichtigen.

Die Testauswertung erfolgt nach Unterscheidungsgruppen der Bedürfnisse, wie Weiblichkeit, Zärtlichkeit, Männlichkeit, masochistische und sadistische Tendenzen, ethische Bedürfnisse, Geltungsbedürfnis u. a. Im Hinblick auf die Strebungen nach Partnerschaftskontakten werden die Erwerbsbedürfnisse und Anlehnungs- beziehungsweise Anklammerungsbedürfnisse untersucht.

Der Szondi-Test ist ebenfalls ein Projektionstest. Der Test selbst ist einfach. Der Versuchsperson werden Fotos von besonders markanten Persönlichkeiten vorgelegt, deren psychische Struktur und Bedürfnisse genau bekannt sind; die Bilder veranlassen die Versuchsperson zu einer Deutung, in der sie ihre eigenen Strebungen in die Gesichter, die ihr vorliegen, unwillkürlich hineinprojiziert.

Projektion und Werbung

In einer Abwandlung bedient sich die Werbepsychologie gern dieser Methode. Es werden Fotos von Filmschauspielern, Politikern und anderen Personen gezeigt, deren Lebensart und Lebeweise allgemein bekannt sind. Indem diese Personen bei der Erfüllung von Bedürfnissen und im Zusammenhang mit begehrten Gegenständen gezeigt werden, versuchen die Werbepsychologen Besitzbedürfnisse und Kaufinteressen zu wecken.

Der Lüscher-Farbtest

Allgemeiner Beliebtheit erfreuen sich die *Farbtests*, wie sie auch von dem Freiburger Psychologieprofessor Robert HEISS und dem Schweizer Max LÜSCHER entwickelt wurden. Bei Farbtests werden in der Regel Kreise mit den Grundfarben Rot, Grün, Blau und Gelb gezeigt. Bei manchen dieser Tests werden zusätzlich noch die Farben Braun, Grau, Schwarz und Violett verwendet. Die Versuchsperson hat die von ihr bevorzugte Farbe anzugeben. Nach der Frage sympathisch – unsympathisch muß sie zwischen Farbkombinationen von zwei Farben wählen. Die Bedeutung der Farben für die Persönlichkeit hat bereits J. W. GOETHE in seiner Farbenlehre erkannt. Ohne nun im einzelnen auf die Vielfalt der möglichen Rückschlüsse der Farbwahl durch die Testpersonen einzugehen, ist es bekannt, daß die Beliebtheit bestimmter Farben recht unterschiedlich sein kann.

Was die Farbwahl besagt

Aktive, dynamische, extravertierte Persönlichkeiten bevorzugen die kräftigen Farben *Rot* und *Gelb* oder auch das in der Skala der heutigen Popfarben so beliebte *Orange*, das sich aus der Kombination von Rot und Gelb ergibt. Introvertierte und passive Personen wählen bevorzugt *Blau* und *Grün*.

Wird von der Gruppe der Extravertierten – sie umfaßt die Personen, deren Leben und Erleben primär auf die Umwelt und Außenwelt gerichtet ist – *Rot* als Lieblingsfarbe gewählt, so kann auf eine gewisse Eigenwilligkeit und Subjektivität geschlossen werden. Eigenwilligkeit bedeutet nicht Egoismus, sondern *Egozentrität*, wobei natürlich immer die Ich-Interessen im Vordergrund stehen. Wird *Gelb* als Lieblingsfarbe gewählt, so ist anzunehmen, daß für die betreffende Person die allgemeinen Verhaltensnormen und Lebensbedingungen der Gesellschaft maßgeblicher sind als das Ich-Interesse. Ebenso wird die Bewertung sich mehr nach der jeweiligen Beurteilung, wie sie sich aus der allgemeinen oder öffentlichen Meinung ergibt, ausrichten.

Bei der Gruppe der Introvertierten, das sind Personen, deren Leben und Erleben sich weniger in der Außenwelt, sondern primär in ihrer inneren Eigenwelt abspielt, gilt für *Grün* als Lieblingsfarbe das gleiche wie bei den Extravertierten für *Rot*, und ebenso kann *Blau* analog zu *Gelb* interpretiert werden.

Wir wollen nun nicht weiter alle Möglichkeiten und Methoden der Testpsychologie besprechen. Soweit eine Partnerauswahl oder besser Vorwahl in diesem Rahmen bereits erfolgt ist, besteht die Wahrscheinlichkeit, daß hinsichtlich der berücksichtigten Auswahlfaktoren eine Übereinstimmung mit dem Partner besteht. Für den einzelnen ist eine Verwendung dieser Testmethoden ohne ein psychologisches Studium nicht ohne weiteres möglich. Allenfalls der Farbtest kann für jeden eine gewisse Hilfe bei der Partnerwahl sein. Falls Sie sich jedoch mit den Testmethoden vertraut machen wollen oder es Ihr Wunsch ist, sich als Testknacker zu betätigen, möchte ich Sie auf das umfangreiche Lehrbuch des Berner Ordinarius Richard MEILI mit dem Titel »Lehrbuch der Psychologischen Diagnostik« hinweisen. Es hat seit 1950 bereits mehrere Auflagen erreicht.

Kein Test ist perfekt

MEILI betont jedoch, daß es »eine alleinseligmachende Allerwelts-Testmethode« nicht gibt. Im Alltagsleben ist es normalerweise nur selten möglich, seinen Partner zuvor psychologisch testen zu lassen. Und nur in den seltensten Fällen werden sich zwei Partner zuvor von einem Psychologen beraten lassen. Auch in den Fällen einer zufälligen Partnerschaftsbegegnung, die eine rasche Entscheidung erfordert, ganz besonders im Berufs- und Geschäftsleben, ist das der Fall, aber ebenso bei höchst privaten Partnerschaftskontakten können wir von fremder Seite keine psychologische Hilfe erwarten. Da kommt es darauf an, daß wir uns selbst genügend Menschenkenntnis angeeignet haben.

Das Leben fordert Entscheidung

Wir wollen uns daher mit der Psychologie praktischerweise insoweit vertraut machen, als sie uns die Möglichkeit bietet, unsere Mitmenschen selbst zu »testen«. Wie bereits die wissenschaftliche Diskussion der Testpsychologie beweist, ist ein psychologischer Test, so qualifiziert er auch immer sein mag, für die Erstellung einer psychologischen Diagnose nicht ausreichend: nach wie vor ist das psychologisch-analytische Gespräch unersetzlich. Für die psychologische Diagnostik muß der Leitsatz gelten, daß die Persönlichkeit eines Menschen einzigartig und durch Tests letztlich nicht erfaßbar ist.

Die Persönlichkeit ist einzigartig

Wenn uns die Psychologie praktischerweise dazu verhilft, unsere Mitmenschen selbst zu testen, so dürfen wir auch eines nicht übersehen: Was uns ein Partner sagt, muß nicht unbedingt zutreffen. Nicht nur ein Fremder neigt dazu, sich zu verstellen. Nicht nur Vorgesetzte und Berufskollegen, selbst unsere besten Freunde und sogar der Ehepartner versuchen, uns über ihre wahren Absichten und Bedürfnisse im unklaren zu lassen. Es muß gar nicht immer eine bewußte Täuschungsabsicht dahinterstehen. Die Selbsttäuschung ist in der Regel die stärkste Quelle für Mißverständnisse in Partnerschaften.

Das Bemühen um Selbsterkenntnis wird zur Behebung von solchen Mißverständnissen beitragen. Ebenso die Beachtung der bisher beschriebenen Persönlichkeitsmerkmale. Doch denken Sie stets an die psychische Projektionstätigkeit und die Übertragung eigener psychischer Persönlichkeitsanteile auf den Partner.

Wir fassen zusammen:

Die Gemeinsamkeit der Interessen ist für eine Partnerschaft erfolgversprechender als die Anziehungskraft der

Gegensätze. Diese beruht auf einer unbewußten Projektionstätigkeit und hält auf Dauer nicht vor. Die Lebensform- oder Interessentypen nach SPRANGER bilden eine Orientierungsmöglichkeit. Beachtenswert sind auch die Denktypen nach dem Bild der Hirnstrommuster, die sich durch den Würfeltest von W. Grey WALTER leicht feststellen lassen.

Ein Partnertest mittels psychologischer Testmethoden richtet sich auf die Erfassung von Intelligenzeigenschaften, Motivierungen, Handlungsantrieben und dynamischen Eigenschaften. Die modernen psychologischen Tests arbeiten bevorzugt mit Bildern, Bildgeschichten und Farben. Mittels Bildertests ist es auch möglich, die Projektion unbewußter Bedürfnisse und Wünsche zu erfassen. Bei einem Partnertest durch Computer und durch die Auswertung eingesandter Testunterlagen unbekannter Personen lassen sich Täuschungsabsichten im beschränkten Maße miterfassen und verhindern. Doch ein psychologischer Test ergibt immer nur eine Zustandsanalyse der erfaßten Eigenschaften. Die weitere Entwicklung und die Entfaltungsmöglichkeiten dieser Eigenschaften im Rahmen einer künftigen Partnerschaft lassen sich mittels Testmethoden schwer voraussagen. Viele dieser Testmethoden sind wissenschaftlich stark umstritten. Auch die auswertenden Psychologen sind nicht frei von unbewußten Projektionen. Das persönliche Gespräch und die eigene Beobachtung lassen sich durch die üblichen psychologischen Partnertests nicht ersetzen.

X. Der Weg zur Selbstverwirklichung

1. Der Individuationsprozeß

Nur ein Schlagwort?

Der Begriff Selbstverwirklichung wird gegenwärtig häufig als ein Schlagwort gebraucht. Dabei geht es dann allerdings nicht um eine Arbeit an der eigenen Persönlichkeit, sondern um eine äußerliche Selbständigkeit. In der Frauenemanzipationsbewegung wird dieses Schlagwort verwendet, um einer Befreiung der Frau von Kirche, Küche, Kindern das Wort zu reden. Allgemein wird der Begriff Selbstverwirklichung auch in Zusammenhang mit dem Rückzug auf ein *Single*-Dasein gebracht. In beiden Fällen handelt es sich um ein Zurückziehen auf die eigene Person und damit um eine Aktion gegen die mitmenschliche Umwelt. Diese Auffassungen verfälschen den Begriff und verkennen das Wesen der Selbstverwirklichung.

Der seelische Entwicklungsprozeß

C. G. Jung hat für die Selbstverwirklichung den tiefenpsychologischen Begriff des Individuationsprozesses geprägt. Das ist ein natürlicher und in der Psyche eines jeden Menschen angelegter seelischer Entwicklungs- oder Entfaltungsprozeß. Wir können diesen Vorgang auch als einen psychischen Reifungsprozeß ansehen, der das Gegenstück zum körperlichen Wachsen und Reifen und damit zum natürlichen Prozeß des Alterns bildet. Der Sinn des Individuationsprozesses ist es, dem Menschen zu seiner Individualität zu verhelfen. So wie kein Mensch rein körperlich dem anderen restlos gleicht – selbst Zwillinge weisen gewisse Unterschiedlichkeiten auf –, so ist es eine natürliche Notwendigkeit, daß sich die Menschen auch psychisch und geistig voneinander unterscheiden. Wäre das nicht so, hätte sich das menschliche Bewußtsein nicht entwickeln können und wir lebten in einer Art Ameisenwelt.

Erhöhung der Bewußtheit

Der Individuationsprozeß dient also der Bewußtseinserweiterung – richtiger: der Erhöhung der Bewußtheit –, auch wenn für die meisten Menschen dieser Prozeß unbewußt verläuft. Er dient aber ebensosehr der Abhebung der Einzelperson vom Kollektiv. Doch muß diese Ausbildung zur individuellen Persönlichkeit nicht zu einer Vereinzelung, zu einem Rückzug aus der gesellschaftlichen Mitwelt, führen. Im Gegenteil! Umso stärker die Individualität eines Menschen und umso größer seine Bewußtheit sind, umso intensiver kann auch sein Kontakt zu seinen Mitmenschen sein.

Im natürlichen Ablauf des Lebens eines Menschen lassen sich mehrere Abschnitte feststellen. Da ist einmal die Zeit von der Geburt bis etwa zum 25., eventuell auch 30. Lebensjahr. Das ist die Zeit der Kindheit und Jugend. Von da ab beginnt das Erwachsenen-Alter bis zum Ende der Vierziger- oder Anfang der Fünfzigerjahre. Anschließend sprechen wir für die Zeit bis zum Lebensende vom Alter. Die Zeit des Überganges um die Lebensmitte zum Alter ist bekanntlich eine kritische Zeit, wofür der Begriff der »Midlife-Crisis« geprägt wurde.

Psychische Entwicklungsphasen

Analog dazu lassen sich auch in der psychischen Entwicklung entsprechende Phasen unterscheiden. Der erste Lebensabschnitt steht unter den Zeichen der biologisch-körperlichen Reifung und der Ausbildung, der zweite Lebensabschnitt ist beherrscht von der Sicherung der materiellen Existenz, der Eheschließung und dem Fortkommen im Beruf. Der letzte Lebensabschnitt schließlich gilt der Nutzung der geschaffenen materiellen Lebensgrundlage.

Die Altersstufen in der Sicht von Charlotte Bühler; nach einer Zeichnung von Johann Michael Voltz.

Hier treten geistige und religiöse Interessen in den Vordergrund. Das Leben jedes einzelnen muß natürlich nicht so verlaufen. Es handelt sich um ein vereinfachtes Schema, das jedoch in seinen Grundzügen Allgemeingültigkeit besitzt.

Persona und Schatten

Im Rahmen der psychischen Entwicklung der Persönlichkeit stehen im ersten Lebensabschnitt die Entwicklung der *Persona* und ihrer unbewußten dunklen Ergänzung, des *Schattens,* im Vordergrund. Wir haben diese Begriffe ja eingangs bei der Beschreibung unseres psychischen Persönlichkeitsmodells erläutert. Der zweite Lebensabschnitt wird weitgehend durch die gegengeschlechtlichen Seelenbilder von *Animus* und *Anima* bestimmt. Im letzten Lebensabschnitt treten dann wiederum gleichgeschlechtliche psychische Funktionen als bestimmend auf. Diese sind gewissermaßen in einer noch tieferen Schicht der Psyche angesiedelt und stehen in einer offenen Verbindung mit dem Kollektiven Unbewußten. C. G. JUNG hat diese der Anschaulichkeit halber ebenfalls personifiziert und mit den Begriffen *»Die Große Mutter«* bei der Frau und *»Der Alte Weise«* beim Mann gekennzeichnet.

Animus und Anima

Große Mutter und Alter Weiser

Ziel ist seelisch-geistige Ganzheit

Das natürliche Ziel der Individuation ist eine Selbstverwirklichung im Sinne einer Vervollständigung der Persönlichkeit zu einer seelisch-geistigen Ganzheit. Im letzten Lebensabschnitt sollte dabei eine Auseinandersetzung mit der Tatsache stattfinden, daß wir Menschen sterblich sind. Er sollte den Menschen auf sein Ende vorbereiten.

Methoden des Fernen Ostens

Nun gibt es eine Reihe von Methoden, die Selbstverwirklichung bewußt zu fördern. Im Fernen Osten sind das die aus dem Buddhismus hervorgegangenen Methoden und Praktiken des *Tantra-* und des *Kundalini-Yoga.* Diese Methoden dienen einer Erweiterung der Bewußtheit und einer Vergeistigung. Die Erkenntnisse, die in den Weisheitsschulen der Brahmanen und in den buddhistischen Klöstern Indiens und Tibets über psychisch-physiologische Zusammenhänge und psychosomatische Wechselwirkungen gewonnen wurden, sind erstaunlich. Das im Westen praktizierte Yoga stellt allerdings nur eine Art »niederes« oder »äußeres« Wissen über die in Indien bekannten Steuerungstechniken psychischer Funktionen dar. Diese zu praktizieren ist für den westlichen Menschen wenig empfehlenswert, denn bereits der Denkansatz ist dem des abendländischen Menschen völlig entgegengesetzt.

Während im Westen eine höhere Stufe der Bewußtheit letztlich zu einer Vervollständigung der Persönlichkeit im Sinne einer zivilisatorischen und kulturell-geistigen Lebensaktivität führt oder führen sollte, sucht der Buddhist sein Heil nicht in einer Umgestaltung und Veränderung der gesellschaftlichen Verhältnisse, sondern in einer Abkehr von der Welt und im Lebensverzicht. Für den praktizierenden Yogi ist das Ziel eine Überwindung des *Maja,* des äußeren Scheins, und damit des Leids in der Welt durch eine Erlösung im Nirwana – das heißt ein »Erlöschen« oder »Verwehen« im göttlichen All.

Für den fernöstlichen Menschen hat die Bewußtwerdung also einen metaphysisch-religiösen Sinn, dessen Ziel das

Erlöschen des Ich und sein Aufgehen in *Atman*, der Verkörperung der Weltseele, ist. Das steht im Gegensatz zu unserem Ziel einer Bewußtheitserweiterung, deren Sinn in einer Festigung des Ich und einer Vervollständigung der Ich-Persönlichkeit liegt.

Verselbständigung des Bewußtseins

Wie sich aus dem vorher Gesagten ergibt, dienen die östlichen Meditationspraktiken einer Vorbereitung auf das Lebensende. Die Praktiken zur Bewußtseinserweiterung bezwecken sozusagen eine Verselbständigung des Bewußtseins, um dieses in die Vergangenheit, die weit vor der eigenen Geburt liegt, zurückzusenden und ebenso weit in die Zukunft vorauszuschicken. Den wahren Meistern des *Yoga*, des chinesischen *Tao* und des japanischen *Zen* gelingt es, ihr Bewußtsein so weit zu verselbständigen, daß sie es vom Körper lösen können. Nach ihren geheimen Anweisungen ist durch eine Vervollständigung des Bewußtseins sogar die Ablösung im Augenblick des Todes möglich, so daß eine *Neugeburt* erfolgt. Diese ermöglicht ein Weiterleben nach dem Tode auf einer anderen Daseinsebene.

Hierüber habe ich ausführlicher in meinem im gleichen Verlag erschienenen Buch »Forschungsobjekt Jenseits« (in Buchclubausgaben unter dem Titel »Die Toten leben unter uns« erschienen) berichtet.

Christliche Exerzitien

In der christlichen Religion dienen die *Exerzitien* nach IGNATIUS von LOYOLA dazu, den Menschen einem seelischen Prozeß zu unterwerfen, der ihn läutern und seine Persönlichkeit seelisch erneuern soll. Doch im Zusammenhang mit dem Glaubensverlust unserer Tage werden diese Exerzitien nur noch von wenigen Gläubigen praktiziert.

Der Weg, den die Tiefenpsychologie für eine Bewußtheitserweiterung und damit zu einer Selbstverwirklichung entwickelt hat, ist der der Psychoanalyse. Allein ist aber eine derartige Analyse der unbewußten Persönlichkeitsseiten schwer möglich. Es bedarf dazu eines geschulten Psychotherapeuten.

Die Psychoanalyse

Eine Analyse beginnt mit der Bewußtmachung und Integration des *Schattens.* Dazu gehört auch die Bewußtmachung des psychologischen Funktions- oder Einstellungstypus, wobei Ihnen der in Abschnitt IV beschriebene Typen-Kompaß nützlich sein wird.

Die Bewußtwerdung und Annahme der Schattenpersönlichkeit ist eine der wichtigsten Voraussetzungen zur Selbstverwirklichung. Das ist nicht leicht und erzeugt in der Regel einen Widerstand des Unbewußten. Der psychische Projektionsmechanismus, die eigenen Unzulänglichkeiten und Fehler auf den Partner zu übertragen, so daß immer »der andere schuld hat«, ist nur schwer anzugehen. Daran scheitern viele Analysen, weil es für die Analysanden unerträglich ist, kritisch und schonungslos mit ihren eigenen Schattenseiten konfrontiert zu werden. Das Bemühen um Selbsterkenntnis mag vorhanden sein, doch diese zu praktizieren ist eine andere Sache.

Auf die Auseinandersetzung mit der Persona und dem Schatten folgt in der analytischen Arbeit die Bewußtwerdung von Animus oder Anima. Das ist nicht ganz so schwierig, denn schließlich hat jeder Mensch eine Vorstellung davon, wie sein Partner vom anderen Geschlecht beschaffen sein soll. Problematisch wird diese Phase der Analyse erst, wenn der Analysand einem bestimmten Typ von Mann oder Frau blindlings verfällt und in ein Hörigkeitsverhältnis gerät. Daß oft kluge Frauen an Hochstapler geraten und geistig hochqualifizierte Männer an Dirnentypen, die im Mann nur ein Ausbeutungsobjekt sehen, ist bekannt.

Bewußtwerdung des Selbst

Die letzte Phase einer Analyse gilt der Bewußtwerdung des *Selbst.* C. G. Jung versteht darunter die Gesamtheit der Persönlichkeit, das bewußte Ich einschließlich aller teilbewußten und unbewußten psychischen Funktionen oder Persönlichkeitsseiten.

Stellen wir uns das *Ich* als das Zentrum eines beleuchteten Flecks oder Kreises vor. Dieser Kreis, der das Ich umgibt, ist das Bewußtseinsfeld. Um diesen Kreis herum müssen wir uns einen größeren Kreis denken, der das Feld des Persönlich-Unbewußten darstellt. Dieses Feld wiederum ist eingebettet in das umfassende Feld des Kollektiven Unbewußten. Zweckmäßigerweise stellen wir uns den Kreis, der das Persönlich-Unbewußte begrenzt, gestrichelt vor. Denn die Psyche des Menschen ist kein geschlossenes System, sondern – in Übereinstimmung mit der modernen naturwissenschaftlichen Erkenntnis – ein *offenes* Feld. Dieses hat allseits Zugang zum Kollektiven Unbewußten, so daß die Archetypen auch das Persönlich-Unbewußte der Psyche beeinflussen.

Das Kollektive Unbewußte

Der Individuationsprozeß ist nun Weg und Ziel zugleich. Ob er natürlicherweise so verläuft, wie es das Leben des einzelnen mit sich bringt, oder ob er durch eine Analyse oder sonstige Methoden gefördert wird – das Ziel ist stets eine Bewußtseinserweiterung im Sinne eines bewußteren Lebens. Dazu gehört es auch, im Leben einen Sinn zu finden. Das ist angesichts der gegenwärtig herrschenden Unvernunft und Unbewußtheit in der Welt gewiß nicht leicht. Für den religiösen Menschen ist der Lebenssinn eine Glaubensfrage. Doch abgesehen davon, hat das Leben eines jeden Menschen den Sinn, den er ihm verleiht.

Weg und Ziel zugleich

2. Die vier Bewußtseinsdimensionen

Wenn wir in diesem Buch immer wieder von Bewußtseinserweiterung sprechen und Bewußtheit als Ziel der psychischen Entwicklung herausstellen, so wollen wir auch näher auf diese Begriffe eingehen. Die Frage: »Was ist Bewußtsein?« läßt sich allerdings ebensowenig eindeutig beantworten wie die Frage: Was ist das Leben? Diese Erscheinungen lassen sich nur als Zustandsformen beschreiben. Doch darauf kommt es hier an.

Nach allgemeiner Vorstellung wird Bewußtsein mit dem Wachzustand gleichgesetzt – im Gegensatz zur Bewußtlosigkeit während des Schlafs. (Wenn wir von krankhaften Bewußtlosigkeiten absehen.) Auch wenn wir vom Unbewußten sprechen, bedeutet das für uns ein Fehlen des Bewußtseins.

Gewiß, wenn Sie schlafen und wenn Sie sich im Zustand eines traumlosen Tiefschlafs befinden, sind Sie sich Ihres *Ich* nicht bewußt. Doch damit sind Sie keinesfalls ohne jegliches Bewußtsein. Ihr Körper ist weiterhin in Aktion, Ihr Herz schlägt, Ihre Lungen atmen, alle Organe erfüllen ihre Funktion. Ihr Gehirn und das Zentralnervensystem empfangen und verarbeiten fortlaufend eine Unzahl von Informationen, und zwar durchaus nicht in der Art einer mechanischen Automatik, sondern überaus zielgerichtet. Die gesamte Hirnelektronik ist in voller Tätigkeit. Sie sind sich, während Sie tief schlafen, Ihres *Ich* nicht bewußt. Aber ein *Körperbewußtsein* ist vorhanden. Die Wissenschaftler der buddhistischen Erkenntnislehre sprechen hier von einem *Schlafbewußtsein*.

Das Schlafbewußtsein

Während Sie schlafen, träumen Sie auch. Während der Traumphasen ist die Bewußtseinstätigkeit noch weitaus reger. Im Traumzustand werden laufend auch psychische und geistige Informationen verarbeitet. Diese Bewußtseinstätigkeit ist, wie durch Großversuche einwandfrei festgestellt wurde, sogar lebensnotwendig. Im Traum werden alle Informationen verarbeitet, die Ihr Wachbewußtsein überfordert hätten oder die Sie aus irgendwelchen Gründen nicht an Ihr waches Ich-Bewußtsein herankommen ließen. Auch wenn Sie sich kaum oder nur selten an Ihre Träume erinnern, so waren Sie nicht ohne Bewußtsein. Zutreffend ist es, diesen Zustand als *Traumbewußtsein* zu bezeichnen.

Das Traumbewußtsein

Das Wachbewußtsein

Über den dritten Bewußtseinszustand, das *Wachbewußtsein,* muß ich Ihnen nichts weiter sagen. Hier sind Sie sich Ihres persönlichen *Ich* bewußt. Allerdings auch nur mehr oder weniger. Gleichsetzen mit dem Wachbewußtsein können wir das *Ich* nicht. Strenggenommen ist das *Ich* eine variable psychische Funktion. Ein Erlebnis, gesteuert von Informationen. Das drückt bereits die Sprache aus, wenn Sie etwa sagen, heute fühlten Sie sich ganz anders als gestern. Oder wenn Sie eine beglückende Nachricht erhalten, und Sie sagen, durch dies Mitteilung seien Sie plötzlich ein ganz anderer Mensch geworden. Beschränken wir uns darauf, von diesem Bewußtseinszustand als *Wachbewußtsein* zu sprechen.

Bewußtsein und Bewußtseinsdimensionen

Sie haben sicher bereits erfaßt, worauf ich hinaus will: drei verschiedene Bewußtseins*zustände,* aber nur ein Bewußtsein. Schlaf-, Traum- und Wachbewußtsein sind als ein einheitliches Informationsfeld zu verstehen, das den Menschen auf unterschiedlichen Ebenen, gewissermaßen mehrdimensional, informiert und seine körperliche, seelische und geistige Lebenstätigkeit steuert. So gesehen wird verständlich, daß das Bewußtsein als Ganzes weitaus mehr Wissen enthält, als wir im Wachzustand davon registrieren – oder als unserem Ich-Erlebnis zugänglich ist.

Die drei Bewußtseinszustände oder Dimensionen – Körper- oder Schlafbewußtsein, Traumbewußtsein und Wachbewußtsein – bilden zusammen die Nachrichtenverwertungs- und Datenverarbeitungszentrale, mit der die Psyche des Menschen operiert, wobei das Gehirn die technische Apparatur für diese Tätigkeiten stellt. Doch das ist noch nicht alles. Das *Kollektive Unbewußte* als ein universales und überpersönliches Wissensfeld, der Ort der schöpferischen Intuitionen, ist ja auch noch da. Vom Aspekt des Bewußtseins her gesehen ist es eine *vierte Bewußtseinsdimension.* Und da diese Bewußtseinsdimension eine Superwissensquelle vorstellt, von der allerdings das persönliche Ich unter

Das Überbewußtsein

Umständen nichts weiß, weil es sich in dem beschränkten Zustand einer Nichtbewußtheit befindet, ist es richtiger, von einem *Überbewußtsein* zu sprechen.

Als Überbewußtsein wird diese vierte Bewußtseinsdimension sowie eine dem Wachbewußtsein überlegene, *supramentale* Bewußtseinsfähigkeit des Menschen auch von den Weisheitslehrern der Tantrik in Indien und Tibet bezeichnet. Raimundus LULLUS (~ 1232–1315), der mittelalterliche Gelehrte und Begründer der *Heuristik* (Erfindungskunst), spricht in seinem Werk »Ars memorativa«, »Die Kunst der Errinnerung«, ebenfalls davon. Die Vorstellung, daß das Überbewußtsein als ein universales *Psychofeld* anzusehen ist, zu dem sich der Mensch durch gewisse Trainingsmethoden einen Zugang verschaffen kann, entspricht mehr der östlichen Erkenntnislehre in Indien, Tibet, China. Doch es läßt sich auch eine andere Möglichkeit denken und dafür ein Modell anbieten.

Psychologen, Biologen und Verhaltensforscher gingen bislang von der Vorstellung aus, daß der Mensch bei seiner Geburt lediglich den Bauplan für seine körperliche Entwicklung mit sich bringt – als genetische Erbinformation den Körperzellen einprogrammiert. Ansonsten sei der Mensch zu diesem Zeitpunkt ein unbeschriebenes Blatt. Alles, was er von seiner Geburt an lernt, lerne er durch seine Umwelt.

Durch die moderne Hirnforschung wissen wir jedoch, daß das Ungeborene bereits im Mutterleib träumt. Zwar läßt sich über den Inhalt dieser vorgeburtlichen Traumtätigkeit nichts sagen, aber sie läßt jedenfalls auf eine geistige Aktivität schließen. Die Auffassung vom Säugling als einem unbeschriebenen Blatt ist eine äußerst anzweifelbare Hypothese. Nach heutigen wissenschaftlichen Erkenntnissen ist es wahrscheinlicher, daß der Mensch auch alle denkbaren geistigen Informationen bereits bei seiner Geburt mitbringt.

Kein unbeschriebenes Blatt

Stellen wir uns einmal vor, daß alles Wissen der Menschheit und alle noch möglichen Erkenntnisse in einem Universallexikon zusammengefaßt seien. Das wäre das Kollektive Unbewußte mit seinen Archetypen und Symbolen. Denken wir uns nun dieses Lexikon winzig klein, noch kleiner, als es die Magnetspeicherringe unserer heutigen Computer bereits sind, eben submikroskopisch klein. Dann ist in jeder Zelle unseres Gehirns genügend Raum für ein derartiges »Lexikon«. Mit anderen Worten: Jeder Mensch verfügt über die Möglichkeit, daß diese Superwissensquelle in ihm selbst vorhanden ist.

Die Superwissensquelle

Zugänglich und erschließbar wird uns diese Wissensquelle durch die Träume, durch Wachträume und Intuition. Unter Bewußtseinserweiterung mit dem Ziel von *Bewußtheit* ist nun nicht eine Erweiterung von erlernbarem Wissen zu verstehen. Die Leistungen des Bewußtseins, die Speicherung von Wissensinformationen und auch die logische Verarbeitung von Wissen durch den Verstand nach Zweck- und Nützlichkeitserwägungen, unterscheiden sich ganz erheblich von dem, was wir als Bewußtheit angesprochen haben. Bewußtheit ist etwas anderes. *Bewußtheit* bedeutet die Fähigkeit, Informationen auf ihren *Sinnzusammenhang* zu prüfen. Bewußtheit ist mehr als die *Kenntnis* oder das *Informiertsein* über einen Vorgang. Es ist die *Erkenntnis* des Musters oder der Strukturen, die die Richtung von Vorgängen bestimmen. Wir können auch sagen: *Bewußtheit heißt Erkennen des Planes, nach dem sich Ereignisse vollziehen.*

Erkennen des Plans

Zu keiner Zeit hat sich das Wissen auf allen Gebieten so rasant vermehrt wie in den letzten Jahrzehnten. Der bekannte Karlsruher Ordinarius für Nachrichtenverarbeitung, Karl STEINBUCH, hat hierfür den Begriff der »Wissenschaftsexplosion« geprägt. Zu einer dementsprechenden Bewußtseinserweiterung hat dieser Wissensanstieg jedoch nicht geführt. STEINBUCH sieht darin völlig zu Recht eine ernste Gefahr.

Die Gründe für seine Besorgnis hat STEINBUCH in seinem seinerzeit vielbeachteten Buch »Falsch programmiert« eindrucksvoll dargelegt. Das Unverständnis der Vertreter der Geisteswissenschaften – deutlicher: der Verwaltungsjuristen – gegenüber den Naturwissenschaften und die Verlogenheit einer verantwortungsscheuen und ihrem Selbstzweck lebenden, üppig wuchernden Bürokratie sind für ihn die Hauptgründe einer Bedrohung der Menschheit durch das wachsende Wissen.

Kenntnis des Wirkungszusammenhangs

Auch die gut gemeinte Vermittlung von Wissen und Lieferung von technischen Produkten kann verheerende Folgen haben, wenn eine bewußte Kenntnis der Wirkungszusammenhänge fehlt. Dafür liefert der amerikanische Humanwissenschaftler Marshall McLuhan (1911–1980) in seinem Buch »Die magischen Kanäle« einen lehrreichen Bericht:

Wohlmeinende Missionare hatten einem australischen Eingeborenenstamm, der bislang auf der Stufe der Steinzeitkultur lebte, massenweise scharfe Stahläxte geliefert, um ihnen das Leben zu erleichtern. War zuvor die Steinaxt ein »Statussymbol«, sozusagen das Reifezeugnis der Mannbarkeit, und die Bearbeitung des Feuersteins durch traditionellen Bildungsweg mühsam erlernt, verfügten plötzlich auch Frauen und Kinder über die prächtigen Erzeugnisse der westlichen Stahlindustrie.

Ein verhängnisvolles Geschenk

Zu ihrer Bestürzung mußten die Missionare nach einiger Zeit feststellen, daß die erhoffte Bekehrung des Stammes, nachdem sie diesen mit den Segnungen der Zivilisation vertraut gemacht hatten, nicht mehr möglich war. Nicht, weil sich die Eingeborenen gegen die Glaubensbotschaft ablehnend verhielten. So undankbar waren die Eingeborenen nicht. Nur war ihre Stammeskultur zusammengebrochen, und die soziale Ordnungsstruktur zerfiel. Der Stamm begann auszusterben und löste sich auf.

Man mag es bedauern oder als unabänderlich ansehen, daß die Reste steinzeitlich primitiver Stämme durch die Konfrontation mit Technik und Wissen, die sie nicht zu

Unverständnis der Symbolbedeutung

bewältigen vermögen, zum Untergang verurteilt sind. Doch das Unverständnis für die Symbolbedeutung kultureller Sitten und Bräuche und die rücksichtslose Überfremdung mit technischen Erzeugnissen sind nicht nur ein Problem der letzten Papuas oder anderer primitiver Stämme. Es ist inzwischen eines der ernstesten Probleme der gesamten Menschheit wie der menschlichen Kultur geworden.

Bewußtheit bedeutet das Erkennen des Planes, nach dem sich Ereignisse vollziehen, sagten wir. Wir können für diese Art von Erkenntnis den Begriff *Evidenz* verwenden. Zu verstehen ist darunter ein »unmittelbares Einsehen« – etwa das, was im Volksmund als »Aha-Erlebnis« bezeichnet wird. Doch unter dem Aspekt einer Bewußtseinsforschung bedeutet Evidenz mehr als nur das spontane »Gewußt was und wie«.

Es geht dabei nicht nur um die Einsicht in ein bestimmtes Verhalten, ein Verhaltensmuster, sondern ebenso um die Kenntnis der von diesem Verhaltensmuster ausgehenden Informationen von *operativer Wirkung*. Vereinfacht gesagt, es geht bei der Evidenz um das menschliche Verhalten *und* Erleben, wie es sich im Bewußtsein des Menschen darstellt.

Bewußtheit ist Programm-Erkenntnis

Insofern können wir Evidenz zutreffender als *Programm-Erkenntnis* definieren und diese Definition auch für den Begriff *Bewußtheit* einsetzen. Was immer wir auch tun oder nicht tun, wie immer wir uns auch verhalten, stets lösen wir damit Wirkungen auf unsere Umwelt, auf Mitmenschen und Dinge aus, so daß ein Programm von Wirkungen und Wechselwirkungen entsteht.

Der Vorwurf, der den Missionaren zu machen ist, die laut McLuhan den Stamm australischer Ureinwohner zum Aussterben brachten, ist die Tatsache, daß sie in ihrem selbstsüchtigen Glaubenseifer ihr eigenes Verhalten und Erleben zum Wertmaßstab erhoben. Für das Leben und Erleben des Stammes hatten sie keinen Sinn. Zur Bewußtheit gehört aber auch das Verständnis für den Mitmenschen.

Wir fassen zusammen:

Der Weg zur Selbstverwirklichung wird psychologisch als Individuationsprozeß bezeichnet. Das ist ein natürlicher psychischer Entwicklungsprozeß, der dem Menschen zu seiner Individualität verhilft. Er verläuft analog zum körperlichen Reifungs- und Alterungsprozeß in mehreren Phasen.

Durch Meditation, Exerzitien oder eine psychoanalytische Auseinandersetzung mit dem Unbewußten läßt sich der Individuationsprozeß fördern. Die buddhistischen Praktiken des Tantra- und Kundalini-Yoga dienen einem ähnlichen Ziel.

Selbstverwirklichung erfordert wachsende Bewußtheit. Dazu gehört in der ersten Lebensphase die Auseinandersetzung mit dem Schatten und das Verständnis der unbewußten Projektionsvorgänge. Es folgt die Konfrontation mit Animus oder Anima und beim Übergang zur Altersphase mit tiefer angelegten gleichgeschlechtlichen psychischen Funktionen. Das eigentliche Selbst, worunter die Gesamtheit der Persönlichkeit einschließlich aller teilbewußten und unbewußten psychischen Persönlichkeitsseiten zu verstehen ist, kann erst im Alter erfahren werden.

Für das Bewußtsein lassen sich vier Dimensionen unterscheiden: Schlaf- oder Körperbewußtsein, Traumbewußtsein, Wachbewußtsein und ein Überbewußtsein. Diese vierte Bewußtseinsdimension bildet den Übergang vom Persönlich-Unbewußten zum Kollektiven Unbewußten, wo es einen Zugang zu den Archetypen besitzt und woher es Inspirationen und Intuitionen empfängt.

Das Ziel der Selbstverwirklichung ist jedoch keine Bewußtseinserweiterung im Sinne eines Zuwachses von erlernbarem Wissen, sondern eine Steigerung der Bewußtheit. Bewußtheit bedeutet Programmerkenntnis, das heißt die Evidenz der Wirkungen und Wechselwirkungen, die menschliches Verhalten und Erleben auslösen.

XI. Glückhafte Partnerschaftsgestaltung

1. Vom Wandel der Vorstellungen

Menschenkenntnis heißt nicht Beherrschen

Ziel der Menschenkenntnis ist eine fruchtbare Gestaltung unserer Beziehungen zu den Mitmenschen. Wer sich aber von Menschenkenntnis eine Beherrschung seiner Mitmenschen erhofft, unterliegt einem Mißverständnis. Beherrschung bedeutet Zwang. Zwang aber ruft natürlicherweise Widerstand hervor.

Auf die Gebiete von Liebe und Ehe eingeschränkt, sollte Menschenkenntnis zu einer glückhaften Partnerschaftsgestaltung verhelfen. Doch wie im vorhergehenden Kapitel ausgeführt, unterliegt jeder Mensch einem psychischen Entwicklungsprozeß. Damit aber wandeln sich auch die Vorstellungen vom Partner und seinen bevorzugten Eigenschaften. Wir wollen das an einem Fall aus der psychologischen Praxis erläutern, wie er nur zu häufig vorkommt:

Frau Sandra S., dreißig Jahre alt, mit einem Geschäftsmann verheiratet, will sich scheiden lassen. Sie betreibt gemeinsam mit ihrem Gatten ein gutgehendes Modegeschäft. Die Scheidungsgründe, die sie vorbringt, gipfeln in Anklagen gegen ihren Mann: Er sei egoistisch, selbstgefällig und von beruflichem Ehrgeiz besessen. Für ihre Überforderung durch Geschäft und Haushalt habe er kein Verständnis. Darüber hinaus vernachlässige er sie in sexueller Hinsicht, ja vermutlich betrüge er sie sogar.

Nun war Frau Sandra S. bereits zehn Jahre zuvor zu einer psychologischen Beratung erschienen – wegen depressiver Verstimmungen verbunden mit einem nicht sonderlich gravierenden körperlichen Symptom. Zeitweise klagte sie damals, es würde ihr wohl niemals gelingen, den richtigen Mann zu finden.

Der »Mann fürs Leben«

Eines Tages aber erschien sie aufgeregt in der Sprechstunde und sprudelte heraus: »Es ist passiert. Ich hab' ihn gefunden!« Und dann berichtete sie, wie sie ihren jetzigen Mann kennengelernt hatte. Sie beschrieb ihn als eine sehr männliche Persönlichkeit und äußerst tüchtig im Beruf. Vielleicht ein wenig eitel, doch diese jungenhafte Eitelkeit, wie sie sich ausdrückte, fand sie durchaus liebenswert.

Da ich wußte, daß Frau S. als vatergebundene Tochter selbst sehr ehrgeizig und eigenwillig war und zu Projektionen neigte, äußerte ich Bedenken. Veranlaßt dazu hatte mich vor allem ein Traum, den Frau S. mitbrachte.

In diesem Traum ging es um das Kennenlernen, nach dem eine Art Wettlauf zwischen dem Mann und Frau S. stattfand. Wie in dem bekannten Märchen vom Wettlauf zwischen dem Hasen und dem Igel war Sandra S. stets vor ihm am Ziel. Sie hielt diesen Traum für besonders wichtig und hatte ihn auch gleich aufgeschrieben.

Ich sagte mir, daß seine Anima, respektive ihre Schattenpersönlichkeit, die sie auf ihn projizierte, sozusagen das Rennen machen würden. So war es ja auch. Nur hatten sich im Verlauf von zehn Jahren ihre Vorstellungen gewandelt. Was sie jetzt als beruflicher Ehrgeiz störte, hatte sie seinerzeit als berufliche Tüchtigkeit empfunden. Sein Egoismus und seine Selbstgefälligkeit, die sie jetzt beklagte, waren ihr als Ausdruck von Männlichkeit und einer liebenswerten Jungenhaftigkeit erschienen.

Vorstellungen ändern sich

Alle Eigenschaften eines Menschen unterliegen einer gewissen *Ambivalenz* (von lateinisch *ambo* = beide und *valere* = gleichgelten), einer Doppelseitigkeit oder Gegensätzlich-

Die Ambivalenz von Eigenschaften

keit. Es kommt daher stets darauf an, in welche Richtung sie sich entwickeln. So kann sich männliche Selbstgefälligkeit auch als Ritterlichkeit und Hilfsbereitschaft gegenüber der Frau äußern. Wenn sich Frau S. über ihre Überforderung durch Beruf und Haushalt beklagt, so liegt es an ihr, ihrem Mann im Geschäft das Sagen zu überlassen. Und zwar unter Hinweis auf seine Überlegenheit. Dann würde er vermutlich das nötige Verständnis für ihre Haushaltssorgen aufbringen.

Was aber die sexuelle Vernachlässigung angeht, so liegt dieses Problem in einer Ehe erfahrungsgemäß nur selten an einem Partner allein. Die körperliche Liebe, so erfreulich und lustvoll sie auch sein kann, ist nur ein Teil der körperlich-seelischen Vereinigung von Frau und Mann in der Ehe. Sie unterliegt gefühlsmäßigen Schwankungen. Das ist gewiß. Doch solange die seelische Verbundenheit vorhanden ist, werden sich auch die sexuellen Beziehungen immer wieder erneuern.

Der Mann ist nicht polygam

Die Auffassung von der polygamen Veranlagung des Mannes ist ein Irrtum. Entwicklungsgeschichtlich läßt sich sogar das Gegenteil beweisen: Männer neigen weitaus mehr zur Treue, als den meisten Frauen bekannt ist. Wohl aber steht beim Mann naturgemäß die Eroberung im Vordergrund. Es liegt in der Ehe viel an der Frau, ihren Mann dazu zu bringen, ständig um sie zu werben und ihm das Gefühl zu verschaffen, sie immer wieder von neuem zu erobern. Mit Berechnung wird das allerdings kaum gelingen. Doch eine Frau, die ihren Mann wahrhaft liebt, besitzt auch instinktiv das richtige Gespür dafür.

2. Von der Kenntnis zum Verständnis

Menschenkenntnis und vor allem Selbsterkenntnis sind unabdingbare Voraussetzungen für eine glückhafte Partnerwahl. Das verbindende Element aber, das zwei Menschen zu einer dauerhaften Partnerschaft vereint, ist die Liebe. Doch was ist Liebe? Auch wenn wir uns über die psychischen Projektionsvorgänge im klaren sind und uns bewußt sind, wieweit wir eigene Vorstellungen, Erwartungen und Wünsche auf den Partner übertragen – es bleibt ein unaufgeklärter Rest. Restlos vermag eben auch eine psychologische Betrachtungsweise nicht zu erklären, warum wir uns zu einem ganz bestimmten Menschen so sehr hingezogen fühlen, daß wir am liebsten ständig mit ihm zusammen sein und nach Möglichkeit sogar auf Dauer gemeinsam mit ihm leben wollen.

Ein ungeklärter Rest

In seiner berühmten Schrift »Das Gastmahl« läßt Plato in den sechs Reden über den Eros die bedeutendsten Philosophen, Dichter und Politiker seiner Zeit zum Wort kommen. Das Bemühen, das Wesen der Liebe zu erfassen, war also bereits vor 2500 Jahren ebenso aktuell wie heute. Den Kern der Schrift bildet die Rede des Sokrates und sein Bericht über seine Unterhaltung mit der Seherin Diotima über die Liebe. Diotima ist eine von Plato erfundene Figur, die seine eigenen Gedanken als Offenbarung erscheinen läßt. Fassen wir die im »Gastmahl« niedergelegten Ideen Platos über die Liebe kurz zusammen:

Platons »Gastmahl«

Phaidros stellt als erster Redner fest: Eros ist der älteste der Götter. Nach dem Chaos entstand er zusammen mit der Urmutter Erde. Im Menschen weckt er produktive Kräfte für sein Privatleben wie für sein Leben in der Gemeinschaft. Er befähigt den Mann wie auch die Frau, für den Geliebten beziehungsweise die Geliebte das Leben zu opfern.

Für die Menschen der Antike war jede Naturerscheinung, bei der Kräfte und Wirkungen in Erscheinung traten, eine Gottheit. Das besagte: Was nicht vom Menschen geschaffen ist, was stärker ist als er, ist göttlich.

Modern ausgedrückt, würde diese erste Feststellung so lauten: Eros ist die zeugende Urkraft schlechthin. Diese Kraft wohnt allem Lebendigen inne. Beim Menschen bewirkt sie als Liebe die Vereinigung von Mann und Frau. Sie bewirkt ebenso den Zusammenschluß zur sozialen Gemeinschaft. Es ist keine egozentrisch auf einen Lustgewinn gerichtete Kraft, sondern eine altruistisch auf die Vereinigung zu einem Ganzen gerichtete Energie. Sie befähigt sogar dazu, mit dem Leben füreinander einzustehen.

Urkraft Eros

Für SOKRATES wird die Liebe dann zum Mittler zwischen den ewig seienden göttlichen Ideen und dem Menschen. Die Liebe wird zu einem magischen Wahrnehmungsorgan, man könnte sagen, zur Intuition. Sie vermittelt dem Menschen die Erkenntnis des »Ewigen« und löst in ihm den Wunsch nach Unsterblichkeit aus. Durch die körperliche Vereinigung zeugen die Menschen Kinder und erlangen so eine materielle Unsterblichkeit. Zwar werden nicht die Ehepartner selbst unsterblich, doch leben sie in ihren Kindern und Enkelkindern als Teile ihrer selbst fort.

Liebe ist Intuition

Die »ewigen Ideen« von PLATO sind in etwa das, was C. G. JUNG die Archetypen nennt. Diese beeinflussen auch, wie wir inzwischen wissen, die inneren Seelenbilder von Anima und Animus bei Mann und Frau. So gesehen, wäre die Liebe eine Art höherer Bestimmung. Der Idealfall allerdings, daß einander ein Mann und eine Frau begegnen, die das vollkommene Gegenstück zum anderen sind, die einander körperlich und seelisch bis ins letzte ergänzen, ist äußerst selten. Darauf zu warten oder zu hoffen, durch einen ständigen Partnerwechsel den richtigen Gefährten zu finden – sozusagen nach der Methode »Versuch und Irrtum« – ist töricht. Dies ist ebenso töricht, wie sein Leben darauf einzustellen, daß man eines Tages das Große Los zieht.

Liebe fordert Bemühung

Von Erich Fromm (1900–1980) stammt das Wort: »Ist Lieben eine Kunst? Dann erfordert es Wissen und Bemühung.« Es gilt, Selbstkritik zu üben und die eigenen Schattenseiten zu erkennen. Es ist erforderlich, sich das eigene unbewußte »Bild« vom Gegengeschlecht bewußt zu machen. Doch nicht der Kenntnis halber, sondern um den Partner besser zu verstehen. Denn eben das gegenseitige Verständnis ist das Problem. Dazu gehört am Anfang einer näheren Bekanntschaft auch das offene Eingestehen der empfundenen Gefühle wie der eigenen Vorstellungen und Hoffnungen. Auch auf die Gefahr einer Zurückweisung hin.

Ehepartner werden zu unserer Zeit nicht mehr von den Eltern bestimmt. Die Familie spielt heute bei der Partnerwahl allenfalls noch eine beratende Rolle. Auch die Aktivität der Frau bei der Werbung gilt nicht mehr als ungewöhnlich. Es kommt auf die Partner selbst an, ob sie sich zu einer Ehe entschließen. Doch wer heiratet, heiratet in einem gewissen Sinne auch die Familie mit. Das darf nicht übersehen werden.

Erfährt ein Mensch als Kind und in seiner Jugend nicht genügend Liebe von seiten der Eltern oder Erzieher, so wird sein seelisches Reifungsvermögen gehemmt. Seine Liebesfähigkeit verkümmert. Er wird stets Schwierigkeiten haben, mit einem Partner des anderen Geschlechts zu einer vollständigen Liebesvereinigung zu gelangen.

Verläuft die seelische Entwicklung normal und ungestört, erlebt das Kind und der Jugendliche das »Leitbild« eines Elternpaares, das sich liebt, dann wird auch sein seelisches Reifen im Einklang mit der körperlichen Reifung verlaufen. So wie die Körper eines gesunden, reifen Mannes und einer natürlichen, erwachsenen Frau danach streben, sich zu vereinigen, um sich zu ergänzen und zu einem Ganzen zu werden, so streben auch die seelischen »Organe« nach Vereinigung und Ergänzung.

Vereinigung und Ergänzung

Was wollen wir damit sagen? Der Mann erfaßt und meistert das Leben – normalerweise – hauptsächlich mit dem Verstand. Die Frau dagegen erlebt sich und die Umwelt in der Regel in erster Linie mit dem Gefühl. Ihr Handeln ist gefühlsbetont.

Verstand und Gefühl

Ergänzen einander Mann und Frau so, daß sie gegenseitig ihre gegengeschlechtliche psychische Funktion aktivieren und realisieren, dann wird die Verstandestätigkeit des Mannes durch Gefühlswerte angereichert. Seine Arbeit wird ihn mit dem Gefühl der Freude erfüllen. Sein Denken wird schöpferisch werden. Seine Beziehungen zu seinen Mitmenschen werden nicht nur von reinem Zweckmäßigkeitsdenken bestimmt sein. Er wird ihnen wohlwollend gegenübertreten.

Die Frau wird ihre Gefühle zielgerichteter einsetzen. Sie wird nicht jeder Gefühlslaune nachgeben. Ihr Handeln wird zweckbetonter, ihr Urteil kritischer werden. Es werden geistige Interessen in ihr erwachen. Man sagt, es gebe Frauen, die so klug sind wie der klügste Mann, den sie je hatten. Das trifft zu. Es sind dies nicht die intellektuellen Frauen. Es sind das vielmehr die betont weiblichen Frauen, Frauen, die zu lieben verstehen.

Dynamik der Liebe

Die Liebe ist als Kraft etwas Dynamisches. Sie ist nicht gleichbleibend. Als Bewegendes bewirkt sie Veränderungen und Wandlungen. Je nach Alter und Reife wird sie verschiedene Phasen durchlaufen, und natürlicherweise werden sich auch Widerstände bemerkbar machen. Selbst bei Paaren, die Harmonie über alles stellen, werden Krisensituationen auftreten. Hier kommt es auf ein gegenseitiges Verständnis an. Das Wichtigste dabei ist, daß sich die Partner offen miteinander aussprechen können und ihre Kritik vortragen, ohne den anderen zu verletzen.

Wünsche oder Enttäuschungen, die man verheimlicht, kann der Partner nicht immer erraten. Anfänglich wird die Liebe noch einen besitzergreifenden Charakter tragen. Je jünger und weniger ausgereift die Partner sind, umso mehr streben sie danach, den anderen an sich zu ziehen und ihn sich anzugleichen. So werden Meinungsverschiedenheiten unumgänglich sein. Ein Streit kann viel zerstören, doch wenn er falsche Illusionen zerstört, dann kann er durchaus nützlich sein.

Fruchtbare Meinungsverschiedenheiten

Es kommt daher bei Meinungsverschiedenheiten stets darauf an, wie man sie austrägt. Fruchtbar sind sie dann, wenn beide Partner beherzigen, daß es das Ziel ihrer Auseinandersetzung sein sollte, ihre Aggressionen abzubauen und den entstandenen Konflikt zu lösen. Daher sollte man sich beherrschen und vor unbedachten Reaktionen hüten. Das ist sicher nicht immer leicht, und oft ist es angebracht, eine Aussprache zu einem bestimmten Zeitpunkt zu vereinbaren, um sich Zeit zu lassen, die eigenen Gefühle, Vorstellungen und Forderungen zu formulieren, ohne den Partner unnötig zu provozieren.

Regeln im Streit

Pauschalurteile und Drohungen sind in jedem Fall zu vermeiden. Auch sollte nicht auf frühere Streitanlässe zurückgegriffen werden. Worauf es ankommt, ist der gegenwärtige Konflikt. Jeder sollte aber darauf bestehen, daß ihn der Partner aussprechen läßt und ihm zuhört, bis er seine Ansicht vorgetragen hat. Daher sollte jeder Vorwurf eindeutig und exakt formuliert werden und sich nicht auf Andeutungen beschränken. Ebenso eindeutig und klar sollte gleichzeitig ein Vorschlag zur Lösung des entstandenen Konflikts gemacht werden. Daß diese Lösungsvorschläge der Übereinstimmung beider Partner bedürfen und miteinander ausgehandelt werden, ist selbstverständlich.

Wenn das Ziel einer gemeinsamen und glückhaften Partnerschaft nicht aus dem Auge gelassen wird, dann kann jeder Streit positiv ausgehen und zu einem besseren Verständnis des Partners beitragen. Nur so läßt sich die Liebe erhalten.

Je länger die Liebe andauert und je reifer die Partner

werden, umso mehr werden sie auch danach streben, sich selbst dem Partner anzugleichen, sich mit ihm zu »identifizieren«. In dieser Phase genügt die eigene Befriedigung nicht mehr. Immer stärker wird das Bestreben, dem anderen Genuß und Befriedigung zu verschaffen. Je reifer zwei Liebes- und Ehepartner werden, desto selbstloser wird also ihre Liebe, umso stärker streben sie danach, im Partner aufzugehen und mit ihm eins zu werden. Das geht so weit, daß glückliche Ehepartner einander im Alter auch äußerlich immer ähnlicher werden. Im hohen Alter gleichen einander Mann und Frau oft wie Geschwister.

Reifung und Selbstlosigkeit

Eine solche Partnerschaft, in der jeder danach strebt, mit dem Partner eins zu werden, erweist sich als eine potenzierende Kraft. Sie bewirkt nicht nur die Verschmelzung der Partner zu einem Ganzen, sondern verhilft auch gleichzeitig jedem einzelnen Partner zu einer Vervollständigung seiner Persönlichkeit. Die bloße Addition von eins und eins ergibt zwei. Wird aber die Summe von eins plus eins durch eine Klammer zusammengehalten und potenziert, dann ist das Ergebnis ein höherer Wert, nämlich vier. So etwa verhält es sich auch mit der Liebe.

Liebe als potenzierende Kraft

Lassen Sie mich diesen Abschnitt mit einem Hinweis des bekannten Psychoanalytikers Erich FROMM schließen: »Die Liebe zu anderen und die Liebe zu uns selbst ist keine Alternative. Ganz im Gegenteil: Die Liebe zu uns selbst findet sich bei allen, die fähig sind, andere zu lieben. Die Liebe ist im Prinzip unteilbar.«

Liebe ist unteilbar

Nur wenn wir es verstehen, uns selbst und damit auch das Leben zu lieben, lassen sich die gegenwärtig so bedrohlichen Zeitkrankheiten Aggression und Depression beheben.

Wir fassen zusammen:

Das Ziel der Menschenkenntnis ist eine fruchtbare Partnerschaftsgestaltung. Bei einer Partnerschaft von Dauer taucht das Problem auf, daß sich Vorstellungen, Erwartungen und Eigenschaften der Partner im Verlauf der Zeit wandeln. Auch die Liebe unterliegt Schwankungen und bewahrt nicht vor Konflikten. Doch sie ist eine schöpferische und potenzierende Kraft, die den Partnern zu einer seelisch-körperlichen Ganzheit und zu einer Vervollständigung der Persönlichkeit verhilft.

Lieben erfordert Wissen und Bemühung. Selbstkritik und die Kenntnis der psychischen Projektionsvorgänge allein reichen nicht aus. Zum Bemühen gehört das Bemühen um Verständnis für die Eigenheiten des Partners. Wichtig ist vor allem Offenheit. Erwartungen oder Enttäuschungen, die verheimlicht werden, kann der Partner nicht immer erraten. Bei Meinungsverschiedenheiten kommt es darauf an, diese fair auszutragen und den Partner nicht zu provozieren.

In Konfliktsituationen empfiehlt es sich, Aussprachen zu vereinbaren und Vorwürfe eindeutig und exakt zu formulieren. Gleichzeitig sollten beide Partner Lösungsvorschläge machen. Daß diese der gemeinsamen Übereinstimmung bedürfen und miteinander ausgehandelt werden, ist selbstverständlich. Oft führt ein Streit dazu, Illusionen zu zerstören. Doch das ist im Grunde ja nur nützlich. Wird das gemeinsame Ziel einer Partnerschaft von Dauer nicht aus dem Auge gelassen, kann jeder Streit dazu beitragen, Aggressionen abzubauen und das Verständnis für den Partner zu vertiefen.

Je länger die Liebe andauert und je reifer die Partner werden, umso selbstloser wird ihre Liebe. Umso stärker wird ihr Bestreben, sich mit dem Partner zu identifizieren und mit ihm eins zu werden.

Kleines Abc der Fachbegriffe

Abaissement du niveau mental Von Pierre JANET eingeführter und von C. G. JUNG für die Tiefenpsychologie übernommener Begriff für *Bewußtseinsabsenkung* durch Überschwemmung mit den Inhalten des Unbewußten.

Abwehrmechanismen Nach Sigmund FREUD alle Techniken, deren sich das Ich zum Schutz gegen Triebansprüche, peinliche Vorstellungen und unerträgliche Affekte bedient. Dazu gehören: Verdrängung – Regression – Isolierung, Ungeschehenmachen – Projektion – Introjektion – Verkehrung ins Gegenteil – Sublimierung.

Affekt Entladung aufgestauter Aggression, jedoch kurz umrissener triebgeladener Gefühlsablauf von drang- und zwanghaftem Charakter im Gegensatz zur emotionalen Erregung.

Aggression Nach dem Verhaltensforscher Konrad LORENZ ein beim Tier dem Überleben dienender Instinkt, der jedoch beim Menschen nicht mehr sinnvoll ist. Von Sigmund FREUD angenommener unbewußter Bewältigungstrieb im Gegensatz zum Destruktionstrieb. Nach C. G. JUNG Folge und Ersatz mißglückter Anpassung. Als Signale für eine dialektische Auseinandersetzung mit dem Unbekannten in der eigenen Psyche zu verstehen. Nach Alfred ADLER Folge von Minderwertigkeitsgefühlen.

Akausale Zusammenhänge Ursacheloses, sinnvolles Angeordnetsein analog dem aus der Wahrscheinlichkeitsmathematik bekannten *Gesetz der Serie,* der *Duplizität* der Ereignisse u. a. m. Ein von C. J. JUNG beobachtetes, bei der analytischen Arbeit häufig auftauchendes Phänomen.

Alter Weiser JUNGsche Personifikation des Archetypus eines *geistigen Prinzips* als von den Vorfahren ererbter Funktionsbereich des Psychischen. Als Seelenbild taucht es in dieser Gestalt in der Mythologie und den Märchen, aber ebenso in den Träumen oder sonstigen Bildgestaltungen des Unbewußten des modernen Menschen auf.

Ambivalenz Von Eugen BLEULER in die Psychiatrie eingeführter Begriff für das Nebeneinanderbestehen entgegengesetzter Gefühle mit einander widersprechenden Affekten, z. B. Liebe und Haß. Von FREUD, ADLER und JUNG für die Psychologie des Unbewußten übernommen.

Anima/Animus Von C. G. JUNG geprägte Begriffe für die Personifikation psychischer Funktionsbereiche im Sinne eines gedanklichen Erklärungsmodells. *Anima* bedeutet die weibliche Funktion in der männlichen Psyche, *Animus* die entsprechende männliche Funktion in der Psyche der Frau. Das Modell einer psychischen Doppelgeschlechtlichkeit entnahm JUNG der Biologie, wonach die *Gene* (Erbfaktoren) des Menschen doppelgeschlechtlich angelegt sind. Als projektionsbildende Faktoren des Unbewußten treten Anima beziehungsweise Animus in Träumen, Visionen und Phantasien personifiziert auf. Die zählen zu den Archetypen und sind somit Grundbausteine der psychischen Ganzheit.

Animismus Die frühe Religionsform eines Glaubens an die Allbeseeltheit der Natur durch Geister – auch durch die Geister der verstorbenen Ahnen.

Archetypen Von C. G. JUNG eingeführter Begriff für unpersönliche und zeitlose Verhaltensmuster und Strukturen in einem von ihm angenommenen, allumfassenden, unpersönlichen psychischen Feld des Kollektiven Unbewußten. Das philosophische Konzept der Archetypenlehre JUNGS ist die voraristotelische Naturphilosophie PLATONS und dessen Lehre von den zeitlosen ewigen Urbildern als Bauplänen der Schöpfung. Naturwissenschaftlich vergleicht JUNG die Archetypen mit den biologischen Instinkten der Lebewesen. Doch ebenso den präformierten Strukturmustern der Kristalle beispielsweise, die latent vorhanden sein müssen, wenn sich ein Kristall in einer übersättigten Mutterlauge bildet. Die psychologische Bedeutung der Archetypen ist darin zu sehen, daß sie der bewußtseinsfähigen menschlichen Psyche – zwar nicht unmittelbar, aber indirekt – in der Erscheinungsform der Symbole zugänglich sind. Modern formuliert, entsprechend die Archetypen etwa dem, was wir als *Programme* für die *Bau-* und *Verhaltensmuster des Lebendigen* bezeichnen, mit der Einschränkung, daß die Wurzeln der Archetypen im Transzendenten zu suchen sind.

Assoziationsexperiment Von C. G. JUNG und seinem Mitarbeiter Franz RIKLIN sen. entwickelte Untersuchungsmethode zur objektiven Bestimmung von Komplexen und der Intensität ihrer affektiven Begleiterscheinungen. Die diagnostischen Grundlagen sind das psycho-galvanische Phänomen, die Veränderung von Pulsfrequenz und Atemkurve bei affektiver Erregung und die Zeitmessung. Die Affekterregung erfolgt verbal durch Zuruf geeichter Reizwörter. Auf Grundlage des JUNGschen Assoziationsexperiments wurde später in den USA die als *Lügendetektor* bekannte Apparatur entwickelt.

Astheniker Von Ernst KRETSCHMER in seiner Typologie nach dem Körperbau bezeichneter schlankwüchsiger (leptosomer)

Typ. Kennzeichen: mager, hager, schlank, flacher Brustkorb, eiförmiger Kopf, lange Nase, verkürzter Unterkiefer, schwacher Bartwuchs. Keineswegs leistungsschwach, sondern zäh und vital. Frauen dieses Typs oft klein.

Athletiker Im Sinne von KRETSCHMERS Körperbautypen kräftiger, starkknochiger, muskulärer Typ. Hoher Kopf, kräftiger Hals, betonte Kinnlade, breite Schultern, kräftiger Brustkorb, Hände groß und oft derb. Frauen diesen Typs wirken oft männlich. Sportstypen.

Bewußtsein Selbsterlebnis der Außenweltinformationen wie der innerpsychisch auftauchenden Informationen. Hinsichtlich der Verarbeitung der Informationsbedeutung und Einordnung in Zusammenhänge lassen sich experimentell unterschiedliche Klarheitsgrade des Bewußtseins unterscheiden. Als Träger der Informationsstrukturen gilt das Gehirn. Jedoch ist das Phänomen des Bewußtseins mehr als nur eine Begleiterscheinung neurophysiologischer Vorgänge. Der amerikanische Kybernetiker MACKAY versteht unter Bewußtsein die Fähigkeit, hochorganisierte System-Symbole (Grundmuster) wahrzunehmen. Demnach wäre das Bewußtsein – wenn auch noch sehr begrenzt – sogar den elektronischen Denkautomaten zuzusprechen. Georg KLAUS definiert Bewußtsein als ideele Widerspiegelung der objektiven Realität durch das Zentralnervensystem, entstanden im Verlauf einer Optimierung zwischen Mensch und Umwelt. Nach Auffassung moderner Hirnforscher – z. B. Sir John ECCLES – besteht zwischen dem Bewußtsein und den Hirnfunktionen keine Identität. Bewußtsein ist eine selbständige Eigenschaft der Psyche, die mit dem Gehirn in Wechselwirkung steht.

Zu unterscheiden vom Bewußtsein ist die *Bewußtheit*, worunter erkenntnistheoretisch ein begriffliches Erfassen und denkendes Verarbeiten verstanden wird. Der Verfasser versteht unter *Bewußtheit* das Erkennen des Planes, nach dem sich Ereignisse abspielen.

Bewußtseinsprinzip In der tibetischen Tantra-Lehre das seelische System, bestehend aus mehreren Bewußtseinszuständen, wie Körper- und Schlafbewußtsein, Traumbewußtsein, Wachbewußtsein und Überbewußtsein.

Chiroskopie Bereits von den Alchimisten entwickelte Lehre der Handdeutung. Von Henri MANGIN zur medizinischen Handdiagnostik ausgebaut.

Chiromantie Lehre von der Deutung der Handformen und der Handlinien.

Denktyp Einer der vier psychologischen Grundtypen nach C. G. JUNG.

Depression Zustandsform einer psychischen Erkrankung, bei der echte oder vermeintliche Enttäuschungen, Minderwertigkeitsgefühle, Hoffnungslosigkeitsgefühle und Lebensüberdruß die Lebensaktivität hemmen.

Dualismus Von dem griechischen Philosophen ARISTOTELES eingeführte Trennung der ursprünglich als Einheit aufgefaßten Welt in eine körperliche und eine geistige. Seither Trennung der Wissenschaften in Natur- und Geisteswissenschaften; ebenso Aufspaltung der Psyche in eine biologisch wirksame Leibseele und einen unsterblichen Geist.

EEG (Elektroenzephalographie) Elektronische Verstärkung und Aufzeichnung der Hirnstromwellen und -muster.

Empfindungstyp Einer der vier psychologischen Grundtypen nach C. G. JUNG.

Ethologie Verhaltensforschung.

Extravertiertheit Von C. G. JUNG eingeführter Begriff zur Typenunterscheidung nach der Art der Weltbetrachtung und Umweltdeutung. Die Verhaltensweise, Erlebnisse, Erfahrungen und Urteile durch/aus der Kommunikation mit der Umwelt zu gewinnen. Vereinfacht: Umweltzugewandtheit.

Fehlleistungen Bezeichnung für das Vergessen, Versprechen, Verlesen, Verschreiben, Verlegen von Gegenständen, Vergreifen und für Irrtümer infolge Beeinflussung des Bewußtseins durch das Unbewußte. Die Aufdeckung der Zusammenhänge zwischen unbeabsichtigten Ungeschicklichkeiten und sogenannten Zufallshandlungen mit unbewußten Absichten, Abwehr- und Ersatzbefriedigungstendenzen gehört zu den wichtigsten Entdeckungen von Sigmund FREUD. Von ihm veröffentlicht in seiner Schrift »Zur Psychopathologie des Alltagslebens«.

Finalität Die Bestimmung von Verlaufsprozessen durch die Ausrichtung auf ein Ziel. Von Alfred ADLER in die Tiefenpsychologie eingeführter Begriff für die Zielgerichtetheit psychischer Vorgänge. Von C. G. JUNG für die Analytische Psychologie übernommen.

Fixierung Affektive Bindung an bestimmte Personen oder Objekte infolge der Wirkung unbewußter Komplexe.

Frigidität Gefühlskälte bei Frauen; spezifisch bei mangelnden oder zu geringen sexuellen Empfindungen.

Frustration Behinderungen und Versagungen durch Umwelteinflüsse, Erziehungsmaßnahmen oder gesellschaftliche Zwänge, die – besonders wenn während des kindlichen Entwicklungs- und Reifungsprozesses erfahren – das psychische Gleichgewicht stören. Anlaß für die Entstehung von Aggressionstendenzen und Neurosen.

Gefühlstyp Einer der vier psychologischen Grundtypen nach C. G. JUNG.

Graphologie Von Ludwig KLAGES begründete wissenschaftliche Handschriftenkunde, die die »Sprache« der Hand den Aussagen über die Persönlichkeit des Schreibers zugrunde legt.

Geltungsstreben Nach Alfred ADLER ein dem Psychischen innnewohnendes Machtstreben als Triebkraft der psychischen Entwicklung zur Persönlichkeit. Von spezifischer Bedeutung als Ausgleichsfunktion bei Organminderwertigkeit, das heißt Minderwertigkeitsgefühlen infolge von angeborenen Körperfehlern oder durch Krankheit oder Unfälle entstandener körperlicher Behinderung. Bedenklich die Übertreibung. Daher Erziehung zu verstärktem Wirklichkeitssinn, Verantwortlichkeit und gegenseitigem Wohlwollen erforderlich.

Große Mutter JUNGsche Personifikation des Mutter-Archetypus. Eine Dominante des Kollektiven Unbewußten, deren Muster sich religionsgeschichtlich in den Gestalten der Muttergottheiten, in den Märchen und Träumen als mütterlich-überlegene Figur, als Allernährerin und Alles-Verstehende, Alles-Verzeihende manifestiert, aber ebenso in modernem Gewande, z. B. als Wohlfahrtsgesellschaft und Konsumgesellschaft.

Habitus Medizinisch-psychotherapeutischer Begriff für die Besonderheit der äußeren Erscheinung, die diagnostische Rückschlüsse zuläßt.

Handdeutung (Siehe Chiroskopie).

Heterosexualität Im Gegensatz zur Homosexualität das Sexualverhalten in bezug auf das Gegengeschlecht.

Hirnwellen Von dem Neurologen Hans BERGER 1928 entdeckte elektrische Eigenströme des Gehirns, wie sie heute als Hirnstrombilder durch das EEG erforscht werden.

Hypnose Künstlich hervorgerufener schlafähnlicher Zustand von unmerklicher Veränderung bis zum tiefen Schlaf, bei erhaltener geistiger Kommunikation, Rapport genannt. Kennzeichnend für den Hypnosezustand ist erhöhte Suggestibilität. Die Hypnose wird ausgelöst durch verbale Einwirkung. Der Erfolg hängt ab von der Hypnosebereitschaft des Mediums.

Imagination Konzentrierte gedankliche Vorstellung in bildhafter Form.

Intuition Nach C. G. JUNG psychische Funktion für spontane unmittelbare Erkenntnisse und schöpferische Einfälle.

Intuitionstyp Einer der vier psychologischen Grundtypen nach C. G. JUNG.

Introvertiertheit Nach-innen-Gerichtetheit. Von C. G. JUNG eingeführte grundsätzliche Typenunterscheidung nach der Art der Weltbetrachtung und Umweltdeutung. Gegensatz zur Extravertiertheit.

Kollektives Bewußtsein Von C. G. JUNG eingeführter Begriff zur Unterscheidung vom Kollektiven Unbewußten für die Bewußtseinsinhalte, die das Verhalten von Kollektivgruppen bestimmen; auch für soziales Bewußtsein.

Kollektives Unbewußtes Von C. G. JUNG entdecktes überpersönliches

»seelisches Feld«, in dem Instinkte und die Archetypen angelegt sind. Ein Feld psychischer Dispositionen, in dem auch die persönliche Psyche als ein offenes System verwurzelt ist. (Siehe Überbewußtsein.)

Konstitutionstypen Von Ernst KRETSCHMER in die medizinische Psychologie eingeführte Typenunterscheidung nach der körperlichen Konstitution. KRETSCHMER unterscheidet zwischen Asthenikern (Leptosomen), Pyknikern und Athletikern.

Magie Die übernatürliche, in die Natur und Menschen einwirkende Kraft oder Macht zur Verwandlung.

Mantik Seherkunst, Kunst der Wahrsagung und Prophetie.

Minderwertigkeitskomplex Von Alfred ADLER bei der Untersuchung von Organminderwertigkeiten (angeborene oder durch Krankheit wie Unfall erworbene organische Behinderungen) entdeckter und beschriebener neurotischer Komplex. Folge: Das Gefühl der Minderwertigkeit verlangt eine Kompensation im Sinne der Erhöhung des Persönlichkeitsgefühls. Dabei kommt nach ADLER ein Machtstreben zu ungeheurem Einfluß und zieht alle psychischen Kräfte in seine Richtung.

Die Wurzel der Minderwertigkeitskomplexe ist für ADLER ein Mangel an Gemeinschaftsgefühl. Für C. G. JUNG ist der Minderwertigkeitskomplex eine Ausgleichsfunktion der Psyche aus Gründen des seelischen Gleichgewichts. Wo ein Minderwertigkeitskomplex besteht, ist immer auch etwas Minderwertiges vorhanden, sagt JUNG, allerdings nicht dort, wo man sich einredet, daß es sei. Vor allem bedeuten Bescheidenheit und Demut kein Minderwertigkeitsgefühl. Das sind höchst bewunderswerte Tugenden, die beweisen, daß ihr Besitzer seine Grenzen kennt.

Motivation Verhaltenssteuerung hinsichtlich der Richtung und Intensität durch Motive aller Art.

Motivationspsychologie Selbständiger Zweig der Allgemeinen Psychologie mit dem Ziel, menschliches Verhalten ursächlich vom Motiv her zu erklären. Bevorzugt in den USA, besonders von Werbewirtschaft und Meinungsforschung. Geht auf die Charakterkunde des Tübinger Nervenarztes Ernst KRETSCHMER zurück, der bereits eine Motivdominanz erkannte und Motivbündel feststellte.

Neurologie Wörtlich Lehre von den Nerven; Wissenschaft von den Strukturen und Funktionen des Gehirns und der Nervensysteme wie der entsprechenden spezifischen Krankheiten.

Neurose Von dem schottischen Arzt William CULLEN geprägter Begriff für nervöse Anomalien, und zwar für diejenigen Krankheiten, die nicht auf organische Veränderungen der Nervenzellen und Nervenfasern, sondern lediglich auf funktionellen Störungen beruhen, auf einer regelwidrigen Tätigkeit des Nervensystems. Von Sigmund FREUD übernommen zur Kennzeichnung von krankhaften Störungen durch den Einfluß des Unbewußten zur Abgrenzung von der früher üblichen Kennzeichnung als Hysterie.

Ödipus-Komplex Nach Sigmund FREUD Kernkomplex aller Neurosen: Der Wunsch aller kleinen Knaben, den Vater zu beseitigen und mit der Mutter inzestuös zu verkehren. Von FREUD erstmals in einem Brief an Wilhelm FLIESS 1897 erwähnt, dem er mitteilt, er habe bei sich selbst die Verliebtheit in die Mutter und die Eifersucht auf den Vater gefunden und halte diese nun für ein allgemeines Erlebnis der frühen Kindheit. Der griechische Sagenheld *Ödipus* besiegte das Ungeheuer *Sphinx,* wobei er einen alten Mann tötete, seinen Vater *Laios.* Als Belohnung für seine Heldentat erhielt er den Königsthron und mußte die Königin *Jokaste*, seine Mutter, heiraten. Doch wie Alfred ADLER nachwies, hatte *Ödipus* keinen Ödipuskomplex – da er bereits als Säugling ausgesetzt worden war und bei einem Schäfer aufwuchs, wußte er nicht, daß *Laios* und *Jokaste* seine Eltern waren.

Persona Von C. G. JUNG geprägter Begriff für das im Verlauf der psychischen Entwicklung ausgebildete Anpassungssystem der Persönlichkeit eines Individuums. Die Persona ist gewissermaßen die Maske, die ein Individuum gegenüber der Umwelt aufsetzt, um eine bestimmte Rolle im Beruf, in bezug auf Amt, Titel, Würden usw. darzustellen.

Phänotypus Begriff für das Erscheinungsbild einer Person in allen ihren Merkmalen, soweit sie im Verlauf der Entwicklung erworben sind, im Gegensatz zur *Idiotypus*, dem Erb- oder Anlagebild eines Individuums.

Physiognomie Gesichtsausdruck.

Physiologie Lehre von den natürlichen körperlichen Lebensprozessen.

Projektion Tiefenpsychologischer Begriff für das Nach-außen-Verlegen von innerseelischen Bildern und Vorstellungen, zumeist von unbewußten Inhalten. Bekanntestes Beispiel ist die »Sündenbockprojektion«; das ist das unbewußte Abschieben der eigenen Fehler, Aggressionen oder bei sich selbst unterdrückten Verhaltensweisen auf andere Personen.

Psychiatrie Das ärztliche Spezialfach, das die Wissenschaft von den psychischen Krankheiten, den Neurosen, Psychosen und sonstigen Geisteskrankheiten einschließlich deren Behandlung umfaßt.

Psychoanalyse Allgemein Bezeichnung für die von Sigmund FREUD begründete tiefenpsychologische Lehre und Schule, die FREUDS dogmatische Libidotheorie vertritt. Konzept: Es ist das (sexuelle) Lustprinzip, das den Lebenszweck setzt. Speziell Bezeichnung für die von FREUD entwickelte Technik zur Erforschung des Unbewußten. Im Gegensatz dazu die *Individualpsychologie* von Alfred ADLER, für den das *Stabilitätsprinzip* des Psychischen mit entsprechenden Ausgleichsstrebungen im Vordergrund steht. Für ADLER ist der Mensch eine Einheit aus Leib und Seele, wobei das seelische Organ dem Individuum als körperlicher Organismus seinen Sinn verleiht. Ebenso grundsätzlich unterscheidet sich von der Psychoanalyse die *Analytische Psychologie* von C. G. JUNG durch die Ablehnung der FREUDschen Libidotheorie. Für JUNG ist das finale Streben nach einem *Lebenssinn* das Ziel der psychischen Entwicklung des Menschen.

Psychopathologie Lehre von den seelischen Krankheiten und geistigen Störungen. (Siehe Neurose.)

Psychose Geisteskrankheiten mit dem Merkmal des Realitätsverlustes, Vewirrungszustände und Persönlichkeitszerfall.

Psychosomatik Teilgebiet der medizinisch-tiefenpsychologischen Forschung zur Abklärung der Wechselwirkungen psychogener (von seelischen Einflüssen verursachter) Körperkrankheiten und ihrer Behandlung.

Pykniker Einer der Konstitutionstypen nach KRETSCHMER, auch zyklothymer Typ genannt. Kennzeichen: rundwüchsig, breites Gesicht, hohe, gewölbte Stirn, oft Doppelkinn, Neigung zur Glatzenbildung, kurzer dicker Hals, gedrungene Figur, Neigung zu Fettansatz, kurze breite Hände. Gutmütig, einfühlungsfähig, humorvoll, impulsiv, doch wenig zielstrebig, gesellig, anpassungsfähig, beeinflußbar.

Regression Psychoanalytische Bezeichnung für den Rückfall in eine frühere psychische Entwicklungsphase.

Rorschach-Test Von dem Schweizer Psychiater Hermann RORSCHACH entwickelter Formdeutungstest, auch *Kleckstest* genannt, wobei der Versuchsperson teils grau-schwarze, teils mehrfarbige Klecksbilder vorgelegt werden mit der Anweisung, zwanglos zu sagen, was das Gebilde bedeuten könnte.

Rolle Bezeichnung für das Verhalten des Individuums gegenüber seiner Umwelt entsprechend der von ihm ausgebildeten Persona. (Siehe Persona.)

Schattenperson Von C. G. JUNG für die Analytische Psychologie geprägte Bezeichnung zur Verdeutlichung des Bereichs der unbewußten Funktionen, die der eigenen Geschlechtsrolle einer Person entsprechen. Auch als *Alter-Ego* bezeichnet. Der im Schatten gegensätzliche unbewußte Funktionskomplex sind die jeweils gegengeschlechtlichen Funktionsbereiche von *Anima* beim Mann und *Animus* bei der Frau. Die Bewußtmachung des Schattens gehört in der Analyse nach JUNG zur ersten Etappe des analytischen Prozesses.

Selbst Unbewußtes Persönlichkeitszentrum der Psyche im Gegensatz zum *Ich* als Zentrum des Bewußtseins.

Selbstverwirklichung Ziel der psychischen Entwicklung des Menschen, um durch Bewußtseinserweiterung zur eigenständigen Persönlichkeit zu werden. Von C. G. JUNG auch als *Individuationsprozeß* bezeichnet. »Individuation bedeutet: zum Einzelwesen werden, und, insofern wir unter Individualität unsere innerste, letzte und unvergleichbare Einzigartigkeit verstehen, zum *eigenen Selbst werden.*«

Symbol Begriff für Objekte, Bilder oder einen Sprachausdruck usw., die für ein anderes stehen. Kennzeichnend für das Symbol in Abgrenzung zur Allegorie, Zeichen, Signal usw. ist der Doppelcharakter. Symbole haben sowohl einen *eidetischen* wie einen *operativen* Sinn. Der eidetische Sinn bezieht sich auf die Gemeinsamkeit mit den Objekten, Ideen, Vorstellungen, die sie vertreten. Der operative Sinn umfaßt die Wirkung, die nachweislich von Symbolen ausgeht.

Szondi-Test Von dem ungarischen Psychiater Leopold Szondi entwickelter Projektionstest, wobei der Versuchsperson Fotos von markanten Persönlichkeiten zur Deutung vorgelegt werden, deren psychische Struktur und Bedürfnisse genau bekannt sind.

Überbewußtsein Von Max Scheler in die Psychologie eingeführter Begriff als Gegensatz zu dem von Freud verwendeten Begriff des Unterbewußtseins. Nach der tibetischen Tantra-Philosophie der Welt der Erscheinungen innewohnendes überpersönliches Bewußtsein, vergleichbar dem Kollektiven Unbewußten von C. G. Jung.

Wechsler-Intelligenztest Von dem amerikanischen Psychologen David Wechsler entwickelter und am weitesten verbreiteter Intelligenztest. Die Prüfung besteht in verbalen und nichtsprachlichen Aufgaben, wie: Bilder ergänzen, Bilderreihen in die richtige Reihenfolge bringen, mit farbigen Klötzen Muster bilden usw. Der mit diesem Test gewonnene *Intelligenzquotient* ist jedoch umstritten, denn er ist von der sozialen Schicht, der die Versuchsperson angehört, abhängig.

Für die psychologische Diagnose der Persönlichkeit ist kein Test ausreichend, so qualifiziert er auch sein mag. Die psychologische Diagnostik muß unter dem Leitsatz stehen, daß die Persönlichkeit eines Menschen einzigartig und durch Tests letztlich nicht faßbar ist.

Literaturverzeichnis

Agrippa von Netesheim: De occulta philosophia, Paris 1531
Allport, G. W.: Persönlichkeit, Meisenheim 1959
Amthauer, R.: Intelligenz-Struktur-Test, Göttingen 1955
Aristoteles: Über die Seele, Leipzig 1911
Arnold, W.: Der Pauli-Test, München 1961
Augustinus: Psychologie und Mystik, Einsiedeln 1961
Aurobindo, Sri: Der integrale Yoga, Hamburg 1957
Avalon, A.: Die Schlangenkraft, Weilheim 1971
Benz, E.: Zen in westlicher Sicht, Weilheim 1962
Bernus, A. von: Alchimie und Heilkunst, Nürnberg 1972
Bitter, W.: Magie und Wunder in der Heilkunde, München o. J.
Carus, C. G.: Psyche. Zur Entwicklungsgeschichte der Seele, Leipzig 1846
Cassirer, E.: Philosophie der symbolischen Formen, Berlin 1931
Castaneda, C.: Eine andere Wirklichkeit, Frankfurt 1975
Conrad, K.: Der Konstitutionstypus als genetisches Problem, Berlin 1941
Doucet, F. W.: Forschungsobjekt Seele, Geschichte der Psychologie, München 1970
derselbe: Mensch und Psychologie, München 1977
derselbe: Psycho-analytische Begriffe – Freud – Adler – Jung, München 1977
derselbe: Lexikon der Sexual-Symbole, München 1970
derselbe: So deuten Sie Ihre Träume richtig, Wien 1978
derselbe: Forschungsobjekt Jenseits (Die Toten leben unter uns), Wien 1980
Eliade, M.: Schamanismus und archaische Ekstasetechnik, Zürich o. J.
Freud: S.: Gesammelte Werke, Frankfurt/M ab 1955
Fromm, E.: Märchen, Mythen, Träume, Zürich 1957
derselbe, und *Suzuki, D.:* Zen-Buddhismus und Psychoanalyse, München 1963
Gunther, G.: Das Bewußtsein der Maschinen, Baden-Baden 1963
Hellpach, W.: Deutsche Physiognomik, Berlin 1949
Heiss, R.: Die Deutung der Handschrift, Hamburg 1966
derselbe: Die Lehre vom Charakter, Berlin 1949
Heyer, R.: Vom Kraftfeld der Seele, München o. J.
Hofstätter, P. R.: Fischer-Lexikon der Psychologie, Frankfurt 1957
derselbe: Gruppendynamik, Reinbek 1957
Huth, A.: Handbuch psychologischer Eignungsuntersuchungen, Speyer 1953
Jung, C. G.: Psychologie und Alchemie, Zürich 1944

derselbe: Über psychische Energetik und das Wesen der Träume, Zürich 1948
derselbe: Von den Wurzeln des Bewußtseins, Zürich 1951
derselbe: Psychologische Typen, Zürich 1961
derselbe: Der Mensch und seine Symbole, Freiburg 1970
derselbe: Mysterium Coniunctionis, Zürich 1968
derselbe, und *Pauli, W.*: Naturerklärung und Psyche, Zürich 1952
Klages, L.: Handschrift und Charakter, Bonn 1956
derselbe: Grundlegung der Wissenschaft vom Ausdruck, Bonn 1950
Kluge, V.: Sex im Alter, München 1969
Kretschmer, E.: Körperbau und Charakter, Heidelberg 1963
Langner, L.: Vom Sinn und Unsinn der Kleidung, Darmstadt 1952
Lersch, Ph.: Gesicht und Seele, München 1961
derselbe: Aufbau der Person, München 1962
Lüscher, M.: Farb-Test, Basel 1958
Meili, R.: Lehrbuch der psychologischen Diagnostik, Bern 1961
McLuhan, M.: Die magischen Kanäle, Frankfurt 1970
Möhlig, K.: Die Intuition, Wuppertal 1961
Muckenschnabel, W. R.: Was die Handschrift verrät, Wien 1980
Müller, W., und Enskat, A.: Graphologische Diagnostik, Bern – Stuttgart 1961
Müller-Freienfels, R.: Menschenkenntnis und Menschenbehandlung, Berlin 1951
Neumann, E.: Ursprungsgeschichte des Bewußtseins, München o. J.
derselbe: Kunst und schöpferisches Unbewußtes, Zürich 1954
Ornstein, R.: Die Psychologie des Bewußtseins, Frankfurt 1976
Pawlow, I. P.: Die bedingten Reflexe, München 1972
Plato: Sämtliche Werke, Heidelberg 1960
Portmann, A.: Aufbruch der Lebensforschung, Zürich 1965
Pokorny, R.: Über den Ausdruck des menschlichen Ganges, Wien – Stuttgart 1959
Progoff, I.: Das Erwecken der Persönlichkeit, Zürich 1967
Puschkin, W.: Heuristik und Kreativität, Moskau 1964
Remplin, H.: Psychologie der Persönlichkeit, München 1962
Rohracher, H.: Kleine Charakterkunde, Wien 1961
Rothacker, E.: Die Schichten der Persönlichkeit, Bonn 1952
Spieth, R.: Erfolg durch Menschenkenntnis, München 1975
Steinbuch, K.: Falsch programmiert, Stuttgart 1970
Strehle, H.: Mienen, Gesten und Gebärden, München 1960
Spranger, E.: Lebensformen, Tübingen 1950
Stern, E.: Die Tests in der klinischen Psychologie, Zürich 1954/55
Walter, G.: Das lebende Gehirn, München 1963
Wartegg, E.: Schichtendiagnostik, Göttingen 1953
Wechsler, D.: Wechsler-Intelligenz-Test, Bern 1961
Wiener, N.: Kybernetik, Hamburg 1968
Wilhelm, R., und Jung, C. G.: Das Geheimnis der goldenen Blüte, Zürich 1931
Zimmer, H.: Mythen und Symbole in indischer Kunst und Kultur, Zürich 1951

Personen- und Sachregister